纪念红军长征胜利

80周年

星火征程

北京日报 著

北京日报出版社

星火领航

编委会

序

把握理想信念的辩证法

长征是中国共产党理想信念的伟大远征。理想信念支撑、成就了万里长征，长征的胜利昭示和证明了理想信念的真理力量，立体地、辩证地诠释了理想信念的内涵和逻辑。

第一，理想信念既是政治灵魂，又是现实愿景

习近平总书记指出：“长征的胜利，是中国共产党人理想的胜利，是中国共产党人信念的胜利。”红一方面军在长征途中，平均每300米就有一名战士倒下，每14人只有1人最终到达陕北。是什么力量让他们慷慨赴死，向死而生？是共产主义理想！共产主义是最美好愿景、最崇高价值，表达了人类的集体意志，神圣而纯洁，因而它成为一种超越当下和物欲的信仰。选择共产主义，就意味着放弃了某些个人的、眼前的、局部的利益。革命理想高于天。有理想故能忘我，有信念故能牺牲，红军不怕死，是因为心中有未来、有大众、有人类。然而共产主义又是现实愿景。经典作家以平常心和实证方法求证人类的幸福状态，他们把理想安放在此岸、人间。每一粒幸福的种子都在当下播种；每一缕理想的光芒都照耀着现实的征程。长征途中，“群众积极报名当红军”，既有理想的召唤，又有现实的召唤：参加红军能吃饱饭、能娶上媳妇、能穿上裤子、能为穷苦大众报仇；参加长征能突破重围，推翻旧世界。马克思说，共产主义是用实际手段追求实际目标的实际行动。中国共产党人的伟大之处，就在于把理想和现实内在地统一起来，理想召唤现实，现实指向未来，由远及近，直指现实；由低而高，通向理想。

我们每一点创造和进步不仅对今天有意义，而且直指共产主义美好明天；我们每一点付出和努力，都在为共产主义大厦添砖加瓦。

第二，理想信念既是共产党人革命、建设和改革的主题思想，又是人民群众工作、生活和发展的念想和盼头

长征途中，党和红军坚持不懈向沿途群众“传播党和苏维埃的影响”，宣传党的抗日救国主张和民族统一战线政策，把改天换地的崇高理想与老百姓掌握自己命运、改变世界不公的朴素感情相结合，吹响了全民族觉醒和奋起的号角。长征是宣言书，长征是宣传队，长征是播种机。长征是一次唤醒民众的伟大远征。长征告诉我们，党有理想则党强，党能以理想信念唤起工农千百万，则民族强、国强；党坚持理想则党盛，党能把崇高理想与人民福祉相贯通，则民族振兴、人民幸福。习近平总书记指出，“长征的胜利，充分展示了中国共产党性质和宗旨的力量，充分说明了中国共产党必须在人民中间生根开花，必须紧紧依靠人民来克服困难、赢得胜利。”中国共产党的成功密码就在于把党的主题思想变成全体人民团结奋斗的共同思想基础。在总书记眼里，奋斗目标起码有五个层次，共产主义远大理想、中国特色社会主义信念、中华民族伟大复兴的中国梦、全面建成小康社会奋斗目标、人民对幸福生活的新期待。因此，在新的长征路上，党要继续承担起武装、引领、教育、普及的重任，让理想变念想，让国是连家事，让党之愿与民之念融为一体，为伟大事业积聚更多共识和能量。

第三，理想信念既是光明前景，又是脚下道路、手头任务

习近平总书记指出，“长征走的是高山峻岭，渡的是大河险滩，过的是草地荒原，但每一个行程、每一次突围、每一场战斗都从战略全局出发，既赢得了战争胜利，也赢得了战略主动。”红军翻越了 40 多座高山，渡过近百条江河，打了 600 多场恶战，经历了 8 次落脚点调整，这些情况没有事先安排，而由具体情境而诱致。

长征告诉我们，脚下的道路虽然崎岖、曲折，但它是由理想信念所规定的；手头任务虽然琐碎、繁重，但它是完成使命所必不可少的努力和付出。我们不能用理想代替现实，更不能因现实道路“既阻且长”而放弃理想。总书记说，每一代人有每一代人的长征路，每一代人都要走好自己的长征路。今天，在建设中国特色社会主义、实现中华民族伟大复兴的新的长征路上，我们要充满自信、坚定执着，不能有丝毫的犹豫、彷徨。既已出发，就不能回头；既已许党许国，就不怕倒下。一张蓝图绘到底，不断迎接新挑战，接受新任务，破解新难题，夺取新胜利。

第四，理想信念既蕴含着伟大精神，又启迪着卓越智慧

长征途中，党和红军成功运用斗争策略和艺术，无论是一次又一次关于思想路线的争论、关于落脚点的调整，还是一场又一场出奇制胜的战斗，都是意志与智慧的结晶，展现了以毛泽东为代表的中国共产党人的政治智慧和领导才能。斯诺、基辛格以及一些西方学者称毛泽东为“哲学王”。这是因为毛泽东掌握了马克思主义活的灵魂，既有总目标、大方向，又坚持具体问题具体分析。确立理想信念需要识力，坚持理想信念需要意志，实现理想信念则需要智慧。马克思没有规定共产主义的具体细节，他把制度设计的任务更多地交给了未来。今天我们理解共产主义，不仅要追溯欧洲背景、俄国背景，更要看到中国特色社会主义建设的成就和经验，不仅要读马克思、恩格斯、列宁等经典作家的著作，也要认真学习中国特色社会主义理论和习近平总书记系列重要讲话，以“中国智慧”“中国道路”验证、丰富理想信念，让新的长征继续成为中国贡献给世界的壮丽史诗。

傅華

目录

星火征程

血染湘江渡

和冠欣　文／摄

“李家村口，江边上都是死人，尸体叠在一起，血把江水都染红了。”95岁的蒋济安抹了一把泪，用广西方言讲述他所见过的红军。

蒋济安亲眼见证的，就是中央红军1934年从凤凰嘴抢渡湘江。湘江战役是长

《过湘江》
（选自黄镇简笔画《长征画集》）

“这是长征作战中的一次严重的战斗。我军指战员英勇奋战，在全州以南湘江东岸与敌人激战七天七夜，付出重大的代价，打败了国民党军队的围堵，渡过湘江……使敌人企图利用层层封锁来消灭红军的阴谋彻底破产。”——黄镇

注：《长征画集》是曾任文化部部长的黄镇的作品，长征途中，他利用能找到的各种纸片，描摹下关于长征的珍贵细节，记录着红军经历的不凡故事。是红军长征最真实的写照。

才湾镇村民蒋祖华为记者指认觉山阻击战旧址。当年红一军团第一、第二师人数不足 1 万人，对抗湘军 4 个师六七万人，双方在此鏖战了三天两晚。红军战士用血肉之躯阻挡国民党军队，保证了红军主力顺利渡江。

征中打得最惨烈的一仗。11 月 26 日至 12 月 2 日，中央红军在敌我力量悬殊的情况下，抢渡湘江的 4 大渡口（界首、凤凰嘴、大坪、屏山渡），突破了国民党军队的第四道封锁线，逃出生天。此役过后，中央红军从出发时的 8.6 万人锐减至 3 万多人。

如今的凤凰嘴渡口，西岸竖立着一块红军渡湘江旧址纪念碑，几乎淹没在荒草之中。

全州是湘江战役的主战场，但如今留下的标志物却并不多。桂黄公路旁的觉

凤凰嘴渡口，群众们靠一艘渡船往返两岸。红军长征时从此渡口渡过湘江，江水悠悠转眼 82 年，江边早已物是人非。

山阻击战纪念碑算是一处。觉（脚）山铺阻击战是湘江战役中规模最大、最悲壮的阻击战，以 2000 余名（也有说 6000 余名）红军烈士的热血和生命，掩护中央红军渡过湘江。

2016 年是红军长征胜利 80 周年，全州县和兴安县正在筹建一园四馆，包括湘江战役纪念园和 4 个渡口的纪念馆，现已完成规划选址，有望在 2017 年开园。这片浸染了红军鲜血的热土，永不能遗忘那段悲壮的历史。

《安顺场》
（选自黄镇简笔画《长征画集》）

“从安顺场飞舟强渡大渡河的是红军第一团二连的十七位勇士……十七勇士跳上渡船，冲过一个个巨浪，避开一阵阵弹雨，迅速地驶抵对岸……红一团强渡大渡河的成功，有力地配合了左翼兵团抢占泸定桥。红军的千军万马，全部渡过了天险大渡河。”——黄镇

飞舟越天险

王东亮 / 文　　邓　伟 / 摄

1935年5月，由毛泽东、朱德率领的中国工农红军第一方面军在巧渡金沙江后，冒雨行军，抵达安顺场。

身后追兵步步紧逼，面前天险急流汹涌。身肩数万红军的安危，抢占安顺场、越过大渡河，杀开一条通向胜利的道路，是红一军团一师一团的唯一选择。

漆黑的雨夜，红军战士踏着泥泞的小路悄然前行。安顺场的守敌做梦也没有想到，红军会来得这样快。安顺场很快被红军收入囊中。

载着红军勇士的小船刚刚离开南岸，北岸的守敌就慌忙朝河中开炮，小船周围被大炮打起的水柱蹿高十几丈。滚滚急流中，8 名船工用尽全部力气，在猛烈的炮火中将船撑过大渡天险。17 名首批渡河的红军战士挥舞刀枪，在火力的掩护下将守敌打得溃不成军。大渡天险一个上午就被红军征服。

时光荏苒，80 年弹指一挥间。

源自雪山的大渡河水依然凛冽，安顺场早已不见当年的刀光血影。“我们还在讲述，还在传承，那段英勇的历史一直鼓舞着四面八方的‘朝圣者’。”站在安顺场红军广场上，中国工农红军强渡大渡河纪念馆副馆长宋福刚如是说。

安顺场位于石棉县松林河与大渡河交汇处，曾是大渡河重要渡口，1863 年 5 月太平天国翼王石达开在此遭清军堵截全军覆灭。1935 年 5 月，红军在此取得强渡大渡河的胜利，从此安顺场以“翼王悲剧地、红军胜利场”而蜚声中外。

安顺场古镇中还保存着红军高级将领开会的指挥楼，毛泽东等在这里定下兵分两路沿河两岸上溯夺取泸定桥的作战计划。

飞夺泸定谱传奇

王东亮 / 文　邓　伟 / 摄

今天的泸定，一条古街沿江而布，由康熙皇帝亲笔题写桥名的百年铁索桥，一边静观县城沧桑巨变，一边坚守千年苍翠青山。熙来攘往的人们，不断从桥上走过，仿佛在穿越时空寻找往昔的峥嵘岁月。

1935 年 5 月 29 日下午 4 时，刚刚行军 320 华里、从安顺场渡过大渡河的红一军团二师四团二连连长廖大珠，率领突击队，攀着光溜溜的铁索冲向敌阵。敌人机枪扫射，红四团百挺机枪立刻回击，将敌人压得抬不起头。不到半个小时，红

泸定桥横跨大渡河，连接东岸的泸定县城和西岸的海子山，海子山和大渡河之间仅有一条小路，红军正是从这条狭窄的山路前进到达泸定桥头，并在桥板被拆、桥亭被放火的情况下夺取了泸定桥。

军便夺下泸定桥，打通北上道路。蒋介石精心组织的大渡河防线被彻底突破。

80 年不过是长河一瞬。战争的阴云在流逝的时光中彻底消散，泸定桥头早已洗去战争灰霾，旁边古老的县城在几十年中逐渐恢复了往昔的喧嚣。如同其他县城一样，高楼拔地而起，商铺顾客盈门。不过，总有一些人，经常踏桥追忆，仿佛大渡河波涛中能听到激战中枪炮的声响。

泸定人民沿着当年红军行进的路线，开辟了红军长征遗迹、海螺沟、燕子沟、二郎山等大批风景名胜区，引来无数游客，带动深山里的农民致富。靠山吃山，泸定选择“守住绿水青山，换来金山银山”。

夜幕降临巴蜀大地，从黑压压海子山上沿桥望去，桥东一片灯火辉煌，仿佛向英雄表达我们的敬仰。

《泸定桥》
（选自黄镇简笔画《长征画集》）

“二十二名英雄冒着浓密的弹雨，一手扶着铁栏，踏着铁索冲锋过去。刚到对岸桥头，敌人放起火来，把桥头的亭子点燃，火焰冲天，衣服、帽子烧了，眉毛、头发也烧了。他们奋勇向前，一直冲到街上，经过激烈巷战，终将敌人完全打垮，把泸定桥占领了。”——黄镇

如今的泸定县城已建起幢幢高楼，大渡河上也有了数座公路桥。县城中的老桥不再承担连接川藏交通的重任，却成为泸定最为人知的城市名片。

雪山之巅护国旗

祁梦竹　曹　政/文　饶　强/摄

夹金山顶，海拔 4114 米，云雾似在手边，天蓝得像是图画。抬头望，一束阳光穿过云雾，照亮了一面五星红旗。

旗杆下，一位老人把绳子绕着旗杆系紧，像模像样地敬了个军礼，然后蹒跚地回到旁边的石屋里。

此处，正是雪山的最高点。风雪侵蚀下，旗杆旁的石碑上字迹已有些模糊。凑近一看，赫然写着：红军长征翻越夹金山登顶遗址。

老人名叫刘云书，今年已经 74 岁，在这里最重要的工作就是守着这处遗址和这面五星红旗。

每天，刘云书都会在红军登顶夹金山的垭口升起国旗，向英雄的红军致敬。

夹金山是红军长征途中征服的第一座大雪山。81年过去，如今夏日已看不到当年山顶积雪，陡峭险径也变成了盘山公路，但一路登顶，空气愈发稀薄，甚至阴雨无常，时而狂风大作。

1935年5月，夺取泸定桥后，红军在泸定县城召开了政治局会议，决定避开人烟稠密的地区，向北走雪山草地一线。红军展开快速攻势，5月底攻占飞越岭，打开了通向天全、芦山、宝兴的道路；6月初攻克天全城。接着历时七天七夜，顺利通过地势险峻的崔店子，进入宝兴夹金山下。

如今，不见夹金山顶常年的皑皑白雪，不见红军之字形的前行队伍，但红军长征精神、与百姓的鱼水情却一直随着宝兴河流淌着，滋润着这片土地。

《翻夹金山》
（选自黄镇简笔画《长征画集》）

“红军穿过泸定桥，继续前进，来到川西高原。这里地势高，气候严寒，一般海拔在三千米以上，海拔四千五百米以上为万年雪山。红一方面军经历了险恶艰难的行程，翻越了长征路上第一座大雪山——夹金山，在川西北的达维、懋功等地，与第四方面军胜利会合。”——黄镇

夹金山位于四川省雅安市宝兴县境内，是中国工农红军二万五千里长征翻越的第一座大雪山。如今，便捷的公路已修到山顶。

草泽茫茫汉藏情

陈雪柠／文　饶　强／摄

茫茫的水草地，一眼望不到边。这片泽国，遍布着红军长征的革命足迹，埋葬着众多红军的不屈英灵，诉说着一段悲壮史诗。

1935年，红军先头部队从松潘县毛儿盖出发，踏上了征服广袤草地的艰难历程。

在毛儿盖河畔，我们见到了藏族老人东巴。他身后一栋古旧的藏式民居，是他爷爷留下的“宝贝”。81年前，就在这栋房子里，红军紧急召开了政治局会议，决定将两大主力混编成左右路军过草地北上，这次会议后来被称为“沙

《草地宿营》
（选自黄镇简笔画《长征画集》）

“草地的情景，使人怵目惊心！举目一望，茫茫无边，一片野草。大家全靠从黑云里露出微弱的阳光，才能辨别前进的方向。夜晚的寒冷，尤其令人难耐。就是在帐篷里，如果遇上瓢泼似的暴雨，帐篷也挡不住。外面哗哗地下着雨，帐篷里也滴滴答答地漏着水。没有帐篷的部队，风雨一来，衣服湿透，地面尽是水，同志们都急切地盼天快亮。每当熬过一个饥寒交迫的夜晚，离开宿营地继续前进的时候，有的战友就长眠在我们共同躺过的营地上。”——黄镇

日干乔沼泽位于四川红原县境内，是若尔盖草地的重要组成部分，也是红二、红四方面军左路纵队穿越草地北上的必经之路。如今这里已经成为我国著名的湿地公园。蜿蜒的栈道直通沼泽腹地，游客们行走其中并能亲身感受红军过草地的艰险。

窝会议”。

1935 年 7 月 9 日，中央红军进入毛儿盖，直到 8 月 21 日才离开。停留这么久，在长征途中实在罕见。根据当地红军史专家杨继宗的研究，红军滞留，是为筹粮，没粮不可能过草地。

在松潘县的红军长征纪念馆，还保留着一块当年红军筹粮时的木板“借条”。红军终于在毛儿盖筹集到有限的粮食。“可以说，如果没有毛儿盖的青稞和牦牛，中央红军要过草地是不太可能的。”杨继宗说。

红军长征纪念总碑修建在四川松潘县川主寺镇元宝山的顶端，碑身为三角立柱体，象征红军三大主力紧密团结，坚不可摧。

在松潘县川主寺附近的元宝山顶上，红军长征纪念总碑高高矗立。铜制的红军战士塑像，右手持枪，左手持鲜花，张开双臂呈“V”字形，如在欢呼。每当夕阳洒下余晖，纪念碑就在海拔近4000米的山顶，散发出耀眼的光芒。

红色加油站

王佳佳　王国强 / 文　孙　戉 / 摄

1935 年 9 月，在极为艰难地拿下天险腊子口后，红一方面军抵达 70 余公里外的哈达铺，在这里，中央红军主力部队进行了五天的休整，补充了体力和物资，使得哈达铺有了“红色加油站”的美名。

大图：青山环抱下的哈达铺镇景色宜人。

小图：《到了岷县哈达铺》
选自黄镇简笔画《长征画集》）

“九月，部队自巴西出发，渡包座河，沿白龙江前进，过栈道，攻克天险腊子口，然后即越过岷山，最后脱离了雪山草地地区，到达岷县、西固间的哈达铺，进入甘肃南部汉民较多的汉回民族地区。大草滩、哈达铺一带的群众，亲眼看见红军把平日压迫他们的军阀队伍打得落花流水，心里说不出的高兴，欢天喜地，欢迎红军，好像久别重逢的亲人。”——黄镇

周尚仁老人家中已有百年历史的祖屋曾住过四位红军女战士。93 岁的周老先生是哈达铺现在唯一亲眼见过红军的健在者。“我们是红军，你们不要怕，咱们是一家人。”红军战士 81 年前对哈达铺群众说的开场白，老人至今难忘。

也正是在此，从当地邮政代办所取得的报纸上，毛泽东获悉陕北有红军和根据地的消息。这一发现使他大感快意，一扫之前与敌人僵持鏖战的焦虑，当机立断做出“到陕北去”的重大决策，更令哈达铺以红军长征“命运决策地”而扬名。

时光荏苒，沐浴在阳光中的哈达铺热闹喧嚣。红军长征纪念馆是全镇最令人瞩目的建筑，门前宽阔的广场中矗立着一座三面红旗雕塑，远远望去，犹如跳动的火苗。

81 年前，哈达铺人视为珍宝的是当地特产的名药材“岷归”，如今，哈达铺人更为珍视的是红军长征留下的物质与精神遗存。

哈达铺火车站即将竣工，2016 年 6 月，兰渝铁路的试轨火车到达该车站。这条南北铁路干线有望 2016 年年底全线通车。届时，高速发达的铁路将把“坎坷”化为“坦途”，吸引四方来客到访这座名满天下的“红色加油站”。

红军街上，有一处面积只有 10 平方米的国家级文物保护单位——邮政代办所。当年，毛泽东正是用这里找到的《大公报》等几份报纸相互印证，确认了刘志丹和陕甘根据地的消息，并最终作出“到陕北去”的重大决策。

夜渡于都河

刘 昊　童曙泉　刘 冕

夏汛，连雨。

于都城内，贡水水面宽度涨了两三百米，江水裹着红土和树枝，滚滚而去。

当地人习惯把贡水称为于都河。82 年前，自反围剿战场及瑞金、兴国、石城、长汀等驻地集结于都的 8 万余名红军战士，就是自此出发，开始了人类历史上的一次伟大远征——两万五千里长征。

那时，于都还叫雩都。“雩”，本为古代求雨的祭祀仪式，为“让雨水把干涸的湖泽注满”。如今，于都河水势充盈，连绵不断的流水之声，一遍又一遍地讲着红军的故事。

于都东门外，跨江大桥横跨贡水。大桥脚下，依江修起了栈道，沿着栈道散步，已成为不少于都人的习惯。栈道的位置，便是当年红军夜渡于都河的八大渡口之一——“东门渡口”。

“1934 年 10 月 17 日晚，中央红军就是自此渡河，毛泽东、周恩来也是从这个渡口渡河的。” 于都长征出发纪念馆讲解员黄华，指着一块一人多高的巨石，侃侃而谈。巨石上书“长征渡口”四字，为杨成武将军手书。渡口已不见当年的沙石滩，而是用青砖重新修葺的台阶。巨石一侧的小叶榕树高达十余米，亭亭如盖，“这是 7 年前汛期，随江漂来扎根此地的。”黄华说。

黄华本是乡镇的公务员，后来执意应聘长征出发纪念馆讲解员。为更多的人讲述长征，被黄华视为责任，“因为我是红军的后代。”

黄华的太爷爷叫黄润发，当年随中央红军夜渡于都河时，已过而立。黄润发本是个农民，红军给他分了地，妻子已身怀六甲，他本想守着这简单的幸福。

但蒋介石对苏区的“围剿”，打破了黄润发平静的生活。他报名参加红军，他要拿起枪，捍卫自己的土地和幸福。

黄润发参加红军不久，就开始了长征。跨过了于都河的他，再没有回来，牺牲在长征的路上。

讲着太爷爷的故事，黄华一直盯着长征出发纪念广场中的五角星。那五角星代表着自此长征的红军部队。

没有风雨的傍晚，广场上总会聚集起一二百名市民，跳起各地都有的广场舞。舞姿大同小异，只是伴舞的曲目有些特别——《十送红军》。

当年红军出发时，于都河畔也唱响着送红军的歌声。那时，虽然于都人口只有 30 万人，红军长征队伍中的于都子弟就有 1.7 万人。于都人送的不仅仅是红军，更是亲人。

长征出发时，国民党的军队已逼近于都。空中，不时飞过国民党的飞机。为躲避敌机侦察，红军昼伏夜渡。

入夜，于都河畔燃起了火把，渔船自四面八方驶来，从北岸连到南岸。老表们拆下自家的门板，附在渔船之上，架起浮桥。一位年过七旬的老人，甚至把自己百年后做寿棺的木板也送到红军手中。

渡江只有几个小时。天亮前，所有浮桥都要拆除，江面恢复如常。

就是这样，或踏着浮桥，或徒步涉水，仅用几个晚上，8 万余名红军战士，不露痕迹地渡过于都河。

依依惜别，于都人相信，亲人还会归来。但战争的残酷超乎想象，跨过于都河的 1.7 万名于都子弟，在中华人民共和国成立时，只余 277 人。

“还是有一点难过的。”54 岁的木匠黄余春说，他的爷爷黄炳生 1931 年参加红军，后来参加长征，就再没有回来。

每年清明，60 岁的胡俊都要和 6 个兄弟姐妹去贵州遵义的烈士纪念碑祭拜爷爷胡开轼。当年，胡俊的父亲、爷爷分别在红一军团不同部队作战，在第一次渡过赤水时，父亲曾见到爷爷，此后再未相见，胡俊家人据此推断，爷爷是在遵义附近牺牲的。

黄润发、黄炳生、胡开轼……如今，这些名字铭刻在赣州烈士陵园 251 米长的烈士墙上。

“为有牺牲多壮志，敢教日月换新天。”战争意味着巨大的牺牲，慷慨前行的牺牲精神，也是战争中最令人动容的力量。

亲人虽未归，但红军的印记已渗入家族的血脉，成为于都人心中不灭的骄傲。

与长征出发纪念馆一路之隔，有一所“长征源”小学。傍晚放学，一队队学生自学校中走出，举着班牌的孩子，都戴着一顶红军帽。

“当时有 8 万多名红军从这里出发”“于都有 1.7 万人参加红军长征”“苏区时期先后有 6.8 万人参加红军”……说起红军，说起长征，每个孩子都能讲上几句。对于这些孩子来说，红军不仅仅是课本上的故事，更是自己家的故事。

车水马龙的于都街道，店铺林立，超市、咖啡馆、摄影楼随处可见，年轻人熟练地使用微信聊天、用滴滴软件叫车……当年，架设浮桥的西门、南门、东门渡口，如今已有长虹卧波。红军大桥、长征大桥、渡江大桥，依次横跨大江。

大桥连接着老城与新城，黄华和朋友们经常走过大桥，到新城的生态公园散步。新城中，工业园、返乡创业园、体育中心、文化馆等设施正如火如荼地建设着。

战争的痕迹已很难找到，但红军的印记仍会一代一代地传承，一如那滚滚不竭的于都河水。

少共勇士

汪　丹

1934年8月底，中央苏区的领土已失掉了三分之二，战略转移已成定局。在瑞金，中央红军退出苏区的各项准备已全面开始。

8月27日，石城屏山。红一军团第十五师宿营在此。

战士们都睡下了，一张张年轻甚至稚气的脸，只有此时才显得放松。

师长彭绍辉还没有睡，他用右手掏出一个小本，埋头写着，左侧的袖管，空空如也。一年前的草台岗战斗中，彭绍辉失去左臂。

"……接军委电令，改变行动，红一师和红二师仍回东线执行原任务，我师则伪装全军团开北线，归彭、杨指挥。"

彭、杨，即红三军团军团长彭德怀、政委杨尚昆。红十五师配属红三军团指挥，构筑石城防线，阻击敌人。

彭绍辉当上红军师长时年仅29岁，这个师更年轻，平均年龄只有18岁。红十五师，就是首战获朱德通电嘉奖、红军最年轻的部队——少共国际师。

此时，这些红小鬼们并不知道，他们将要参加一场意义非凡的战斗，他们的英勇阻击，为中央红军开始长征争取了宝贵的时间。

博生出征

慰问团的演出，博得战士们的阵阵掌声，他们中的很多人，仿佛又回到了一年前的博生跑马坊。

1933年1月，宁都县更名为博生县，以纪念同月牺牲的宁都起义将领赵博生烈士。

同年春，蒋介石兴兵数十万，准备对中央苏区实施第五次"围剿"。

敌人数倍于前，苏区军民紧急动员，要“扩大一百万铁的红军”。成立少共国际师的决定此时做出。

在国际共产主义运动史上，1919年11月在柏林秘密成立的“少共国际师”是重要的国际联合组织，后来在56个国家建立了支部。

随即，少共中央局号召江西、福建、闽赣三省征调8000人成立少共国际师。不到3个月时间，苏区就有1万余名青少年踊跃报名，其中70%以上都是共青团员。

当时16岁的吴清昌也报了名，“整个密坑村，只有我一个参加了少共。”如今已是百岁高龄的吴清昌，忆起当年，豪情满满。

“1933年8月5日，我永远也忘不了。”吴清昌说，那一天，“中国工农红军少共国际师”在宁都成立，辖四十三、四十四、四十五3个团，首任师长陈光，政委冯文彬。

一个月后，9月3日，苏区迎来国际青年节，少共国际师誓师出征。

大校场上，红旗猎猎，一张张青春的面孔意气风发。吴清昌站在队伍里，用尽全身力气，高唱着少共国际师出征歌。

“我们就是少共国际师，九三日在江西誓师出征去做一个英勇无敌的红色战斗员，最后一滴血为着新中国。”

此时，少共国际师的政委已换成了17岁的萧华，他也是红军中最年轻的师政委。

少共国际师成立时，萧华是红军总政治部青年部部长，正在前线作战。一天，总部来电，总政委周恩来要找萧华谈话。

萧华风尘仆仆赶回总部，面见周恩来。

“军委决定让你去担任少共国际师的政治委员，怎么样？”周恩来笑吟吟地看着萧华。

萧华愣住了，自己才17岁，都没独立带过兵，我行吗？

周恩来胸有成竹，“正因为你年轻，才叫你去嘛。年轻的干部带年轻的兵，这样部队更有朝气。只要认真学习，经过斗争的磨练，就会逐步走向成熟。”

“九三”誓师后，少共国际师开赴石城、广昌等地集训。

战时武器短缺。红小鬼们用梭镖、长矛、大刀操练军事基本动作，突击学习军事常识，挖战壕、修工事……

从清晨到傍晚，从操场到野外，到处是红小鬼们的训练场。

傅　堃／插图

20 米、30 米……40 米、50 米，红小鬼们的投弹距离逐渐拉长。

一天、半天……三四个钟头，一个班就可以筑起一座结实的地堡。

打偏，瞄准，再打偏，再瞄准……红小鬼们的手被磨出水泡，腿被磕出了淤青……

训练艰苦，生活更苦。

缺衣少粮，萧华和战士们找来南瓜、莲藕、番薯代替主粮，有时还得去挖野菜、捡田螺充饥。

但毕竟还是年轻人，乐观是生活的主旋律。

训练之余，少共战士们布置起了列宁室、俱乐部，组建了体育队、宣传队、演剧队，战士们识字、读报、打球、做操、演节目……

昂扬的歌声时常响彻营地。听着这歌声，萧华奋笔疾书——

“五色缤纷的晚霞，照射着绿草如茵的会场……哒哒的脚步声，嚓嚓的刺刀声，雄壮的歌声，谱成一曲动听的交响乐……”

“月亮偏西了，一队队红色战士，披着银辉，迈着雄健整齐的步伐，向着各自的宿营地走去，明天，新的战斗任务又在等待着他们。”

铁拳初试

终于要上战场了！

集训刚结束，第五次反“围剿”战斗打响。少共国际师奉命配合红三军团和红五军团，在东线御敌。

在闽北拿口，少共国际师遭遇国民党军周志群部，迎来第一仗。

陈光和萧华决定以一个营的兵力分兵迂回，布成口袋，瓮中捉鳖。

每人手中，只有10颗用旧弹壳翻造的子弹。

一阵猛攻之后，子弹打光，红小鬼们冲下山坡，与敌人肉搏。

少年体弱，敌我悬殊。红小鬼们以二敌一，一人牵制，一人刺杀，使敌人顾此失彼。

杀声阵阵，血染山林。

17岁的钟石华将高大的敌人引向高处，然后突然倒地，将其绊下悬崖；

17岁的李庆生被敌人死死卡住脖子，他拼命挣扎，摸到敌人腰间的手榴弹，毫不犹豫引爆，与敌人同归于尽；

18岁的朱根林被敌人的刺刀刺中胸部，血染衣襟，仍不顾--切抱住敌人，为战友创造战机……

近两个小时后，少共国际师全歼敌军一个连，扫清了增援东线的邵武要道。随后，乘胜追击，渡过闽江，击溃敌200余人，还在莲花山歼敌一个排，缴获大量枪支弹药。

拿口初战，一战成名。

红一方面军总指挥朱德、总政委周恩来和政治部主任杨尚昆专电嘉许少共国际师，赞其“铁拳初试”。

1933 年 11 月，吴高群出任少共国际师第二任师长，到任不久，就迎来了少共参战以来最艰苦的一仗。

12 月 12 日，黎川县团村。国民党第三路军 3 个师发动进攻。少共国际师协助红三师从左翼钳击敌人。

烟尘滚滚，土崩石飞。

战斗从早晨七八点钟打响，敌人飞机、大炮狂轰滥炸，局势胶着。激战一上午，红军将士打垮敌人 3 个师，歼灭敌军一部。

夕阳落到山沿，阵地上一片焦土。萧华和吴高群隐蔽在一棵大树旁，侦察敌情。

突然，几架敌机掠过山头，反复俯冲轰炸、扫射。

机翼擦着树梢，气流鼓起沙土，一颗重型炸弹呼啸着撞下来……

萧华赶紧俯身，“轰”的一声巨响，细碎的石块砸了他一身。

硝烟散去，萧华急忙望向大树的另一端，吴高群伏在泥坑里，一动不动。萧华跳起来，冲过去把他拽到隐蔽处。吴高群的头部和腰部重伤，鲜血如水般涌出。

“快！抬担架！”萧华急红了眼。

经过简单包扎，吴高群被送到医院抢救，因失血过多，无力回天。

“亲爱的战友，我大概不行了，共产主义事业要靠同志们完成了，请同志们为少共国际师争光！”这是这位曾跟随毛泽东在井冈山坚持斗争的年轻指挥员留在世间的最后一句话，牺牲时年仅 23 岁。

石城阻击

彭绍辉是少共国际师的第四任师长。他到任一个月后，少共国际师改编为红一军团第十五师，但大家私下里依然习惯“少共国际师”的称谓。

1934 年 9 月 8 日 20 时，彭德怀、杨尚昆接到中央革命军事委员会主席朱德标注“火急”的电令——“至九月底有效阻止敌人于石城以北”。

石城，北靠广昌，南接瑞金，地势北高南低，国民党军占领广昌后，欲突破石城，直取瑞金。

1864年，太平天国幼天王洪天贵福自南京突围后，转战江西，最终兵败石城，被囚于此。国民党军队猛攻石城，希望这里也成为红军的葬身之地。

但少年红军们可不是幼天王。

依照中革军委指示，红军在驿前到石城间，依据地势设置了三道防线，每道防线又设置掩护、抵抗、后方三道防御区。少共国际师布防地点就在第一、二道防线之间。

红军在构筑工事，敌人也在构筑工事。彭绍辉常举着望远镜，观察敌军的工事，择其精华，为我所用。

9月18日，彭绍辉还做了件更大胆的事。

敌人龟缩在工事中，久不露头。彭绍辉就令侦察连长化装为敌人副官，潜入敌驻地查明敌情。

头戴洋草帽、足蹬皮靴的侦察连长，在一个村子里碰上敌人的司务长正在抢东西。侦察连长鼓眼插手，训斥道："你们犯纪律了，我是师部副官，跟我来。"司务长吓得求饶，乖乖跟随。进入红军警戒圈，司务长才发觉中计，但为时已晚，乖乖就擒，供出敌情。

9月26日拂晓，石城阻击战打响。

凌晨3时，彭绍辉率少共国际师3个团进入阵地。

太阳尚未驱散晨雾，敌机、大炮就开始了轰炸，敌以一师之众发起猛攻。红十五师四十三团、四十五团在山峰与敌军肉搏。

无奈，寡不敌众，钟子寨、田螺寨当晚失守。

9月27日，少共国际师接替红三军团第四师，坚守雷宗行、分水凹两个阵地。临时用黄土和树木构筑的工事碉堡，被敌机反复轰炸摧毁，不少红军战士连人带枪被埋在碉堡内。彭绍辉以3个营的兵力，利用烟雾与敌周旋，掩护主力转移到新阵地。

一个连队只有四挺机枪，师部才有迫击炮。弹药打完了，红小鬼们拿起木棍、搬起石头和敌人死拼。

吴清昌的任务是从师部传递命令到阵地上，据他回忆，各个山头都有尸体，有的山头红军官兵全部阵亡，"我们只好把相邻山头的战友遗体拖入山谷，就地掩埋，大部分人连名字都没有留下。"老人声音哽咽，泪光闪烁。

少年英雄的鲜血没有白流，敌人未能在10月前攻破石城。

10月2日，少共国际师又领新任务——“单独迟滞敌占石城、掩护主力转移之”。

少共国际师以一营兵力与敌人周旋，敌人不知虚实，不敢进兵，直至10月6日午后3时，才占据石城。

英勇的少年战士们又为中央机关和主力红军安全集结和转移多赢得了宝贵的7天时间。

石城阻击战，少共国际师伤亡过半，万余人的部队锐减至五千余人。

1934年10月17日夜，于都河畔燃起火把，渔船自四面八方驶来，从北岸连到南岸。红军开始渡河长征。

前一天自石城转移来的少共国际师，也在渡河的队伍中。

长征中，少共国际师奉命掩护中央纵队，随后血战湘江，只余两千余人。

遵义会议后，少共国际师编入红一军团，番号取消。

至此，红军最年轻的部队完成使命，共存532天。

守护红军痕

刘 昊 刘 冕 童曙泉

铺开中国地图，状若雄鸡，一条细线穿过雄鸡腹部，连起江西、广东、广西、云南四省区。这是323国道，全长2915千米，起点瑞金。

去年秋，323国道零公里处，立起一座纪念碑，上书“起点”二字。碑座上刻有323国道途经省市及红军长征、一苏大、二苏大（中华苏维埃第一次、第二次全国代表大会）的图像。

零公里纪念碑已成瑞金地标，初到此地的人，常会认为这就是长征的起点。

瑞金人就是这么认为的。“长征当然是从瑞金出发的，因为中央红军是从这里启程去的于都呀！”纪念碑附近一家小铺的老板，指着323国道示意图说。图上，瑞金往西的第一站就是于都。

长征出发地到底是哪儿？是于都，还是瑞金？

“于都是红军长征的集结出发地，瑞金、兴国、长汀等地则可以视作是各部队的出发地。”赣州中共党史学会秘书长凌步机说。

其实，无论长征从哪里出发，红军战士心中的力量，都源自瑞金，因为那是中华苏维埃共和国的心脏。

瑞金，这赣南小邑，因唐天祐元年“掘地得金，金为瑞”得名。八十多年前，中国共产党在这里建起第一个红色政权。

自零公里纪念碑左转，就进入了瑞金市区。此时，雨停了，沿街而望，粉墙黛瓦、绿树掩映，龙珠白塔，远远矗立。

红都大道一侧，中华苏维埃纪念园、中央革命根据地历史博物馆毗邻而立，巨大的红星，映着城市。共产党人在红都存下比黄金更贵重的财富，取之不竭，流传至今。

“苏区干部好作风，自带干粮去办公。日着草鞋干革命，夜打灯笼访贫农。”这首山歌，自中央苏区一直传唱至今，一心为民的苏区干部，深受瑞金人爱戴。

中央革命根据地历史博物馆门前，整齐停放着数十辆汽车，有小轿车，有农用车，有吉普车……每辆车上都贴着封条，这是瑞金今年封存的公车。这些公车，仿佛为博物馆增添了一份展品。

为了支援红军，瑞金人当年倾其所有。“全县24万人，参加红军的就有4.9万，几乎所有的青壮年，甚至十四五岁的孩子都加入革命队伍。”博物馆里，一位讲解员说。

市区东北约5公里，便是叶坪。中华苏维埃第一次全国代表大会就是在叶坪谢氏宗祠召开。

连日降雨，会议旧址附近河水暴涨，淹没栈道。四周水流滚滚，旧址绿草如茵，安静祥和。

红军广场中，一座炮弹状的纪念塔，擎天而立。这是钱壮飞设计的红军烈士纪念塔，当年苏区军民捐款捐物，建成此塔，以纪念为革命英勇牺牲的红军烈士。

仰望13米高的塔身，一粒粒小石子镶嵌其上；五角星样式的塔座前，铺写着“踏着先烈血迹前进”八个苍劲大字。

红军开始长征后，国民党军队攻占瑞金，瑞金城中“无不焚烧之居，无不伐之树木，无不杀之鸡犬，无遗留之壮丁，闾阎不见炊烟，田野但闻鬼哭”，红军烈士纪念塔也被毁掉。

叶坪村的一位老人，拼着性命，摸黑扛回纪念塔上的一块石板，一直倒扣在家中，直至中华人民共和国成立。

1955年，红军烈士纪念塔计划复建，老人的亲属将石板捐出。斑驳的石板上，一个完整的“烈”字，未曾磨灭，就是依据这个“烈”字的字体，红军烈士纪念塔得以重建。

如今，这份守护仍在传承。

研究苏区历史 30 多年的凌步机已年过六旬，他的岳父就是老红军。

2010 年，一位老人自苏州而来，慕名找到凌步机，想请他帮忙找一个人——连德生。

“连德生？”凌步机有些疑惑。自称是连德生孙辈的来者慢慢述说起爷爷的经历。

1925 年，连德生是上海电车公司售票员。会两手功夫的他领导电车工会参加五卅大罢工，当年正式加入中国共产党，随后，被党派往莫斯科东方大学学习。学成归来，在上海地下党情报科工作。后来，顾顺章叛变，连德生紧急转移至苏区，自此与家人失去联系。

“会不会是在大余县牺牲的连德胜？他们的经历很像。”凌步机带着来者来到档案馆，查阅了当时连德胜烈士就义时的照片档案。来者老泪纵横，持续半个多世纪的寻亲终有结果，连德胜正是连德生。

凌步机也为之动容，他更加确信了自己研究的意义。

虽已退休在家，凌步机依然笔耕不辍，埋头于多年积攒的资料之中，寻找着红军的痕迹。“总要有人守着这份记忆，好让后人知道。”凌步机慢慢地说着。

窗外，又下起了雨。

雨声沙沙，仿佛一双双草鞋，走向远方。

谢氏宗祠，门敞开着，似在等人归。

浴血前锋

李　洋

1934 年 10 月上旬，中央红军主力各军团分别集结陆续出发，踏上漫漫征程。仍逗留在苏区根据地的红一军团二师四团的战士们，沉浸在一种莫名的兴奋与困惑中。

几天内，战士们每个人都领到了一套崭新的棉上衣，每人发了两至四颗手榴弹、两至三双草鞋、几斤粮食，甚至为了避开空袭，每人还发了一束树枝作伪装。在根据地，这样大量发放枪支弹药和装备，以往从没有过，团里还补充了很多新兵。老兵们仿佛嗅到了大战在即的味道。

他们即将迎来的何止是一次大战，那是一次前所未有的血火征途。

10 月 16 日，红二师领命出发，四团成为中央红军长征的先锋。

用在锋刃上的，自然是好钢——红四团前身是北伐时的叶挺独立团，我党领导的第一支正规军队，响铮铮的“铁军”。

突破乌江天险、飞夺泸定桥、攻克腊子口……长征路上大战血战，铁军一往无前。

“尖刀”遇天险

身为先锋部队，红四团这把尖刀总是要第一个刺向敌人，付出的代价可想而知。从瑞金出发之后仅一个月，红四团连破敌人三道封锁线，保证中央纵队顺利通过。待到遭遇第四道封锁线，也就是湘江一役时，红四团抗击敌军整整 15 个团，死伤过半。用团长耿飚的话说：“每一分钟都得用血换。”

然而，等不到部队喘息，考验接踵而来。一个月后，乌江天险横在眼前。

乌江是贵州第一大川，江宽水急，沿岸有十多处渡口。1934 年 12 月 31 日傍晚，红四团抵达瓮安县城外江界河渡口南岸。渡口跟前共有三个寨子，其中老渡口跟前的寨子叫“老街”，两天前刚被贵州军阀王家烈的下属侯之担率部扫荡过。所有船只和可以渡江的东西都被烧掉，甚至江边的房屋也被烧毁，欲陷红军于绝境。

当晚22时左右，中央接连发两封电报，要求二师次日起着手从江界河渡口过江，直取遵义。四团，自然是渡江的先锋。

天亮了，飘起雨夹雪，江面大雾弥漫。耿飚带人化装侦察，勉强能分辨出江水大约二三百米宽，乌江北岸火金山的山体为难以攀登的陡壁。从山脚至山顶，垂直距离大约有5公里，只有一条东西向的道路，那便是通往遵义的大路。

因为只看得见对岸人影晃动，却难辨虚实，四团只好鸣枪火力侦察。对岸的火舌立刻穿过浓雾喷射了回来。敌人已在正对老渡口的地方安置了连哨，火力强劲；老渡口上游500米处有排哨，防守相对弱一点；距江面百余米的山坡上，地势稍缓的地方都修筑了工事；山上瓮水寺里还驻扎着预备队。

次日晨，红军总参谋长刘伯承亲率工兵连来支援架桥，他还带来了一个消息：“追兵国民党薛岳部距离这里只有不到三天的路程了。”兵贵神速，师长陈光指示要避敌锋芒，在老渡口上游500米的地方，组织强渡。

下午，战士们大张旗鼓在老渡口南岸搬运架桥用的南竹和门板，吸引敌军注意力。而此时，渡口上游500米处，南岸的天然大山洞老虎洞里，耿飚和杨成武正挑选勇士，打算悄悄带一条绳索游到对岸去，为全团强渡做准备。

勇士强渡

1935年1月2日9时，第一次强渡。8位勇士每人携一支驳壳枪，头上顶着绑好的手榴弹，赤膊跳入冰冷刺骨的江水中。与此同时，老渡口那边部队的佯攻也开始了。可惜，仅仅十几分钟后，敌人就识破了佯攻之计，开始射击。

虽然在火力掩护下，8位勇士毫发无损游到对岸，可架桥用的粗草绳在湍急的江水中变得沉重无比，根本无法拉过去。只得再派一只竹筏，可被对方炮火压制无法靠近。8位勇士不得不被召回。就在回程中，一位福建籍战士因已经赤身冻了两个多小时，体力不支，没能游回来，成为强渡中红四团牺牲的第一位勇士。

傅　堃/插图

2日入夜，第二次强渡。这次共派出三只竹筏，大家相约在北岸登岸后，以电筒光报信，待凑足一排人后，就向敌突袭。三连连长毛振华亲自率四名战士携一挺机枪登上一只竹筏。雪夜里，竹筏很快消失在一片漆黑中。半小时后，有两只竹筏被江水冲到下游两三里远的地方，只得返回。而毛振华的竹筏一夜没有音讯。

3日晨，天出奇地冷，一夜大雪把江边的南竹都压弯了腰。已经等待了两整天的中央军委派军委副参谋长张云逸带来消息："薛岳部已经离这里不远了。"情况已十分危急，四团必须立刻过江，否则，中央红军将陷入背水一战的危险境地。

这时，四团战士和军委工兵连已经扎制出60多只竹筏。没什么好说的，硬闯吧。对岸，敌军某团长向上级报告"红军水马过江，火力非常猛烈"，于是敌人增加了一个独立团来支援。江北岸的侯之担守兵已达3个团之多，在半山上增加了许多帐篷，迫击炮也不断向红军轰击。

3日9时，第三次强渡。还是在老渡口上游500米的地方，三只竹筏先载着十多位战士向对岸划去。敌人疯狂射击，一只竹筏上划水的竹篙连断三根。距离敌岸只有50米的时候，敌人工事下方忽然闪出几个人影。

之后，对敌抵近射击的轻机枪声、手榴弹爆炸声相继传来，敌军的军事哨竟然被端掉了。靠岸后大家才发现，从天而降的“内应”正是昨晚失踪的毛连长和那四个战士。

毛振华，这位湘江边长大的农家子弟，瘦高个、大嗓门，曾给贺龙当过勤务兵，强渡乌江时才二十四岁。头晚，他带队成功到了对岸。因对岸无沙滩，也无藏身之处，敌人军事哨又在头顶不远处，连说话都听得清清楚楚。他们只能很小心地划了火柴报信。可惜，这一点点亮光并没有被我军察觉到。一直不见后续人马赶到，毛连长不敢贸然行动，只能挤在岩石跟前过夜。3日晨，当看到部队又派出竹筏强攻时，才主动接应了上来。

奇袭火金山

少顷，战斗开始。十余位战士在毛连长带领下向山上爬，在轻机枪的掩护下，战士们端着刺刀直接冲进敌军排哨的工事，毙伤敌人过半，排哨的抵抗线被攻破。

继续向上，攀至陡峭山体上的一条羊肠小路时，敌人增援的一个营居高临下压了过来。羊肠小道如此狭窄，十几个战士冲不上去，上面的敌军也下不来。南岸这边，红军重火力全开给予支援，暴露在山上的敌军就像滚石一样，纷纷滚落到江里去。

剩余的竹筏也划了过来。一营营长罗有保带着一排人又发起一次冲锋，把敌人打退了一点点。可陡峭山道上，部队实在无法展开，攻至半山无法再进，被迫停止。侯之担的“健将”林秀生这时又跑来前线督战，敌军火力猛增，红军最靠前的一个班大部分伤亡，被迫后退。敌人企图追下山来，红军又用一个班顶了上去，双方再次相峙在狭窄的山路上。

这时，罗有保发现左侧一处石壁有可能攀爬，赶紧派一个班前去试试。危急关头，战士们竟真的摸着峭壁攀登而上。很快，这个班的战士出现在了敌军右前方的一个石峰，两个方向的战士形成交叉火力，敌人有些站不住了。

江这边，守在团指挥所的二师师长陈光一直通过望远镜注视着战斗进展。眼看敌人的增援部队向罗有保反扑，他赶紧把几十米开外炮兵阵地上的炮兵连连长赵章成和指导员王东保叫来。

赵章成是红军炮兵的鼻祖，曾在白军部队当过炮兵副连长，1931 年在江西参加了红军。这时他手上只有两门迫击炮和 5 发炮弹，熟练指挥战士们把炮安放在地上挖好的圆坑里之后，他单手托起一颗炮弹。

没有瞄准镜，只能靠经验和目测。赵章成拉开弓步，闭上一只眼瞄了瞄角度，就把炮弹推入炮膛。“轰”一声巨响，炮弹炸在对岸敌群的后方。待浓烟散去，赵章成仔细观察了一下弹着点，又拿起第二发炮弹。这一次，他将炮弹双手举过头顶，单膝跪地，口中念着“不怨天不怨地，我是奉命射击，冤鬼不用找我！”这个做法不禁让他身后爆发出一阵哄笑。

第二发炮弹入膛，“轰”，这次正好炸在敌军正中间。第三发、第四发，炮弹在敌军阵营里炸出一个品字形，烟雾散去之后，但见三个炸点周围一片尸体。剩余的敌人潮水般向半山腰公路涌去，被压在狭窄山路上的战士们趁势登山追击。不到中午，江北岸火金山就被红四团拿下了。当时，红军在山上作战的指战员共有 21 人。几天后，由邓小平担任总编的《红星报》上，对这些勇士都给予了点名表彰。

3 日傍晚，一条长三百米、宽四五米的浮桥终于架好。四团首先过江，朝遵义追袭。途中，“捡”到黔军留下的 70 多发迫击炮炮弹，让赵章成得了份厚礼。

四个月后，5 月 27 日，又一条大河——大渡河拦在红军面前。红四团再次担起先锋重任，一昼夜奔袭 120 公里，赶到泸定桥。战士们徒手攀铁索过桥，冲入敌阵，抢下铁索桥，占领泸州城。

8 月 21 日，红四团作为先锋部队，走进“人间地狱”松潘大草地，用了 4 天 4 夜，用生命探路，为主力部队插示路标。

9 月 16 日，在红军北上的必经之地、甘肃岷山腊子口，红四团刺刀杀出血路，打开腊子口，让全盘皆活。

而四团的英雄们，有很多人并未看到革命最终胜利的那一天。

接替耿飚担任团长的黄开湘，抵达陕北后身患伤寒，昏迷中意外触动枕畔手枪，中弹身亡。原四团参谋长李英华，在“切尾巴”战役中牺牲。突破乌江建奇功的勇士毛振华，也在长征的最后一次战斗中献出了生命。

抗日战争开始后，红四团所在的红二师，改编为八路军第115师第343旅第685团，首战就是著名的平型关大捷。如今，它是济南军区的一个部队，依然延续着铁军的精神。

烈士的名字

刘 昊　童曙泉　刘 冕

连绵的圆形山丘，像巨大的坟冢；随雨而下的红土，仿佛未曾干涸的血迹。

80 多年前，这个叫腊石寨的山地曾被鲜血染红。1934 年秋，红军将士用血肉之躯，对抗敌人的飞机大炮，守卫着兴国县城。那是中央红军长征前的最后一战。

当年的战场，如今已长出新草。一块块簇新的花岗岩墓碑，平卧在草坪中。这是正在修建的兴国县散葬烈士墓群，一共 9850 座烈士墓，是全国最大的烈士陵园之一。

“张声中（1907—？）”“张声有（1910—？）”“张声酉（1909—？）”“张声京（1907—？）”……

“曾招芳（1901—？）”“曾庆财（1910—？）”“曾庆安（1908—？）”……

烈士的牺牲年月已无法考证，但他们的墓碑上有着相同的 6 个字——“在长征中牺牲”。

一对母女，撑着伞，走在墓碑间。女儿走得快，眼睛匆匆掠过一块块墓碑，像是寻找着什么。母亲走得慢，每一块墓碑，都会端详一阵。

已过中年的母亲姓曾，她的爷爷是在长征中牺牲的红军战士，可家里人一直不知道爷爷牺牲在哪里，听说兴国县修建陵园集中安葬散葬烈士，特意来找找有没有爷爷的墓。

“好多人，都是一个辈分。”女儿低声念叨。墓碑上，同姓同辈的名字很多，“这可能都是同宗或是同族的兄弟。”母亲对女儿说，“我爷爷是‘广’字辈，高兴镇人，仔细找找。”

放眼望去，山坡上，来自成百上千个家族的兄弟，长眠一处，在此相聚。每块碑侧，默立着一株柏树，一株紫荆树。常青的柏树寓意烈士不朽，心形树叶的紫荆则取意“三荆欢同株”，象征亲情连绵。

这紫荆，太适合兴国了。这座因宋太宗“太平兴国”年号得名的小城，忠烈自古流传，文天祥就曾在此领兵抗元。

在这里，家与国已不分彼此。

80 多年前，兴国人举全家族之青壮年参加红军的，并非个例。参加长征的 12 个红军主力师中有 7 个师从兴国出发，“兴国模范师”“少共国际师”“中央警卫师”等部队的将士大多是兴国子弟。

“观音子”“观音生”“观音保”“观音女”；“长生子”“长发生”“来发生”……不同的墓碑上，刻着许多几乎相同的名字。这些名字寄托着中国父母朴素的心愿——“希望观音保佑，保佑孩子平安活下去。”然而，大时代的洪流中，这些“观音子”“长生子”们没有苟生，更没有寄托神明，而是参加红军，为让更多人更好地活，不惜献出生命。

墓碑上，还有很多以“子”“孜”“老”结尾的四字名字，这或许是小名、土名，或许就是乡邻、战友间称呼的绰号。他们虽未及留下大名就已经牺牲，但就是这些通俗的名字，谱写下最震撼的诗篇。

“大家都是为革命牺牲。”母亲说着，轻轻拭了拭眼角。

这近万座墓碑，只是兴国县有姓名可考的烈士。战火硝烟中，慷慨赴死的兴国烈士又何止这些？

长征路上，牺牲的兴国籍烈士达 12038 名，几乎每一公里都有一名兴国子弟倒下。整个革命战争年代，兴国县为国捐躯的烈士达 5 万多名。

邱金莲，104 岁的红军遗孀，住在兴国县光荣院。“老了，不能做贡献了！”这是老人家见到记者说的第一句话。

邱金莲两岁就成了童养媳。16岁那年，丈夫侯礼福12岁。一次，侯礼福砍竹子，弄脏了乡亲家挑的水，被家人关起来。为了逃避责打，侯礼福趁有人送饭的当口，跳入河中，被洪水卷走。

家里人都以为侯礼福死了。其实他没死，参加了红军，不久后又回到兴国。长征出发前，侯礼福回了趟家，嘱咐家人莫要欺负邱金莲。邱金莲没想到，这一次，竟成永别，侯礼福牺牲在长征途中。

红军走后，国民党占领兴国，邱金莲成了“土匪婆”，另嫁他人，有了三个女儿。

“一蔸桂花十八叉，桂树低下是妹家，哥若毋嫌妹门矮，请进屋下食杯茶”……邻居的屋里，传来了兴国小调。邱金莲凝神听着，抬手摩挲着已有些发乌的银镯子，客家妹子的情歌，把她带回了从前。

“我们虽不是‘红军爸爸’亲生，但妈妈总悄悄给我们讲他的事，还带着我们掩护抗日战士呢。”邱金莲的女儿张声华已70多岁，“现在，妈妈住在光荣院不用花钱，每月还有不少补贴。‘红军爸爸’可以放心了，妈妈很好，没人欺负她。”

慷慨赴死的烈士们，也可以放心了，一切如他们所愿，兴国人的日子正变得越来越好。街上的私家车越来越多，全县的村子都通了水泥路，有了电话；头脑活络的老表，已经玩起电商，收入越来越高……

去年，国家还批复同意实施《瑞兴于经济振兴试验区发展总体规划》，助力瑞金、兴国、于都，与全国同步实现小康。

有国才有家，家国同心，国运长兴。

纪事

听风奇兵

祁梦竹　曹　政

1960 年，英国陆军元帅、二战名将蒙哥马利见到毛泽东时，钦佩地说："您指挥的辽沈、淮海、平津三大战役，可以同世界上任何伟大的战役媲美。请问，这三场战役是您指挥的最满意的战役吗？"不料，毛泽东微笑着摇了摇头："四渡赤水才是我的'得意之笔'。"

四渡赤水出奇兵。81 年前，红军在川、黔、滇三省，乌江与长江之间的狭小地域内迂回穿梭，在十倍于己的敌军中千折百转，两次入川，两占遵义，大战娄山关，四渡赤水河，跳出合围圈。

在四渡赤水创造战争传奇的过程中，有一支神秘的情报部队——军委二局，发挥了重要作用，他们在赤水河两岸架起了"红色电波"，成为红军的"千里眼""顺风耳"，为红军的行军打仗点亮了一盏"照路明灯"。

青杠坡之战

遵义土城，这个低洼的小镇 3 公里外有处青杠坡，山林幽静。

发生在这里的青杠坡战役，便是四渡赤水的发端之战。据记载，党的两代领导核心、共和国三任国家主席、一任国务院总理、五任国防部长、十大元帅中的七位、众多共和国的元勋、200 余位将军都曾在此地浴血奋战。

1935 年 1 月，中央红军占领遵义不久，蒋介石调集川黔滇湘桂数十万大军从四面八方向遵义地区合围，意欲阻止中央红军与红四方面军和红二、六军团会师，企图在乌江以北、长江以南的川黔地区围歼红军。

大兵压境，中央红军分左中右三路挺进赤水。

到了青杠坡，中央决定利用这里的有利地形，全歼敌军。

青杠坡一带呈葫芦形，中间是一条狭长坝子，石高嘴、桐子窝、桶木山等山峰林立周边，是来往土城与习水县城的要塞，自古就是兵家必争之地。

几乎同时，得知红军到达土城的川军也一路尾追，盘踞在青杠坡山上。

1月27日，红军的情报部门截获情报，川军郭勋祺、潘佐2个旅4个团正向土城包抄赶来，并抢占离土城东5公里的青杠坡、永安寺、寒风坳等高地，企图在此围歼中央红军。双方摆开决战架势。

凌晨，战役打响。彭德怀、董振堂率部发起攻击，多次冲锋才攻下郭旅第8团阵地，随即向永安寺推进，但强攻三四个小时都未能扩大战果。

敌人步步紧逼，火力越来越猛。这时候，毛泽东发现川军不是4个团6000多人，而是6个团1万多人，与红军投入的兵力相差无几！

此时，才料定是最初的情报有误，造成红军决战兵力不够。

有学者研究发现，红军截获敌人的电报，不知何故把“旅”翻译成了“团”。敌军当时的编制是一个旅辖三个团，一个旅的兵力是一个团的三倍；后来在川敌行动情况通报中，红军又将川军的“郭部”误判成“廖部”，直接影响了红军对敌兵力的估算。

此后，毛泽东曾对青杠坡一战有过分析：“我们在土城战斗中没有打赢，伤亡还很大，主要是没有把敌情搞清楚，拳头不硬，责任在我们军委，不怪下面。”研究者认为，红军长征出发以来，已基本掌握国民党粤军、桂军、湘军、黔军所用密码的规律；但对川军所用密码，在青杠坡还是首次接触，译文是否完全准确可靠还没有绝对把握。

吃一堑、长一智。

负责红军情报工作的军委二局曾希圣、曹祥仁意识到了形势的严峻，很快从错译川军密码中吸取了教训，进一步研究掌握了川军密码的规律，为红军突围提供了准确情报。

战斗进行到后期，敌军围剿兵力从四面八方围聚而来，红军一时难以突围，情况危急！

时任破译科长的曹祥仁后来回忆——天色渐黑，部队仍陷在狭长的山谷中，四周枪炮不断，人心不免慌乱。周恩来、王稼祥满面征尘地赶来，对负责情报工作的二局局长曾希圣说：“你们赶快搞清情况。我们来帮你们做饭。”

军委二局马上在空地上架线侦收，破译密电。随即，在敌军往来的电文中发现：周围早已布满了敌军，合围中仅有一个不大的口子尚未合拢，外围只有蒋介石坐镇指挥的贵阳空虚。

军委据此决策，立即从包围圈的空当儿中撤出，西渡赤水，绝处逢生！并由此拉开了四渡赤水的序幕。

“这一仗之所以没能打好，并非指挥不当，而是情报失误所致。”研究四渡赤水多年的遵义市习水县党史研究室副主任何思江说，正是青杠坡一仗的教训，让红军越发重视情报工作。在当时复杂多变的险恶环境里，人数装备均处于绝对劣势的红军如果没有出色的情报工作，再高明的指挥也是盲人摸象。

打着灯笼走夜路

当时，敌我两军情报获取的方式也不尽相同。敌军主要是空中侦察和地方报告，前者受天气影响，后者则存在误差和滞后。因此也造成了蒋介石和他的前线指挥员来回调动部队，疲于应对，每每扑空。

对于处在敌人围追堵截中的中央红军来说，情报只能依靠军委二局。毛泽东对当时中央红军的情报有个评价：“长征有了二局，我们好像‘打着灯笼走夜路’。”“如果没有二局，长征是否能顺利到达陕北都很难说。”

二局成立于江西时期。1931 年，中央革命军事委员会成立，情报科设在下属的总参谋部中，担任科长的正是曾在上海历练多年的情报老手——曾希圣，监听台与谍报队成为这支情报部队两大主要侦察手段。不久，情报科升格为局，简称二局，其任务主要是通过无线电台的收讯台侦听敌人的电报，并对情报进行分析，为领导决策提供信息，曾希圣升任局长。

那时在军委二局，还有曹祥仁、邹毕兆等多位破译密电的高手。为适应长征的长途行军，曾希圣把二局一分为二，采取接力的方式，保证 24 小时开机对敌监听和电报的破译。

在扎西会议后，情报侦听工作进一步加强。二局每个电台都盯住敌人一两个军，随时监听，随时掌握敌人的动向。

傅　堃 / 插图

长征途中搞侦听工作的钟夫翔回忆说，当时，“搞侦听的有好几个台，什么时候都听着它。那时敌人通报用密码，通话用明码，有时加点英文。”

在穆欣所著的《隐蔽战线统帅周恩来》中也有过披露，“他们在通话中什么都谈，部队行动到什么地方，都互相告诉。这样，我们起码可以知道敌人的动向和驻地。”

1935 年 2 月，蒋介石发给“剿匪”第三路军总司令龙云的《作战方略》被成功监听到。根据这份电报，敌人已经发现了红军试图从扎西一带入川，便调集重兵、严密布防，预谋南北夹击。不过，此时的遵义却只有黔军王家烈 5 个团据守，最为薄弱。

据此，红军再次出奇兵。毛泽东命令各军团在敌军形成包围圈前二渡赤水，折回贵州。约一周后，红军隐秘地回到遵义，成功地从十倍于己的敌人空隙中跳出，给敌人来了个出其不意。

红军能迂回穿插、声东击西，除了指挥战术外，还有一个极为关键的因素，就是红军掌握了被列为国民党军队最高机密的通讯密码。1933 年秋，廖承志从上海来到红四方面军，带来了一本“秘籍”：敌军密码破译法。据当年红四方面军的傅钟回忆，有了这本密码破译法，敌军的兵力部署和行动企图，红军都能了如指掌。这也正如长征中掌管情报工作的刘伯承比喻的：玻璃杯里押宝，看得一清二楚。

一封电报退敌军

二渡赤水回兵黔北后，红军在娄山关和板桥之间歼灭黔军 8 个团，又乘胜再占遵义城。这一仗，总歼敌 20 个团，也是长征以来打的最大胜仗。

此战之后，战士们士气鼓舞，求胜心切。林彪、聂荣臻给中央发来急电：关于目前的行动，建议野战军应向打鼓新场、三重堰前进，消灭西安寨、新场、三重堰之敌。

这一封电报引发了中央的激烈讨论。

多数人支持林彪的建议。朱德认为，林、聂的建议似可考虑。打鼓新场是通黔西的必经之地，如果攻占了这个战略要地，对我军西进极为有利。

只有毛泽东一人反对，他认为，如果红军对驻守打鼓新场的黔军实施攻击，那么面临的敌军将不只是黔军，而是蒋介石在黔的全部兵力，进攻一开始就会有迅速被敌人围困的危险。

的确，最近几份破译敌人的电报表明，黔军、滇军已纷纷向打鼓新场集结，蒋介石认为打鼓新场是“共军西窜必经之地”。

这天深夜，又一份情报传来——敌人果然掌握了红军的动向，在打鼓新场布下了口袋，等着红军钻。毛泽东提着马灯找到周恩来，再度劝说不能签发打鼓新场的作战命令。第二天凌晨，军委二局又急电周恩来，电文中说：“红军如进攻打鼓新场，滇敌与川敌有向我军侧背夹击之势！”印证了毛泽东的分析判断。

“在是否攻打打鼓新场问题上，二局侦悉到珍贵的情报，也从侧面帮助中央作出了正确决定，避免了一场惨仗。”何思江说。

数日后，二局又得到了一项重要情报——地面山头铺白布画红十字的神秘标志。这是中共贵州地下党组织获得的敌军地空识别标志：敌人空军看到标志，就明白地面部队是自己人，便不会扫射轰炸。获取这一珍贵情报后，红军在3月16日、17日白天大摇大摆地在茅台三渡赤水河。

同时，二局又破译国民党军电文，蒋介石断定红军渡过赤水河后必然西进“无疑”，已急令中央军及川滇黔军速向川南古蔺地区合力“进剿”。但实际上，这只是红军的一记妙招：通过三渡赤水的全军佯动，让敌军不断向川南、黔西北推进；而这时，中央红军则做好了重返黔北的准备，四渡赤水，跳出敌人的包围。

然而，又一个险情出现了！

3月20日，红军主力向南直插，南渡乌江。当日，二局截获敌军电报：周浑元、吴奇伟2个纵队6个师正由安底西北的枫香坝、茅台地区向泮水、新场（今金沙）方向前进。而此刻，红一、红三军团及军委纵队正在渡江。枫香坝、茅台距红军渡江的安底、沙土一带只有三五十公里的路程，一天就能赶到，而红军要安全渡江，至少需要三天时间。

是夜，红军总指挥部灯火通明。毛泽东、周恩来、王稼祥、朱德、刘伯承等和军委一局局长叶剑英、二局局长曾希圣、三局局长王诤等人在一起研究对策。曾希圣提出一个妙计：利用红军掌握的国民党军的口令和电文格式，冒充正在贵阳的蒋介石给周浑元、吴奇伟发电，命令他们向泮水、新场、三重堰方向前进，从而将这两支敌主力调开。

假电报发出，周浑元、吴奇伟部果然遵命行动，红军避免了一场不利的血战。3月31日午后，除红九军团外，中央红军红一、红三、红五军团全部南渡乌江。

四渡赤水出奇兵，正是指挥与情报工作默契配合，才让红军屡屡掌握了战争的主动权，出其不意，用兵如神。

不仅是四渡赤水，在整个长征途中，军委二局这支神秘的情报部队屡立奇功，从1934年10月到1935年10月，二局在万里转战中相继破译了蒋、粤、湘、桂、黔、滇、川、陕等各路敌军的180余种密码，有力地保障了红军的作战胜利。

今日红军街

祁梦竹　陈雪柠

闽西，酷暑。长汀县东南，松毛岭下，中复村里的背田河，因之前连日大雨，水涨了半米。

河上，有一座红军桥；桥边，有一条红军街。

在桥上，热情的村民“火妹子”迎上来，“第一次来？走，我领你们看看‘长征第一村’。”

“火妹子”叫蔡火妹，土生土长的当地人，说起长汀、中复村的历史，头头是道。

小城长汀，地处闽粤赣三省交界，“一川远汇三溪水，千嶂深围四面城”，80多年前，她还有另一个美名——“红色小上海”，是中央苏区的经济中心。

而中复村，便是这个经济中心的“前沿阵地”，发展边区贸易。这个小村也是长征四个出发点之一，距离陕北最远的出发点，故称“长征第一村”。82年前，红军红九军团、红二十四师和闽西地方武装部队，就在村东南的松毛岭上鏖战七天七夜，掩护中央红军主力转移。隆隆炮声中，红九军团从中复村集结出发。

“看，红军出发时的征兵站，就在这桥上。”蔡火妹指着这座廊桥的一根廊柱，柱上深深地刻着一条横线，那是红军征兵时用于丈量身高的标尺。“线有1米4高，

过去的红军街，今天已经成为了电商一条街。

和带刺刀的枪一样高，年轻人过了这条线，就可以扛起枪参加红军了”。

1934 年 9 月，数以千计的各村村民在这里报名参加红军，奔赴战场。通过这条生命的等高线，不少人连名字都没来得及留下，或是走上了松毛岭，在战斗中流尽最后一滴血；或是走上了长征路。

故此，桥被叫作“红军桥”。

桥下，流水潺潺。经过战火洗礼的松毛岭，早已平静。而中复村，也变样了。

“来看看红军街！”她带着我们走下了桥。

红军桥下便是红军街。地上用碎石铺就街面，两边是土木结构的瓦房店面。抬头看，每间客家风格的老屋上面，都有一个铭刻着历史的标牌：消费合作社、茶油合作社、粮食合作社、铁器合作社……

当年，红军在这条街上开办了各式合作社和店面，既繁荣了当时的农村经济，也解决了村民的生活问题。苏维埃政府还在这条老街上发展边区商贸，利用集市吸引白区商人进来贸易。

用茶油换火药，用粮食换布匹，老街就像中转站，苏维埃政府在这里一点一点地汇集战略物资，打破了敌人的经济封锁，红军在这里得到了大量给养。

这条5米宽、500多米长的红军街，在历史上繁荣了苏区经济，在今天，则借着“互联网+”的势头，再次燃起了商业繁荣的星星之火，成了长汀县农村规模最大的互联网创业孵化基地。

“这家小店就是我开的。”蔡火妹指着街西侧的一家店面，上面的匾额写着“火妹子姜糖”。

她笑着带我们进店。十几平方米的店面很整洁，左侧的货架上，琳琅满目地摆放着数十种姜糖、姜汁，店中央则放着三张方桌、几把椅子，客人可以在这饮茶小憩，品尝姜糖。

“过去，村里没什么事做，我就跑到龙岩市做歌手。”她说，“去年听说村里的红军街，办成了互联网创业街，就回来了，开了这家姜糖店，专卖长汀的特产姜糖。”

如今，她的小店刚刚开业一年，生意红火，最多的时候一天就卖出20万元的姜糖，通过淘宝店、微信等电商平台，产品已经售往全国30余个省市。

她不仅自己走上了回乡创业路，也带动了当地不少村民就业，参与生姜的种植和姜糖的制作。去年生姜价格走低，农民种姜亏本，蔡火妹就以高于市场价10%的价格收购农民生姜20多万斤。今年，蔡火妹的生姜基地还要扩建，会聘请不少村里在家中赋闲的妇女。她店里的五六个客服人员，每月能赚几千元，多的能有近万元的收入，“比家里的男人还高哩。”她说。

红军街成为创业街后，村民们在街上开办的22家电商店铺，带动了周边57家家庭农场和合作社，每一家小店既是当地农副产品的展示窗口，也是家庭农场往来贸易的联络点。

旧时合作社的牌子还挂在街道两旁的门板上，而今，电商的发展正催生出互联网时代的新型合作社，让红军街重焕经济活力。

走在红军街，一家家小店里，山茶油、老酒、斗笠等闽西特色商品，通过互联网走出大山，走到全国各地，销售搞得红红火火。

边走边看，穿街而过，林边有一座红军衣冠冢。

82年前，村民钟奋然跟着红军去长征，他的新婚妻子赖二妹，自此每天除了上山砍柴、打短工，大部分时间就坐在自家门槛上，等待丈夫归来。时间久了，门槛都坐出一道深深的凹槽。1963年，赖二妹得知丈夫早已牺牲在长征途中，遂将30年间为丈夫做的30套新衣、30双新鞋葬在了这座衣冠冢中。墓碑与她家的门，遥遥相望。

“村子变化太大了。”钟奋然的遗腹子、担任过村支书的钟开衍站在衣冠冢边，望着松毛岭，“日子好过了，年轻人在家门口创业，生活越来越富裕。”

变化了的，是时光，是时代；不变的，是那份红色的情怀。

赣南孤军

刘　冕

第五次反“围剿”失败，将苏区拖入危局。红军主力不得不战略转移。留守苏区的红军只有3万余人，其中伤员万余人，战斗部队只余红24师、独立团及地方游击队约1.6万余人。

陈毅倚树而立，锁着眉头。脚下，是于都上坪附近的荒山。红军主力已经出发长征5个月了。头年在兴国，一颗子弹击中他的腰部，打碎了右胯骨的一角。就是这伤，让他不得不留守苏区。和陈毅一起留下的还有项英、陈潭秋、贺昌、瞿秋白等人，中央令他们组成中央分局和中央政府办事处，领导留守部队，掩护红军主力和中央机关转移，等待红军主力回师反攻。

留守部队将要面对的，是更加艰难残酷的斗争环境，更多惨烈的牺牲。

此时，是1935年3月9日，15时许。陈毅正在焦急地等待着中央发来电报。这一天的这封电报，也是中央与留守部队的最后一次联络。此后，他们与中央失联三年。

三年赣南游击，艰苦卓绝，血火洗礼，薪火不息。他们没在长征队列中，他们也经历了长征。

最后的电报

陈毅走到电报机旁，蹲守的人摇了摇头，中央回电还是没有来。

眼前的电台，曾为项英、陈毅等人送来“十万火急”的指示，那几乎决定了留守部队的生死存亡。

1935年2月5日，立春。

电台收到一封标注“十万火急”的电报，送来中央书记处的指示：“分局应在中央苏区及其临近苏区坚持游击战争，目前的困难是能够克服的，斗争的前途是有利的。对这一基本原则不许可任何动摇……”

革命的信念，留守的战士们从未动摇过，但是打阵地战还是游击战，一直在讨论。

红军主力转移后，蒋介石大军压境，要“斩草除根，掘地三尺，绝不容赤祸死灰复燃”。

昔日红都瑞金，满目疮痍，“无不焚烧之居，无不伐之树木，无不杀之鸡犬，无遗留之壮丁，闾阎不见炊烟，田野但闻鬼哭”。

留守红军怒不可遏，纷纷请战，要压一压敌人的嚣张气焰。

项英同意打一个胜仗，以鼓舞士气。

1934 年 11 月 22 日，敌东路第三师由瑞金向会昌推进。红 24 师奉命赶到谢坊附近埋伏，会昌、瑞金和福建的地方武装也参加伏击。

遗憾的是，因福建独立团未及时赶到指定地点，敌人尚未完全进入伏击圈内，战斗就打响了。多年后，时任红 24 师代理政治部主任的袁血卒回忆这一仗，仍然满心遗憾，“未能全歼敌人，消灭了半个旅”。

但谢坊伏击战仍是中央红军主力撤离苏区后，留守部队打的第一个大胜仗。

福祸相依。这一仗也暴露了留守部队的实力，国民党军队加紧构筑堡垒封锁线，企图对中央苏区分割包围，消灭留守红军。

形势恶化，陈毅提出，把部队分散打游击。中央来电支持了陈毅的意见。

接到中央电示后，山沟里搭起简陋的戏台，工农剧社“火星”“战号”和“红旗”举行汇演。

初春的夜，舞台上点燃松柴，忽明忽暗。袁血卒坐在台下看戏，这是自红军主力转移后的第一次“放松”。

8 天后，中央再来电，标注“万万火急”——要“立即改变你们的组织方式与斗争方式”；部队要以“小游击队的形式有计划的分散行动，环境有利则集合起来，不利又分散下去”；“占领山地，灵活机动，伏击袭击，出奇制胜是游击战争的基本原则”；“游击队应紧密的联系群众，为群众切身利益斗争”。

陈毅叫来瑞金县委负责人钟得胜，对他说：现在唯一的办法就是利用大山搞小组，分散打埋伏。你们一定要躲到山里，在山里睡觉，风餐露宿，不要下山。

无论如何不要脱离武装，不要脱离高山大岭。

就这样，依据中央指示，留守部队化整为零，队伍分散，机关分散，分 9 路陆续突围，进山打游击。

项英、陈毅通过电台，向中央请示报告突围安排。

直至 3 月 9 日，苏区的部队只剩下项英、陈毅、贺昌率领的红 24 师 70 团和中央军区直属队。他们决定将部队分为四队，穿过会昌封锁线，往福建长汀地区突围。

此刻，长征的红军主力已进入云贵边界，穿梭在崇山峻岭、雨烟雾瘴中。

电台从早上叫到晚上，一直叫不通。

17 时许，瓢泼大雨落下，中央终于回电了。

但密码已换，无法译出电文。陈毅、项英只好将电台掩埋，烧毁电文，开始突围。

这封没有被译出的电文，是中央和留守部队最后一次通电。

直至红军长征结束，落脚延安，留守部队仍未能与中央取得联系。埃德加·斯诺曾向红军询问过留守部队的消息，得到的回答是——“最后一份电报是 1935 年初收到的，此后再没有消息”。

浴血突围

突围一共 9 路，项英和陈毅是最晚突围的一路。

在等待中央回电时，大雨又至。贺昌不能再等了，他和袁血卒率领先头部队开始渡河，进入天门嶂。

山高林密，敌人重兵包围。双方交火，狡猾的敌人立刻发现红军行踪。

贺昌负伤，敌军逼近，高呼：“抓活的！”贺昌，这位南昌起义中曾与陈毅共同战斗，担任过党的中央委员和红军总政治部副主任，年仅 29 岁的年轻人，举起枪，用最后一颗子弹结束了生命。生命的最后时刻，他高呼：“红军万岁！”

刘伯坚和阮啸仙、蔡会文等率第 6 团突围。与敌人交战中，刘伯坚骑的白马被击中，徒步冲锋时负伤被俘。敌人给他戴上脚镣游街。曾赴法勤工俭学，后任红五军团政治部主任的刘伯坚挺胸抬头，和着铁镣划过长街的声响，留下了“带

傅 堃 / 插图

镣长街行，志气愈轩昂。拼作阶下囚，工农齐解放”的绝唱。就义时，年仅 40 岁。

党的早期领导之一瞿秋白以及毛泽东的老战友何叔衡一起突围。他们化装成商人，在福建长汀被敌人包围。何叔衡战死，瞿秋白此后不久也被俘虏。就义时，36 岁的瞿秋白挺直身躯，用俄语高唱国际歌。

毛泽东的弟弟毛泽覃也在突围时牺牲。当时，毛泽覃和游击队战士在瑞金附近的一处土房中驻扎。黎明时分，负责警戒的战士睡着了，被敌人巡逻兵发现。战士供出毛泽覃就在附近。年仅 30 岁的毛泽覃掩护其他人离开，自己被敌人击中牺牲。今天，那处村落被命名为“泽覃村”。

牺牲者中，还有古柏、李才莲……

9 路突围，最终只有 4 路成功。

1936 年冬，当陈毅被围梅山，病伏丛莽，写下“此去泉台招旧部”的诗句时，已怀必死之志的他，一定想起了这些浴血突围、战死沙场的战友。

梅岭廿日

五岭逶迤，树木遮天。

项英、陈毅和游击队员们潜伏山中，如野兽一般地生活。

项英和陈毅的身体都不适合游击战。

项英是高度近视，还患了夜盲症；陈毅伤势未愈，伤口化脓，二人搀扶着，穿行在山岭密林间，他们不敢停下来，不敢在同一个地方过夜，甚至不敢高声说话，他们放轻脚步，不敢踏平青草，他们要掩盖一切痕迹，因为敌人可能就在身后几公里的地方。

陈毅的伤口化脓肿胀，疼痛难忍。他让警卫员宋生发帮他挤净脓水。宋生发一用力，陈毅疼得浑身发抖，面色发白。宋生发下不去手，陈毅就叫他把自己捆在树上，继续挤脓……

挤出的脓血足足装满了半节喝水的竹筒。终于，脓血挤净，一块手术时没有取出的碎骨头也被挤了出来。随后，陈毅将万金油涂在两块布上，一块塞进伤口，一块包住伤口。伤竟就这样奇迹般地好了。

艰苦的生活，也动摇着游击队员的意志，减员严重。

陈毅集合队员，振奋士气，他告诉战士们，跑不动的，可以回家，只要不翻脸成仇。“就剩我一个，也要干。”

“你能坚持，我们为什么不能。”宋生发说着，泪流满面。战士们被感动了：“我们也要坚持到底！”“绝不动摇！”……

“天将晓，队员醒来早。露侵衣被夏犹寒，树间唧唧鸣知了。满身沾野草。天将午，饥肠响如鼓。粮食封锁已三月，囊中存米清可数。野菜和水煮……”

陈毅在《赣南游击词》中，描绘了游击队员的生活。

项英曾告诉斯诺，一套棉布军装，他穿了两年。晚上，不脱衣服，也不脱鞋，只要稍有动静就立刻转移。

据统计，陈毅他们平均每天要走上百里山路，一双新草鞋两天就穿破。

艰苦尚在预期，尚能忍耐。可部下叛变，敌人持续“清剿”，游击队随时面临灭顶之灾。

此时，陈毅和战友们已与中央失联多日，他们不知道红军长征是否已胜利，不知道中央在哪里，迫切想要联系组织的心态，让陈毅险遭不测。

陈毅的旧部下陈海叛变，谎称中央来电，要陈毅下山联系。

陈毅不知是计，一大早就来到县城，找到陈海住处。一位妇女正在洗衣，陈毅向她打听陈海，妇女没抬头，说：“在团部。”因口音，陈毅听成“在糖铺”。城外的糖铺的确是一处交通站。抵达糖铺，陈毅才获悉了陈海叛变的消息。

匆忙撤回山中，途中又撞上了敌人。陈毅称自己是教书的先生，进山买茶，敌人放松了警惕。进山时，陈毅见路旁有间厕所，就借口肚子疼进了厕所，落荒而走。

敌人调集四个营的兵力，围山 20 余日，让老百姓带路搜山。

百姓一路高唱山歌行进，想要通知游击队，有敌来。敌军阻止百姓唱歌，百姓七嘴八舌说：“不唱歌哪有力气爬山！”“我们祖祖辈辈都是这样的！”

当时，陈毅藏身于斋坑的岩壁丛莽中。

这处山坳，用毛竹支一个窝棚，高仅 1 米，面积只有两平方米。棚以藤蔓覆盖，一条隐蔽山道，迂回可达。近在咫尺的敌人，竟未发现。

敌人恼羞成怒，放火烧山。山火四起，夜如白昼。

陈毅担心难以脱身，写下《梅岭三章》藏于棉衣内层，以为绝笔，其小序云——

“一九三六年冬，梅山被围。余伤病伏丛莽间二十余日，虑不得脱，得诗三首留衣底。旋围解。”

其实，直至抗日战争全面爆发，这围才终解。

国共达成协议，南方八省红军游击队合编为国民革命军新编第四军，抗击日本侵略者。

全国解放后，陈毅修改《梅岭三章》诗稿，将“人间遍种革命花”改为“人间遍种自由花。”

红色钨矿

刘昊　刘可　金可

厂房中，黑色传送带轰隆前行，送来一块块细碎小石。

曾维红坐在传送带旁，弯着腰，盯着碎石，间或伸手，拣起一块，丢进矿斗。被拣出的黑色小石，很压手。“这叫钨，能制成全世界最硬的钢——钨钢。”曾维红说。

钨，高熔点稀有金属。金属钨可制钨丝、枪械。近百年前，赣南人就发现了钨，以为那是仙人遗留人间的仙石。

80多年前，这“仙石”曾扛起苏区的经济命脉，养活数万红军，令蒋介石对红军“无粒米勺水之救济，无蚍蜉蚊蚁之通报”的经济封锁落空。

厂房所在的小镇，为大山环绕，因山中富藏铁矿、钨矿，得名铁山垅。

曾维红是“手选工”，在铁山垅钨业有限公司选矿厂已干了三年，她所在的矿区，自山脚延至山顶，占地5平方公里。

“我们矿，就是红军的第一家公营钨矿。”曾维红说着，脸上满是骄傲。

1931年初，公营铁山垅钨矿成立。一年后，红军在此基础上成立了“中华钨矿公司”。

“那时候，没有传送带，没有碎石机，全靠双手。”曾维红指了指厂房外的高山，红军当年就在那里采挖钨砂。

80多年前，数千位头戴红星帽、身着蓑衣、脚蹬草鞋的苏区军民日夜忙碌，挥舞铁锤，敲下岩石；转动碾子，碾碎石块；抖动竹筛，就着溪水反复筛淘，终得钨砂万千。

崇山峻岭间，挑夫接踵比肩，一担担钨砂被运至桃江、贡江和赣江交汇处，江面上，数十条小船，来往穿行，将钨砂运至广东，与军阀陈济棠秘密交易，为苏区购得最需要的布匹、子弹、食盐……

这幅图景，在上世纪80年代被拍成一部电视剧——《封锁线上的交易》。

苏区钨砂产销量节节攀升——1932年1025吨，1933年2600吨，1934年3925吨……

“1933年，苏区对外出口贸易超过1200万元，……他们冲破国民党封锁，大获其利。”埃德加·斯诺在他那本著名的《西行漫记》中，如此描绘着自铁山垅而兴的“红色钨矿”。

1934年10月，红军跨过于都河开始长征，中华钨矿公司停办，不少矿工追随红军，远征他乡。

当年挖矿的人中，有位矿工叫华太章。新中国成立后，1954年铁山垅钨矿复建，他又成为新钨矿的第一代矿工。华老常给矿上的年轻人讲红军的故事。

“在矿上干，不仅食宿免费，每月最高能拿到6块大洋，家里困难，矿上还发救济款呢。”

“铁山垅是‘摆子’（疟疾）区，早年间得了病，都用‘水斗’‘火斗’‘走摆子’‘生吞癞蛤蟆’的土法子治，不少人丢了命。红军在矿上办了红军医院，请郎中、找草药，可救了不少人……”

红军医院今天依然伫立，旁边就是铁山垅钨矿复建后的第一片矿区。

“精选工”刘芳平下班后，总爱到红军医院这里转转，看看父亲当年工作过的矿区。刘芳平在矿上出生，在矿上长大，子承父业，成了第二代矿工。

当年的手挖肩扛，被现代化机械取代；当年的竹箕淘洗，被化学制剂浮选、电磁分离精选代替；当年的露天开采，变成了坑道开采；矿上还加大投资，兴建了环保设施，使污水 100% 循环利用，避免生产污染环境……

开山挖矿的技艺先进了，钨砂精度大幅提高，“我们的产品已经用在了航空航天领域。”刘芳平自豪地说。

矿上，像这样的父子矿工有很多，他们见证着钨矿的辉煌，也经历着企业转型的阵痛。大家在默默坚守着，他们知道，为国家守护这稀有的“重石”，是铁山垅钨业传承了 80 余年的责任。

刘芳平的大儿子在南昌读军校，今年毕业参军。“我问他为啥要参军，他说，从小在矿山听红军的故事，他想当兵，保卫祖国。”说起儿子，刘芳平脸上露出幸福的笑容。

夕阳西下，矿工们自坑道、厂房而出，矿区人家，飘出饭菜的香气。

一辆辆满载废石的卡车，缓缓而过。这废石是送往附近乡镇的，用于修路搭桥或是兴建水利设施。

矿区山下不远处的工地里，一块块出自铁山垅钨业的巨石，组成路基，托起通往广东的高速公路，延伸向前。

挽澜巨手

周南焱

长征初期的红军，被失败、牺牲和迷茫的阴影笼罩着，造成第五次反围剿失败的“左”倾教条主义仍在中央占据着主导地位。

来路多艰，前路茫然，红军走到了极端危急的历史关口。

1935年1月召开的遵义会议，成为了红军命运的转折点。这次会议，明确回答了红军战略战术的是非问题，改组了中央领导机构，结束了“左”倾教条主义错误在中央的统治，确立了毛泽东在中共中央和红军的领导地位。从此，中国共产党能够在以毛泽东为代表的马克思主义正确路线领导下，克服重重困难，一步步引导中国革命走向胜利。

这次生死攸关的转折来之不易，与“左”倾教条主义错误进行的斗争早在遵义会议之前就已开始。在李德、博古的最高“三人团”之外，中央纵队里三位被冷落的中央领导，渐渐形成了一个“中央队三人团”，正确的路线和历史的转机在这里酝酿、成熟。而其发轫处，是“中央队三人团”中两个伤病号的担架。

“抬轿子行军”

1934年冬，流经广西兴安、全州的湘江上游，江水平静而舒缓，冰凉沁骨。

11月27日，红一军团的先头部队红二师渡过了湘江，随后控制了渡口，找到四处可涉水而过的浅滩，并架设了一座浮桥。

此时，全州至兴安的湘江防线，只有零星小股敌军，并无多大反抗。中央红军的机关部队即军委纵队，已到达文市一带，离湘江最近的渡口仅70余公里。倘若轻装前进，红军主力可在一天内，兵不血刃渡过湘江。

假如军委纵队赶在29日天亮前渡江，整个中央红军将是另一番命运。生死悬于一线。然而，军委纵队的人马一路龟速前进，直至12月1日傍晚才渡过湘江。湘江东岸已是一片血海，国民党湘军、桂军和中央军三面合围，红军伤亡空前惨烈。

军委纵队的行军速度，一天一夜仅前进不到20公里。这种缓慢的行军，必定贻误战机。但这并非不可思议，早在中央红军准备战略转移时就已注定。

第五次反“围剿”失败后，中央红军被迫离开江西苏区开始长征。博古、李德、周恩来组成最高“三人团”，是中革军委的决策班子，排斥了朱德、刘伯承、王稼祥等红军领导参与军事决策。

博古原名秦邦宪，属于留苏归来的“国际派”，囫囵吞枣式地读过不少马列著作，因同学王明鼎力相荐，火箭式蹿升为中共中央总负责人。年仅27岁的他不懂军事，全盘倚仗共产国际洋顾问李德，主持军委日常工作的周恩来则负责发电文执行。

在最高“三人团”的决策下，中央红军长征出发后的行军队形往往是：红三军团为右翼，其后是红八军团；红一军团为左翼，其后是红九军团；中间是军委第一、二纵队，红五军团负责殿后。这种行进阵式，被刘伯承讥笑为“抬轿子行军”。

军委第一纵队代号“红安”，博古、李德、周恩来、毛泽东、张闻天、王稼祥、朱德等中央领导编入这支队伍，下辖四支梯队。军委第二纵队代号“红章”，这支队伍堪称运输大队，担子达到千担以上，各种奇形怪状的东西堆积如山。

当时，中央决定所有可搬走的东西都要搬走，包括红军总部储备的银元、大米、盐巴、药品、通讯器材等，包括兵工厂机器、织布机、缝纫机、印刷机等，各种文件资料、图书甚至病号的尿盆也捎上。红军战士必须携带枪支弹药、干粮，已有四十多斤，还得挑上五六十斤重的担子。

这种“大搬家式”的战略转移，使得红军战士疲惫不堪，整天在崇山峻岭中行军，犹如蜗牛爬行，极大削弱了机动战斗能力。中央红军抬着军委纵队的“轿子”，既暴露了目标，也给蒋介石提供了充裕的时间，调兵遣将三十万，在湘江东岸布置了铁桶阵。

经过一番血战，中央红军总算渡过了湘江，但从长征出发时的八万余人，锐减为三万余人，湘江水被烈士的鲜血染红了。面对大批红军战士的牺牲，博古几乎精神崩溃，不时拿着一把手枪往脑袋上比划。李德也非常绝望，暴跳如雷，他承担不起政治后果，怕被共产国际追究，只好责骂其他红军将士。

许多战士哭了，队伍中弥漫着悲伤、疑惑和迷茫的情绪。在惨痛的教训面前，红军将士开始质疑博古、李德军事指挥的无能。在翻越老山界的沿路，军委纵队中的毛泽东、张闻天、王稼祥忧心忡忡，开始公开批评军事路线，这三位处于被冷落地位的中央领导，知道红军已经走到了生死抉择的关口。

担架筹谋

中央红军从江西于都出发以后，毛泽东、王稼祥就躺在担架上。毛泽东体格消瘦，患疟疾刚恢复，无力走路。王稼祥在第四次反“围剿”中遭敌机炸伤，一块弹片留在肚子里。两人躺乘的担架，属于竹制抬杆，上面披着油布，能遮阳避雨。张闻天身体稍好，靠马行军。

这三人走到一起，绝非偶然。

张闻天早年热衷文学创作和翻译，有长篇小说问世，郁达夫评价他完全能成为一个诗人。他曾留学美国，后又在莫斯科中山大学留学，跟王稼祥曾是同学，他们和王明、博古都名列“二十八个半布尔什维克”。

毛泽东没有出国留学，属于“本土派”，跟张闻天、王稼祥本来都不熟。张闻天来到中央苏区后，对毛泽东的第一印象是：一个老资格和不守规矩的红军领袖。在与博古产生冲突之后，张闻天的权力被博古架空。而毛泽东自宁都会议后，被剥夺了红军指挥权，坐起了冷板凳。

两个政治失意者意外走近了。1934 年 8 月敌机轰炸瑞金，党中央迁至云石山，毛泽东和张闻天一同住进云山古寺。当时毛泽东患疟疾，张闻天连忙请来傅连暲医生，亲手探问毛泽东的病痛。

两人有了更深的接触，思想碰撞出了火花。毛泽东绝非王明、博古眼中的“泥腿子”，其丰富的军事指挥经验，对中国革命未来图景的描绘，让张闻天刮目相看。时任中革军委副主席的王稼祥也毫不掩饰地反对博古、李德的军事路线错误，而他的军事主张与毛泽东所见略同。

长征出发前，博古一度想把毛泽东留在苏区，但遭到周恩来的反对。最高“三人团”想把毛泽东、张闻天、王稼祥分散到各军团去，但又遭到毛泽东的反对。

博古最后把毛泽东安排在中央纵队，放在自己的眼皮子底下监管。

毛泽东、王稼祥和张闻天相互靠拢，逐渐形成“中央队三人团”。《长征——前所未闻的故事》中这样描述：“在担架上和篝火旁的朝夕相处，使毛泽东和王稼祥互相越来越了解，并有机会分析在江西所发生的事情，以及长征途中的情况。毛谈到战术上的错误，特别是导致广昌惨败的错误。他的论点给王稼祥留下了深刻的印象。不到一个月的时间，王便倒向了毛的一边。”

李德听不懂中文，但也猜到他们的讨论对自己不利，就劝张闻天、王稼祥疏远毛泽东，但他的劝说毫无效果。李德抱怨毛泽东不顾纪律四处活动，一会儿找这个指挥员谈，一会儿找那个政委谈，导致对博古和他的批评越来越多。

湘江兵败彻底击碎了李德头上的光环，一场较量也随之开始了。中央红军翻过老山界后，张闻天获得一份情报，了解到蒋介石布下四道封锁线，阻止红军前往湘西与红二、六军团会合。他迅速把情况告诉毛泽东，两人随即向周恩来提议召开临时紧急会议。

12 月 12 日，在通道县城的恭城书院（另说在县城一户人家的偏房里），参加临时紧急会议的六个人走上布满青苔的石阶，穿过幽静的院落，在讲书堂里坐下来。如今，书院模拟还原了当时的会议场景：六把座椅围着一张方桌摆开，毛泽东的那把椅子摆在一角，似乎是个旁听者。

从宁都会议被解除兵权以来，毛泽东首次对军事行动有了发言权，尽管只是以列席会议的身份参加，但意义非凡。

通道会议没有留下任何记录，仅李德的《中国纪事》回忆录里有所记载。李德说他主张中央红军按原计划与红二、六军团会合，但被毛泽东“粗暴打断”了，后者主张放弃北上湘西，转而西进敌军力量薄弱的贵州。张闻天、王稼祥异口同声表示“赞成”。一番激烈争吵后，李德愤然中途退场。而早已没有了主意的博古，也觉得毛泽东的提议有道理。

新旧交替之争

看到红军入黔的命令，李德十分恼火，他明白自己的最高军事指挥权已经动摇，

傅　堃/插图

但又无可奈何。事实证明，毛泽东的主张是正确的，避免了红军重蹈湘江覆辙。

通道会议后，红军把那些笨重装备丢掉了，变得比较轻便。这一点就连李德也承认："我们把携带不便的辎重，包括那些用完了弹药的重武器统统扔掉了，中央红军由此赢得了更大的灵活性。"

红军入黔后轻装前进，很快攻占了第一座县城黎平。守城的黔军官兵头一天已经跑光了，城里的富商豪绅也纷纷逃走了。红军打开县政府的仓库，不由心花怒放，里面堆放着大量粮食和盐巴，不仅可以分发给穷人，也让长途奔波两月有余的红军吃上了几顿饱饭。

黎平县城的翘街相当繁华，店铺林立，徽派建筑鳞次栉比。翘街中央有一家胡家店铺，宅院宽敞，店主早已出门避乱，但家什器具并未带走。周恩来、朱德等人就住在这里。博古、李德住在毗邻的一所基督教堂，而毛泽东、张闻天、王稼祥住在另一处院子。

12 月 18 日，中央政治局在胡家商铺召开会议。博古仍然坚持中央红军由黔转入湘西，与红二、六军团会合，并认为这是共产国际同意的，不能越雷池一步。但毛泽东不同意博古的意见，坚决主张继续向黔北进军，以遵义为中心开辟根据地。张闻天、王稼祥继续支持毛泽东的意见，周恩来、朱德也表示同意。

李德因患疟疾未能参会，当周恩来把会议决议译文给他送去，他看后大发雷霆，用英语和周恩来吵了起来。周恩来把桌子一拍，搁在桌面的马灯都跳起来熄灭了，屋子里顿时一片漆黑。一向儒雅的周恩来，再也不能忍受李德的蛮横，与后者彻底决裂了。博古听说这件事后，对周恩来说："不要理他。"

红军在黎平期间还进行了部队整编，军委第一、二纵队合为军委纵队，之前被李德打压的刘伯承出任司令员，并恢复担任红军总参谋长。部队还彻底清理辎重，把从苏区一路带来的"坛坛罐罐"全部砸碎、丢弃。战士们欢呼雀跃，这些破烂拖累了多少战友牺牲在敌军枪炮下啊。

博古、李德不能再继续掌控红军指挥权了，谁来接这个棒？在黄平的一片橘林里，张闻天、王稼祥无心品尝柑橘的甜美，两位老友打开了话匣子。张闻天和盘托出自己的想法，表示要让毛泽东出来指挥军队。王稼祥欣然同意。

当晚，王稼祥将张闻天和自己的提议打电话告诉了红三军团团长彭德怀。随后，王稼祥又告知毛泽东，毛未置可否。消息很快在红军将领中传开了，大家都赞成要开个会，呼吁"让毛泽东出来指挥！"

1934 年的最后一天，贵州中部飘起大雪，大地银装素裹。中央红军到达了瓮安县猴场，把从土豪家里没收的财物拿出来，分发给当地穷人。市场上一片红火，街上到处笑逐颜开，洋溢着辞旧迎新的气氛。

新年第一天，中央政治局再次召开会议。博古、李德依旧坚持原来的行军路线，毛泽东毫不客气地予以批驳，并坚持黎平会议的立场。没有经过激烈的争论，博古、李德的建议就被会议否决了。会议解除了李德独断专行的军事指挥权，并决定强渡乌江，攻占遵义。

猴场会议是遵义会议前的垫场戏。最高"三人团"的实际权力已被掏空，其决策权自此名存实亡。仅仅 15 天后，遵义会议召开，最高"三人团"正式宣告终结，历史翻开新的一页。

突围与坚守

刘 昊 金 可 刘 可

桃江水穿城而过，将信丰分成东西两半。

80 多年前，红军在这里写下的壮歌也分两部分，一叫“突围”，一叫“坚守”。

“突围”写在桃江东。

“星夜渡过于都河，古陂新田打胜仗。”陆定一诗中所言的古陂、新田二镇在信丰县城以东 40 余公里处。1934 年 10 月 21 日，渡过于都河的红军在这里打赢了“长征第一仗”，成功突破蒋介石布下的第一道封锁线。

“当年红军就是从北面那片山来。”百石村村支书邱贤松指指对面的群山。在他身后的围栋山上，红军与广东军阀陈济棠部遭遇，“长征第一仗”就此打响。

指挥战斗的是时任红四师师长的洪超，这员彭德怀麾下的“虎将”带领红军战士英勇作战，很快拿下敌人的战壕，将敌人逼进山上的万人祠。

敌人在祠堂中负隅顽抗，冷枪不断，年仅 25 岁的洪超被流弹击中，不幸牺牲。百石村的老百姓帮红军战士埋葬了洪超，他们并不知道，这是红军长征路上牺牲的第一位师长。

打赢此仗，红军成功突围。毛泽东走到此地，无限感慨：“从现在起，我们就要走出中央苏区啦！”

“坚守”则写在桃江西。

“天将晓，队员醒来早。露侵衣被夏犹寒，树间唧唧鸣知了。满身沾野草……”陈毅词中所记的游击生活，就发生在县城以西，油山镇的茫茫群山中。

红军主力突围远征后不久，国民党军队迅速占领兴国、宁都、瑞金，项英、陈毅领导的留守红军处境愈发艰难。他们审时度势，分散突围。1935 年春，项英、陈毅所部突围至油山，隐于赣粤交界的山林中，开始艰苦的游击战。

敌人围山清剿，战士囊中存米可数，只能以野笋、野果、野菜充饥……当地老表暗中接济，每月初一和十五，利用进山砍柴的机会，把大米藏在挑柴的竹杠中，把食盐溶进棉袄里，丢在山上，待游击队取。为了掩护游击队员，不少人还献出宝贵的生命。

“靠人民，支援永不忘。”陈毅将感激之情寓于词中。信丰百姓不计代价的支持，使红军将士鼓足勇气，顽强坚守，“此日准备好身手，他年战场获锦归。前进心不灰。”

80 余载寒暑已逝，“坚守”和“突围”的壮歌仍在桃江两岸传唱。当年的“坚守”是为留存革命的星火，如今的“坚守”是为守护红军的痕迹。当年的“突围”是为了革命的胜利，如今的“突围”则是为了让人民更好地生活。

在百石村小学教了一辈子书的陈泽民已经 74 岁，他的父亲陈观音，就是当年帮助埋葬洪超的老表之一。

陈观音平时少语寡言，只有讲起“红军师长”时滔滔不绝。他是个猪倌，是红军教他识字，让他不再受欺负。自从儿子当上老师，陈观音反复叮嘱，要诚实勤劳，要像红军一样，帮助别人。

陈泽民把父亲讲的红军故事一遍一遍讲给学生听。虽然现在他已不住在百石村，但每逢清明，他都会回乡为洪超烈士扫墓，“这是父亲的心愿。”陈泽民说。

如陈泽民一样，为洪超烈士扫墓已成了百石村村民的习惯，洪超墓前总是干干净净的。

围栋山周边的红土地上，成片成片的油茶树枝繁叶茂。被誉为“东方橄榄油”的山茶油就来自此树。当年赣南百姓正是用茶油、钨砂，从白区换回食盐、药品、武器，支援红军。“油茶是我们百石村的精准扶贫项目，村里现在有千余亩油茶树，我们还要再增加两三百亩”，邱贤松开心地笑着，“‘十二五’时，我们是贫困村；

‘十三五’，就不是了。”

同样的故事，也发生在桃江西。

油山镇葱郁的山林间，有一座塔，名曰上乐。这曾是当年赣粤边区特委的交通站，游击队的情报、文件以及电池、胶鞋、纸张、笔墨、银元、报纸等物资都在这里交接。

近两年，镇上投资，自山脚修路，直通上乐塔；来年还要申请资金，修缮上乐塔周边的平台……“让更多人更方便来这里，看看上乐塔，听听红军的故事。”上乐塔下红米塅村村支书刘亨军说。

红米塅村，几乎家家养蜂，质朴的村民还在用最原始的工艺生产“乌桕蜜”，以保持原汁原味。

“村里建了合作社，还给我们的蜜注册了品牌，收入越来越好哩。”红米塅村烈属陈继懋拿碗，倒出蜜请记者品尝。

“乌桕蜜”冲水，是村里待客最好的饮料。一口下去，甜入心脾。

沿山而下，已至傍晚。弯曲的山路上，驶来簇新醒目的黄色校车，“真没想到，这里竟然有大城市都难见到的专业校车，”记者有些惊讶，“最好的，当然要给孩子用，他们的安全最重要。”油山镇政府工作人员曹曾辉说。

校车驶过，洒下孩子们的笑声。这笑声便是希望，信丰人信物丰的明天，将由他们谱写。

纪

事

代号『瑞金』

祁梦竹　陈雪柠

红军长征浩浩荡荡的队伍中，还有一支很特别的队伍——红军的医疗部队。

两万五千里，长征路漫漫，饥寒、伤病、死亡的威胁时刻考验着红军。担架上抬着重伤员、肩上挑着沉重的药箱，红军医护人员们随军转战千山万水，利用战斗间隙医伤治病。没有手术台，他们就支起门板代替；没有绷带，就撕开自己的被子……在恶劣的环境中，依靠各种因陋就简的方式，他们挽救了无数红军官兵的生命，为革命保存了有生力量，留下星星火种，为万里长征“护航”。

秘密启程

1934 年 10 月，瑞金，秋风阵阵，枯黄的树叶飘落在田野和小路上。长征队列中，走过来一支不一样的队伍。

队伍中没有长枪大炮，也没有荷枪实弹的精壮战士。有的是几百副担架、上百匹骡马驮子，担着药品设备的小伙子，拄着棍子的老人，身穿肥大军装的女兵……

这支特殊的部队就是红军总卫生部。

当时，中央机关编为中央纵队，代号“红星”；总卫生部属于中央纵队，代号“瑞金”。时任总卫生部长的贺诚，被称为“瑞金司令”，他统率着这支“老弱残病”3000 多人的部队，步履艰难地开始了长征之路。

中央红军决定长征是在极秘密的情况下进行的，瑞金红军卫生学校的师生并不知情。

张汝光，红军卫校第一期学员，10 月初的一天，突然接到总卫生部通知，要他马上去部里。他后来回忆说：“医政局长陈志方交给我 3 本预备医院的人员花名册，叫我立即到就近的几个医院去，按名册挑选 120 名年轻力壮、优秀的男

傅　堃/插图

医务人员和护理人员，限时办完，并向他报告。”

当时的预备医院是由各后方医院临时抽人组成的，每个预备医院有200多名工作人员，平时整训，战时作机动力量。

经过一番忙碌，人员调齐后，总卫生部又让张汝光制作10副用白铁皮制的轻便药箱担子，准备供100名伤病员3个月用的药品器材。

那时，他不知道准备这些要用来干什么。

10月13日晚，总卫生部派来50多副担架，每副配了五六个民工，并安排张汝光把一百余名工作人员和60名伤病员带到指定地点集中待命。

“贺诚部长当时对我说，‘你告诉大家，随时准备出发。行军路上要照顾好坐担架的重伤病员，注意隐蔽防空。’”张汝光很纳闷，没有想到这就是万里长征的开端。

留给医护人员们准备出发的时间很短，但同志们尽了最大努力。

贺诚后来回忆说，当时已创办了中国工农红军卫生器材厂，生产出大量医用棉花、纱布、绷带、一般外科器械、西药、中药。特别是改良后的剂型中药，更为部队欢迎。“这就使国民党对我们实行的药品器材的封锁基本上失败了。而到了长征的准备阶段，不但给部队预发了3个月的药品，总卫生部还自带了200担药品器材。”

10月14日，总卫生部和随总卫生部行动的卫生学校、医院3个所、运输部队等接到命令，于当晚7时出发夜行军。

15日天亮时，队伍到达于都西南。

为了便于到达目的地后就可铺开工作，他们携带了大量药品、器材、X光机设备等，加上担架队、运输队，人数众多、物资笨重。这也是长征初期搬家式行军的一个侧面写照。

“我们把实验用的狗、羊等牲畜宰了，书籍、仪器、图表、模型、标本等由挑夫挑上跟随转移。每个学员除自身的衣物、铺盖外，还得背上枪支、弹药、干粮和讲义等四十至六十斤重的物品行军。”红军卫校第六期学员吴行敏说。

三天后，红军卫校师生渡过于都河，开始了艰苦卓绝的万里长征。

“红色华佗”

行军队伍很长，有时不分昼夜地急行军赶路，且走的都是人迹罕至的小路，甚至是没有路的山、沟、滩、谷。

医疗队伍中，有一个很特别的人——傅连暲。因为年岁大，身体又有严重疾病，他成了唯一“坐着轿子长征”的人。当然，坐轿子是少数时候，大部分时间他还是像其他人一样行军。

傅连暲是中央红军第一所正规医院的创办者，他和毛泽东的相识，还有一段传奇。1932年秋，毛泽东指挥东路红军进行漳州战役，由于过度疲劳，肺病复发，来到福建汀州的福音医院。时任院长的傅连暲细心为他检查诊断，精心治疗。不久，在毛泽东的建议下，傅连暲决定将福音医院迁到瑞金，正式成立中央红色医院。

他说服了家人，将自己积累多年的全部家产一并交给医院。

傅连暲和家人做了6个铁皮箱，里面主要装珍贵的医疗器械，每个箱子都有30斤左右。瑞金中央政府派了170多名运输人员，两个多星期往返数次，才把医院的所有设备、伤病员搬到瑞金，设于叶坪洋岗下村。

傅连暲医术高超，尤其擅长内、外科与妇产科。在长征前夕，傅连暲为毛泽东治好了恶性疟疾，他自己也跟随红军踏上了长征路。

长征行军中，每到宿营地，傅连暲把自己的包袱和干粮袋往地上一放，便飞快地跑出去到附近的群众家里找门板。

为什么找门板？那就是手术台。没有纱布，就用厚纸代替，傅连暲带领医生、护士们抓紧时间抢救伤病员。

医药缺乏，傅连暲带着医护人员随时就地“取材”。一次，一个红军战士牙痛，整个腮帮都肿起来，疼痛难忍。傅连暲看到了，对这位小战士说：“你嘴巴张开，我给你打个麻醉。”战士张开嘴，傅连暲立马塞进一个草药团子，趁着麻劲儿，立即把坏牙拔出。那个草药团子，就是傅连暲行军途中随手采的。

到了川康边界，高寒地区气候恶劣，食品药品匮乏，加上疲累不堪，伤病员很多。

当时，红军队伍里最多的是四种病：疟疾、疥疮、溃疡和伤寒。伤寒病人发热多在40度以上，病人昏迷不醒，常伴有肠出血，如不及时医治，生命危在旦夕。

在极端困难的条件下，傅连暲和医护人员们采用“土办法”治疗伤寒和伤寒伴肠出血，收到很好的效果。一是用冷敷退烧，将毛巾浸了冷水，敷在病人头上和身上使病人退热。二是喝浓茶，因为茶里含有鞣酸，能止血，还含有咖啡因，能强心利尿。医护兵们把茶煮得浓浓的，每两小时喂病者一次，很多人的病都治好了。

环境那样恶劣，病情那样严重，用这种冷敷、喝浓茶的方法治疗，居然能治好病，不能不说是奇迹。

长征时傅连暲已经40多岁，高瘦文弱，患有肺病，肠胃亦不好，周围很多人曾劝他留下，他一一婉言拒绝。长征路上，他不知道救治了多少伤病员。他负责过朱德的保健，帮助周恩来从疾病中恢复了健康，为邵式平、王树声治好了伤寒，为贺子珍接生……他，以及众多医护人员，被红军指战员称为“红色华佗”。

长征走出医学博士

长征途中，红军医疗部队不仅仅担负着救死扶伤的重任，更一路开办医护培训班，通过各种方式培养医疗、救护人才。

傅连暲也是教学的负责人，江西时期，他曾创办“中国工农红军中央看护学校”，培训了 60 多名红军医务人员。后来，红军卫生学校转迁到瑞金附近，与他的医学校合并。1934 年之前，红军卫生学校共有 670 名学员毕业，全都参加了后来的长征。

而这些学生中，有一位年轻人名叫涂通今，傅连暲的同乡，福建长汀人。

长征开始时，涂通今是兵站医院的医生，刚刚 20 岁。

涂通今后来回忆：“受技术和物质条件的限制，当时只能做一些诸如消毒、包扎、固定、止血、缝合、取子弹、取骨片这样的处置和小手术，至于断肢和内脏手术，根本没法做。我救护过的伤员不计其数。现在看来，有不少同志由于没有得到手术和输血输液的机会，本可以得救的，却失去了生命。”

边行军、边实践、边学习，长征途中，虽然战火纷飞，医护人员日夜奔忙，但只要一有条件，医护学校就会复课。

遵义会议后，红军医务人员重新进行了编组，以加强一线部队的医疗救护。移动医疗救护队被分散编组到红军各个团级战斗部队。师属野战医院取消，其医护人员也被分散到各个团级战斗部队。红军的医护学校在长征途中新招收了 200 名学员，对他们进行战场紧急救护、疾病防治和行军过程中的医疗护理等课目强化培训。医护学校由王斌、孙仪之、俞翰西、李治等医生负责教学。

红军翻越夹金山后，到了山脚下，趁部队休整，医护学校再度复课。医生们教课非常认真，手把手地传授：如何帮病人测体温、把脉搏，如何帮助病人排泄，如何为病人灌肠，如何为病人清理伤口等等。

过草地时，涂通今已是左路军第 32 军团 8 团卫生所所长。每日到达宿营地后，他先选择一块比较干燥的山坡，搭起帐篷支上炉灶，捡来干牛粪点上火，消毒医疗器材，然后给伤病员看病、换药。有时正准备搭帐篷拾牛粪，忽然天气骤变，雨水冰雹齐下，医护人员个个浇得像落汤鸡，牛粪打湿了，火也点不着。“我们真是伤心着急啊。风雨一过，满天星斗，我们又开始工作了。”

经过长征的考验，到达陕甘宁边区后，涂通今被调到中央教导师卫生处，先后任直属医院所长和医务主任。在多所医院任职期间，涂通今深感自己的医术和医学理论还远远不能适应革命的需要。抗日战争爆发后，许多长征干部走上了领导岗位，但是涂通今决心继续学习深造。1938 年，他走进了边区最高医学学府——八路军卫生学校（后来的中国医科大学前身），新中国成立后又留学苏联取得了博士学位，后成为我国神经外科创始人。

“长征走出来的医学博士”，涂通今的成长不是个例。迎着战争的隆隆炮响，许许多多的医护人员像涂通今一样，边治病边学习，带着“艰苦奋斗、救死扶伤”的革命精神，他们辛勤耕耘，把红色卫生事业传续的声响，激荡在历史的天空。

悲壮战湘江

陈　涛　周南焱

时值盛夏，地处湘江上游的广西全州城迎来了最热的天气。夜幕降临，滨江大道一侧的市民休闲广场上，从音响里传出《月亮之上》的歌声，伴随男女老少的欢笑声，在夜空下久久飘荡。

欢笑声传到距此不足五百米的岳王塘，这是湘江一处转弯地，江水流速缓慢。“当年从上游漂下的红军将士尸体几乎全都汇集到这里，江上一片灰色，江水染成血红。”全州县党史办副主任刘绍新遥指夜色中的江面。

有人把长征比作飞扬在地球一端的红飘带，而湘江战役却在上面打了一个沉重的结。由于主要战事发生在全州，湘江战役也被称作全州战役，82 年前的那场血战，红军出征时八万余人，渡过湘江后仅剩三万余人。

有如冥冥之中的“相会”，我们在县城所住的世昌酒店，竟与红军烈士易荡平的陵园仅一墙之隔。不过，走近它却要沿后山拾级而上，小山头一字排开七座烈士墓，易荡平墓位于正中央。其他六位是全州本地英烈，他是唯一因湘江战役迁葬于此的外乡人。

全州县党史办原副主任蒋儒文熟谙当地文史，他说湘江战役有新圩、觉山和界首三大阻击战，规模最大、最惨烈的当属全州觉山阻击战，26 岁的湖南人易荡平就牺牲在这里。身为红一军团第二师五团团长的他，在带队击退敌人十多次冲锋后身负重伤，为不拖累部队，举枪饮弹自尽。

次日，蒋儒文、刘绍新带我们来到觉山阻击战旧址。这里两面高山，郁郁葱葱，中间一条公路，地形险要。1934 年 11 月 27 日中央红军进入全州境内，29 日阻击战打响，易荡平等两千余名红军将士在此壮烈牺牲。“到了吃饭的时间，炊事班挑着白花花的米饭，竟然找不到人来吃，坐在地上大哭。山坡上到处都是尸体，都是些十几二十岁的红军娃娃啊。”蒋儒文说，单单掩埋牺牲的红军将士，当地村民就用了三天。

当时战事异常凶险，突破红军防线的湘军竟然一度冲到红一军团首长林彪、聂荣臻指挥所旁。要不是警卫员及时发现，加之误闯的敌人不认识他俩，两位将领或已成为湘军“座上客”。

在觉山阻击战打响后的第三天，红军主力终于从界首过湘江。为摆脱紧追不放的敌军，随即炸掉了浮桥。不料，后面仍有为数不少的红军将士未过江，陷入敌军包围圈。其时，一排排的红军将士手挽手走进江心，齐声高呼：“谁也不要松手，要死就死在一起！”不少人就这样葬身滚滚江水中。

另有红八军团、红五军团和红九军团的部分将士从凤凰嘴渡口涉水过江。位于凤凰镇和平村的渡口如今还在使用，几辆小汽车、摩托车猫在平板船上缓缓往对岸靠拢。78 岁的蒋礼祥老人说，当年停放在渡口的船只都被国民党军队收走了，红军只能涉水而过，激战就发生在距渡口上游四五百米远的浅滩。

空中有敌机轰炸，地面有敌军夹击，近万名红军将士牺牲于此，尸首随江水冲到下游的岳王塘。著名红军作家陈靖曾有诗句：“血染十里溪，三年不食湘江鱼，河底遍尸体。”如今，江水早已清澈如许，邻家阿嫂为迎接孩子暑假还乡正忙着宰杀土鸡。

从凤凰镇往南驱车数十公里，进入安和镇文塘村。一阵急促的铃声打破了午后乡村的宁静，循着下午第一节课的铃声，文塘小学的孩子们纷纷从四周田野赶往教学楼。每个孩子在校门口都会与一座红军烈士墓碑打个照面。

这里是红 34 师师政委程翠林牺牲之地。1934 年 12 月 3 日下午，在与桂军两个师激战半晌后，正在电台边与中革军委发报联络的程翠林，突遭敌炮弹爆炸牺牲。担任全军后卫而被截断在湘江以东的红 34 师，在文塘牺牲约三 3000 人，仅剩 1000 余人，最后全军覆没。

为了让后人知道这支悲情之师，蒋儒文这两年频频往村里跑。苦心人天不负，近半年他有了新发现。烈日下，他带着我们赶到距离程翠林长眠之所不远的安和村，那里有一处未曾写入史书的红军遗迹——红 34 师 11 名被打散的红军突围出来后藏身的一处隐蔽岩洞。这些红军战士头几天都挤在岩洞里忍饥挨冻，直到被一位姓邓的老乡发现并送来饭菜。

“当看到有陌生人进来，11 个战士紧紧抱成一团，打算死在一块儿。”蒋儒文说，最终老乡只得自己试吃，表明饭菜无毒，他们才肯进食。由于老乡家中并不宽裕，决定带他们中有一技之长的外出找活儿干，最终带出去 7 人，其他 4 名伤员长眠在山洞里。

钟贵权就是 7 人中的一个，祖籍江西赣州的他擅长缝纫，后在蕉江乡落户成家。他的女儿唐光玉回忆，由于所在村寨都姓唐，出于安全考虑，父亲后改名唐时全，于 1981 年去世。“父亲是跟随朱德总司令出来参军的，在全州打仗连脚趾头都烂掉了。解放后他还获得过政府颁发的奖状，被我拿去包书了。”70 岁的她提起父亲忍不住落泪，懊悔没能留下一件父亲的遗物。

前些年，蒋儒文一直心存遗憾，明明最惨烈的战斗发生在全州，但湘江战役纪念馆却建在毗邻的兴安县。好在县里最近有了大动作。今年下半年，全州将开建“一馆四园”：即湘江战役纪念馆、觉山阻击战纪念园、凤凰嘴渡江纪念园、文塘红 34 师突围战纪念园、红七军纪念园。他们正在四处搜集红军烈士名单，到时把烈士的名字，逐一刻到纪念碑上。

《红星》伴途

闫雪静

两万五千里长征中，有这样一支队伍：十来个人，两副扁担，四只铁皮箱子。一到驻地，顾不上人困马乏，铁皮箱一放便是桌子，背包一坐便是凳子，就开始工作。

五六个小时后，一份份飘着油墨香的报纸就送到了连队指战员手中，报头两个大字："红星"。

作为党中央和中央军委的唯一喉舌，《红星报》伴随红军走过漫漫长征。尽管前有险途，后有追兵，但每隔十天八天，战士们就能盼来这份"精神食粮"。

边走边构思稿件

1933 年 7 月，一位个头不高、风华正茂的年轻人匆匆赶往江西沙坪坝白屋子村。他就是邓小平，他刚从红军总政治部主任王稼祥那里接到一个新任务：复刊《红星报》。白屋子村一间十余平方米的小厢房里，留下了一些印报的设备，编辑人员全部上了前线，正因如此，报纸已停办了 3 个多月。

《红星报》创刊于 1931 年 12 月 11 日，是红军总政治部主办的一份报纸，报头"红星"二字由钱壮飞设计。邓小平接手前，已经陆续出版了 35 期。

接手《红星报》，邓小平起草了一则"优待投稿同志"的启事，鼓励广大红军将士积极投稿。很快，通讯员超过了 500 人，一些军团还配备了战地记者，一篇篇生动鲜活的稿件从硝烟弥漫的前线寄来。8 月 6 日，重新编排的《红星报》在停刊几个月后，终于又与红军指战员见面了。这张报纸，版面清新，栏目丰富，文章短小精悍，形式活泼多样，立刻受到了红军战士的喜爱。

1935 年 10 月，编辑部接到通知，中央红军即将撤离苏区，《红星报》随军上路。苏区近百种报刊杂志全部停刊，中央机关报刊《红色中华报》《斗争》也暂时停办。走上长征路的只有《红星报》，因为它是红军总政治部主办的一份“军报”，行军途中需要它来沟通各部队。

工作人员用两副扁担挑着四个铁皮箱子踏上漫漫征程。铁皮箱里装着办报的全部设备：一台油印机、几盒油墨、几筒蜡纸、两块铜板、几支铁笔和一些毛边纸。其中一台钟灵牌油印机因为太重，过湘江时扔了，换了台手滚油印机。

红军总政治部文书科长、《红星报》编辑赵发生后来回忆说：“我们每天一般要走八十里，最多走一百八十里路，人走乏了，脚也走肿了。负责编辑的同志，一边走一边还构思稿件，逢到休息的时间，就赶紧动笔写稿。宿营时，我们行装一放，顾不得喝水和洗脚，就马上打开箱子刻钢板。负责印刷的同志先睡觉，等我们刻好以后，再叫醒他们印刷。”

“有一次正在印报，国民党的飞机来轰炸，我们险些丧命。不管是遇到什么样的艰难环境，也不管怎样困和累，我们一直坚持十天左右出版一期。记得只有一次，因为一位挑箱的运输员同志患病掉队了，报纸停办了二十多天。后来五军团的同志拾到了这副铁皮箱子，给我们送来了，报纸又继续按期出刊……”

一边行军一边排版出报，《红星报》在长征途中一共出版了 28 期，每期印刷七八百份。长征中，《红星报》并不是唯一的报纸，一些军团还办过《战士报》、《前进报》等报刊，但《红星报》作为党中央和中央军委唯一的机关报，及时传达战斗号令、鼓舞官兵士气，是一支不容小觑的战斗力量。

文字简单，没什么形容词

离开瑞金的初期，各种各样的疑虑弥漫在红军指战员中：目的地在哪里？为什么处处被动挨打？

遵义会议胜利召开，《红星报》第一时间全文刊载了《军委纵队党的干部会议决议案》，号召全军“一切拥护党中央政治局的决议”“坚信在党中央政治局扩大会的正确结论与领导之下，一定能团结全党同志像一个人一样，领导全体红军战士在广大的运动战中争取伟大的胜利”。

随着报纸分发到广大干部和战士手中，遵义会议的精神在部队中迅速传达，

傅　堃/插图

全军上下为之振奋，笼罩在红军官兵心中的阴霾一扫而光，军心大振。这之后，关于红军往何处去，落脚点在哪里，《红星报》始终追踪报道，既为当时统一思想，也为后世留下珍贵的历史档案。

遵义会议后，邓小平任中共中央秘书长，陆定一接任《红星报》总编辑。

戎马倥偬中，周恩来、王稼祥、博古、朱德等党和红军领导人都曾为《红星报》撰写社论和理论文章。不过，《红星报》刊登的大量消息，还是来自战火纷飞的前线，这些稿件短小、生动、感人。

1935 年 2 月 27 日，红军第二次解放遵义并攻克桐梓城，俘敌三千，取得长征以来第一个重大胜利。在此战役中，贵州军阀王家烈企图据娄山关天险顽抗，并打长途电话请求救兵，这个电话全部内容被红军侦听到。《红星报》据此刊登了一篇《王家烈叫救兵》的通讯——

“遵义之战王家烈险些被我活捉，幸亏脚快逃跑，连鸦片烟枪和大衣都抛掉了。他的队伍第一、第五、第六、第八、第九、第十五等六个团和特务营，全被红军消灭驱散。王家烈逃到贵阳后，就打电报向蒋介石叫救命，电报里说‘遵义之战部队损失极大，子弹用光了，伙食没有了，军心涣散，快快送钱送粮和子弹来，否则士兵没有饭吃就要造反了！’”

类似这样的战斗快讯，《红星报》几乎每期都有。

1935 年 1 月 15 日，《红星报》在“前线通讯”栏目以“伟大的开始——1935 年的第一个战斗”为题，对富有传奇色彩的红军强渡乌江天险的战斗作了翔实的报道，并刊登了《军委奖励乌江战斗中的英雄》名单，对强渡乌江的战斗英雄罗有保、王海云、钟锦文、江大标等 22 名干部和战士登报表彰。

红四团政委杨成武对这篇报道十分赞赏：“文字就这么简单，没有什么形容词，几乎都是名字，可是这些金榜题名的英雄，它会像乌江的流水那样，扬名在历史的长河中。”

1935 年 5 月 30 日，《红星报》长征专号第 18 期，以“我们已经胜利地渡过了大渡河——四个团的英勇战绩”为大标题，分别报道了红一团、红三团、红四团、红五团抢渡大渡河的主要战斗经过，在《十七个抢渡的英雄》的报道中详细记述了担任先遣团的红一团的战斗经过，“每天总以最强的速度赶路，临到河边的前一夜，更以一百二十里急行军，夜袭敌人。”这篇报道为红军抢渡大渡河、十七勇士留下了珍贵的历史资料。

行军中的服务和乐趣

长征途中的《红星报》，为节约纸张，版面多为每期二版或四版。虽然不大，却琳琅满目。栏目除了“社论”“前线通讯”“战绩”等，还辟有“红星号召”“红军家信”“军事知识”“卫生常识”等专栏。

红军开始战略转移时，准备不足，仓促行军，不少战士没有鞋穿，只能赤脚行军。《红星报》发表了《怎样解决草鞋问题？》的评论文章，并提出了具体解决办法：

尽可能做到发草鞋不发草鞋费；将没收土豪的烂裤发给战斗员和运输员打草鞋……

部队进入贵州，正在贵阳督战的蒋介石不断派飞机侦察和轰炸，《红星报》及时介绍了防空的办法。很多战士水土不服，报纸又提醒指战员“不吃冷水，每人做个竹筒，装上开水在路上吃”。

长征初期，红军沿路书写的一些标语口号缺乏针对性，教条主义气味很重，如“反对工团主义”“保卫社会主义的祖国苏联”等等。毛泽东很注意这件事，他亲自撰写了十多条口号在《红星报》上发表：“穷人不打穷人”“士兵不打士兵”“打土豪分田地”“打日本救中国”……这些口号通俗易懂，朗朗上口，官兵们很快就记住了。《红星报》又提出要求：“凡是能写字的战士每人练习写熟一至十条标语”“凡是宿营和大休息地的墙壁都要写满标语”，甚至细心提示“标语可用毛笔、炭笔、石灰、石块书写”。

《红星报》辟有“山歌”“俱乐部”“小玩意”等小栏目，常常刊登军事测验、猜谜语等有趣的内容。比如这样的军事测验题：“有一位侦察员搜索到了河边，看见河的上游有许多木片流下来，这个时候侦察员怎样判断敌情呢？”战士们互相考验，下一期上找答案：“敌情有两种：一，可以判断河的上游有敌人准备架桥；二，上游河岸如系森林，也可以判断敌人部队正在上游河岸通过。”

谜语编得既浅显又生动，比如“身儿小体儿弱，钢皮肉铁心肠。见着敌人一声喊，穿着红衣上战场。直前无回顾，誓死不还乡”。

艰苦的行军途中，生动活泼的报纸给战士们的生活增添了乐趣，难怪大家爱不释手。红一军团干部彭加伦写给《红星报》编辑的一封信中说：“《红星报》在部队中起到了很大的领导作用，成了我们战士的良友，它是这胜利的革命战争的一只有力喇叭。现在我们火线上时刻的盼望着《红星报》速来，无论在行军、驻军，总听得着我们战士热闹的读报声。”

走一路宣传一路

1934 年 11 月，《红星报》出版了一期号外，要求严肃纪律，提出不要乱用苏维埃国币、找禾草火把不要侵犯群众等等。据赵发生回忆，这是因为之前出了个意外事故，有个青年科长，在驻地点火把玩耍，不慎引燃房上茅草，烧毁了民房。中央军委提出加强群众纪律，并在战士中开展竞赛。

《红星报》上还刊登过一首《赔锅歌》：“我们红军不小心，打破你家一口锅，留下五个袁世凯(银元)，赔你一口好铁锅。”这首歌十分生动地表现红军铁的纪律，很快就在战士中流传开来。

经过整顿，红军纪律严明，对百姓秋毫无犯，很快英名远扬。赵发生说：“1934年底，我们走进一个村镇，看到群众早已在墙上贴满欢迎红军的标语：欢迎废除苛捐杂税的红军、欢迎爱国家爱人民的红军、欢迎不拉夫不扰民的红军……我将这些标语抄下来，刻在当天出版的《红星报》上。”

进入彝区，《红星报》号召部队百倍努力争取彝民的工作，要求“每个战士送一件礼物给彝民，绝对不打彝民的土豪，每个连队与驻地彝民举行联欢”。一张由陆定一起草、红军总司令朱德发布的公告贴了出去：

中国工农红军　解放弱小民族
一切彝汉平民　都是兄弟骨肉
可恨四川军阀　压迫彝人太毒
红军万里长征　所向势如破竹
今已来到四川　尊重彝人风俗
军纪十分严明　不动一丝一粟
……

全文只有156个字，却好似一张红军的宣言书。这张布告里，头一次使用了“万里长征”的字眼。

印刷《红星报》的毛边纸是从根据地带出来的，过了草地，入了藏民区，担子挑的纸用完了，就买一些印过藏经的纸，用背面印报。1935年8月，红军即将进入陕甘边区，纸张没有了，油墨也用完了，《红星报》被迫停刊。此时，长征胜利的曙光就在前方了。

翻越老山界

聂忠华　刘桥斌

多数人知道老山界，是因为初中语文课本里陆定一《老山界》一文。

位于广西壮族自治区桂林市兴安县的华南第一高峰——老山界，是红军长征翻越的第一座高山，也是成仿吾、陆定一、张震等众多老红军回忆长征时提及最多的一座高山。

论战争的惨烈程度，老山界抵不过湘江；论山高路险，老山界抵不过夹金大雪山，可红军为何对老山界记忆深刻？

从北京乘高铁一路南下，十个半小时后到达兴安北站。老山界，就在兴安县城北约 80 公里。

在湘江战役纪念馆和界首红军指挥部旧址，讲解员陈琼、兴安县红色文化研究会秘书长岳启海为我们讲述了红军翻越老山界的故事。

1934 年 11 月下旬，红军在兴安、全州进行了长征途中最惨烈的一次战役——湘江战役，激战七天七夜，损失近 4 万将士。渡过湘江后，突然得到情报，国民党军已经在通往湘西的路上布下了第五道封锁线，蒋介石调集重兵，企图把中央红军一网打尽。危急关头，毛泽东等人据理力争，中央红军改变了原先的战略计划，决定向敌人防御薄弱的山区前进，翻越老山界成为唯一选择。

老山界，名为越城岭，又称瑶山，群峰高耸，悬崖峭壁。1934 年 12 月初，红军分三路翻越老山界。一路以中央一、二纵队为主，沿龙塘江过雷公岩上百步陡，从主峰猫儿山的西南面翻越，其他两路分别沿乌龟江和杉木江开进，对中央纵队形成左右两翼保护。

翻越老山界后，红军主力部队到达龙胜休整。龙胜是桂系军阀的势力范围，国民党军力薄弱。红军在此获得了一个喘息机会。时任中华苏维埃共和国中央执行委员的成仿吾回忆，“大家用两天的时间翻越了老山界，好像打了一次胜仗，疲劳也烟消云散了。走老山界，是一次正确的选择。”

翻越老山界前后四五天的时间里，毛泽东的作战主张通过周恩来渗透到当时决策层。博古、李德还想坚持北上同二、六军团会合的计划，但周恩来、朱德、王稼祥、张闻天等领导人支持毛泽东转兵贵州的主张。

一个月后遵义会议召开，成为长征乃至中国革命重要的历史转折点。

老红军忆起长征总是绕不过老山界，因为这里是死里逃生的转折！

如今的老山界猫儿山，已开发成了国家 4A 级自然风景区。海拔 1860 米高处，我们从车上下来，体验了一段红军故道。这里有个百平方米大小的坪台，三面是悬崖峭壁，坪台上立着刻有“老山界”三字的嶙峋巨石，旁边还立着两块石碑，一块刻有毛泽东词《十六字令三首》，另一块是《老山界碑记》。不远处的山坡上有棵三四十米高的“红军树”。再往前 50 米左右，有红军亭，亭边立有石碑，上刻陆定一 1990 年题词：“泰山之雄、华山之险、庐山之幽、峨嵋之秀。”

在山脚下的华江瑶族乡高田村，我们见到了 102 岁的支义青老人，除了听力不太好，老人身体很健康，声音洪亮。听说我们是来自北京的记者，老人十分兴奋。

红军过兴安时，支义青 20 岁，是凤凰嘴渡口的船工。老人拿着拐杖给我们比划当年为红军架浮桥的情形，“把七八艘船首尾连接起来，架在江中间，用树木把船固定，再从乡亲们家里借来门板铺在树木上，就架起了平整的浮桥，红军五六人并排过桥，很快很多人都过了江。我给他们架浮桥，一共七天，给了我七块大洋！”

说着，老人把我们引进里屋，拿出一本兴安县百岁老人集的册子，指着屋里的油、米、面、奶，说：“现在的生活好！国家对我们百岁老人照顾得很好，这

红军长征见证者 102 岁老人支义青给记者回忆当年帮红军撑船架桥的经历。

些都是政府派人送来的！”

看着老人饱经风霜的脸，一种沧桑感怀涌上心头：红军长征吃的苦，不就是为了让老百姓过上好日子吗！

走在兴安的街道乡野，五星级酒店、台商投资大型儿童游乐场、阿迪达斯等国际品牌店、国家 4A 级风景区、光伏产业园、风力发电站，让人目不暇接。小县城里的现代化设施，让我们感受到了今日兴安发展的脚步。

绿色、宜居、富足、幸福的新诗篇，正在这片红军经过的土地上抒写、吟唱。

陕北旗旗

闫雪静

1935 年 9 月 17 日，中央红军突破腊子口、翻越岷山，到达甘肃哈达铺。在这个商贸发达的小镇上，先头部队意外缴获一份山西商人带来的《晋阳日报》，上面有这样一段报道："陕北刘志丹、高岗匪占领六座县城，赤化人民七十万，拥有正规军五六万人，游击队赤卫军和少先队共二十余万……现在陕北情况，正与民国二十年之江西情形仿佛……"

随后，在哈达铺邮局找到一份更加权威的《大公报》，印证了这一消息。

报纸被快马加鞭送到中央机关，毛泽东兴奋不已："看来，刘志丹在陕北至少开辟了一块根据地。"

到陕北去！此时的中央红军离开瑞金已近一年，转战十省，疲惫已极，极需一个休整的落脚点。这时候，在黄土高原上，陕北红军以坚定的信念、顽强的斗志守着一块根据地，为万里跋涉而来的中央和主力红军准备好了一个家。

一道道山来一道道水
咱们中央红军到陕北

陕北，陕西省最北部的黄土高原。东临山西、北接内蒙古、西接宁夏甘肃，南至金锁关一线，正好与盛产小麦的关中平原分割开来。

吴起，地处甘肃、陕西交界的八川两涧间。80 年前，它是一个仅有十余户人家的小镇子。

1935 年 10 月 18 日，14 岁的放羊娃高起阳和伙伴们看见，从头道川那边来了部队。10 月的天已经很冷，大多数人还是单裤、单衫，光脚丫子穿着草鞋。部队真长啊，一队接一队，整整走了一天还没走完。"镇上的人都不知道是什么军队，除了老人、小孩，全跑了！这些部队一进镇子，就在墙上、石崖上写‘中央红军北上抗日！会合刘志丹红二十六军！’，识字的人看后，又赶紧把村里人喊回来了：‘是咱红军的队伍！’”

到陕北了。走进吴起镇，指战员们一眼看到黄土窑洞门口挂着“赤安县六区苏维埃政府”的牌子，辛酸和喜悦涌上心头，泪流满面地呼喊：“到家啦！我们终于到家啦！”

同一路转战走过的地方都不同，这里的老百姓对红军打心眼里拥护和热爱。他们掏空了面缸，甚至割下还没长熟的穗子，为战士们端来热腾腾的荞麦面；他们敞开大门，扫净窑洞，欢迎战士们住进去……

当年只有15岁的雷梅英，和爷爷一起，照顾了三名红军伤病员，一家人似的生活了半年多。第二年5月，战士们伤好归队，拉着爷爷的手哭得话都说不出来：“革命胜利了，我们一定回来看您！”直到去世，雷梅英都记得这几名红军的名字，她常常念叨：“不知道他们怎么样，可能已经牺牲了吧？”

真的到家了。

10月20日，陕北红军游击队队长张明科和联络员刘景汉，在吴起镇洛河东岸半山坡的一孔窑洞里见到了毛泽东。陕北红军找到了中央，中央也在这片沟壑遍布、红沙飞扬的黄土高原上，深深地扎下根来，直到1947年3月。

山丹丹花开红艳艳
共产党领导咱打江山

红军在哈达铺读到的1935年8月出版的《大公报》报道，陕北红军已“占领六座县城，拥有正规军五六万人……”毛泽东在冷静分析后认为，这个数字可能是国民党地方军阀夸大之辞，“能有一万也就好了。”

实际上，此时的陕北有一个师的主力红军、一个正规独立团、几十个游击支队，总兵力5000余人。

“如果你熟悉这里的地理风土，就知道，5000人也是了不起的。”重访吴起镇时，宣传干部樊焱成告诉我们，“陕北高原土地贫瘠，地广人稀，即便是进入本世纪初，一个山坳里也就两三户人家，八九户人家就是大庄子了。”

当时，5000 人的红军队伍已经控制了陕北、陇东 30 多个县，陕甘边根据地人口达到 100 万。

黄土高原上，革命已成燎原之势。而这星火的传播，要从一所中学说起。

1923 年，陕西学子李子洲、魏野畴从北平来到榆林，应进步人士杜斌丞之邀，到榆林中学任教。在北京求学时，他们就已经秘密地加入了中国共产党，回乡的另一个任务，是受中共北京区委和李大钊的委托，到陕西开展活动。

榆林，是一座明朝修建的戍边古城。如今，这座城市已经因盛产石油、天然气而富裕，榆林中学也早已迁至古城外新建的开发区。进古城探访，老校址仍在，背倚城墙，还留有几孔当年上课的窑洞。

近一个世纪前，就在这简陋的窑洞里，新文化、民主思想、马克思主义学说振聋发聩；讲台下，一个个求学的青年如饥似渴。这其中，就坐着将来领导陕北革命的英雄人物刘志丹。榆林中学时期树立的革命理想，成为他矢志一生、百折不挠的追求。

红色的星火在黄土高原上点燃。1926 年 6 月，中共榆林、绥德地委成立，米脂、葭县、吴堡、清涧、延长、安定、肤施发展党支部、党小组，党员人数近 400 人。党组织成立后，明确提出“党到农民中去”的号召，党的力量很快发展到农村。

上世纪 20 年代末的几年，陕北大旱，饥荒不断。官府的苛捐杂税反而越来越名目繁多，人口税、羊圈税、槽头税、烟筒税、印花税、骡柜税，无奇不有，压得人民喘不过气来。李子洲、刘志丹、谢子长、李象九等党组织领导者，积极发动群众，开展武装斗争，于 1927 年 10 月、1928 年 5 月组织了清涧起义、渭华起义，先后在清涧、延川、安定、保安、渭南、华阴等十多个县扬起革命旗帜。虽然起义最终失败，但革命的火种已经扎根，黄土地觉醒了。

对面家沟里流活水
横山里下来些游击队

一些人认为，陕北红军之所以能够发展壮大，是因为当地军阀势力较弱，而陕北地处偏僻，不足以引起国民党中央军的重视。陇东学院教授曲涛却认为：“实

傅 堃/插图

际上，陕北有地方军阀井岳秀，有国民党西北军，革命力量与之相比非常薄弱。大革命失败，南昌起义、秋收起义，都保留下一支队伍，惟独陕北清涧起义、渭华起义，可以说是全军覆没。在这么极端困难的情况下，没有革命必胜的坚定信念、百折不挠的斗争意志，是不可能坚持下来的。”

渭华起义失败后，李子洲被捕，病逝前，他在家书中写道：“我不怕死，我一个人牺牲了，还有更多的人活着，将来的社会是光明的，不要为我伤心掉泪。”

抱定革命必胜的信念，起义失败后，刘志丹、谢子长开始了长期的游击战争，在陕甘地区组织了 70 多次武装暴动和兵运斗争，虽屡屡失败，九死一生，却总是从失败中总结教训，重整旗鼓，终于在陕甘边区建立了共产党独立领导的第一支革命武装——南梁游击队。

1930 年 10 月，南梁游击队首战二将川，旗开得胜，消灭张廷芝一个骑兵连，缴获战马 40 多匹、枪 20 余支。接着又击溃了合水县民团的进攻，一时南梁游击队名声大振，当地群众编唱歌曲颂扬刘志丹：“正月里来过新年，陕北出了个刘志丹，刘志丹来真勇敢，他带上队伍上横山，一心要共产。”

在陕北，刘志丹领导穷人闹革命，几乎家喻户晓，妇孺皆知，人人都敬重他。

一次，红军来到一个村庄，群众不明真相，见队伍来了就跑。刘志丹和战士一起把老百姓家里的地扫得干干净净，把水缸担得满满的，吃了老百姓的粮，钱藏在“灶王爷”的怀里。喜欢唱信天游的老百姓又编了歌谣：“半夜里来敲门，问你是哪部分？只要说是老刘的人，赶快迎进门。哪里有老刘，哪里人最稠。男女老幼都围满，话儿拉不够。”

1932 年 12 月，南梁游击队整编为工农红军第二十六军。1935 年 1 月，转战于延川、清涧、绥德的各路游击队改编为红二十七军，两支红军总计 5000 余人。埃德加·斯诺在《红星照耀中国》一书中写道，这支队伍“在刘志丹指挥下，可以用无线电与西部和南部的红军主力部队直接联系。当南方的红军开始从闽赣根据地撤出后，这些陕西山里人大大加强了自己”。

石榴树上开红花
边区就是咱的家

荔园堡，坐落于甘肃南梁百里梢山的中心，当时虽然只有十几户人家，已算是南梁山区一个较大的村镇。1934 年 11 月 7 日，这个小村一下子来了 3000 多人，处处彩旗飘扬，锣鼓喧天，比过节还热闹。精神抖擞的红军、游击队，头扎白毛巾的陕北老乡，个个喜气洋洋。

这一天，小小的荔园堡创造了历史。陕甘边区苏维埃政府成立大会胜利召开，西北第一个边区苏维埃政权——南梁政府正式成立。

老百姓喜上眉梢。他们不是来看热闹，而是来选举：雇农 5 人选一个代表，贫农 10 人选一个代表，中农 20 人选一个代表。共选举出工人、农民、红军战士、游击队员等 120 多个代表，再由代表共同选举产生政府组成人员。边区政府诞生后，所有的政策、决议，都由老百姓参与讨论制定。

被称为“清音楼”的荔园堡戏台临时改成了大会主席台，主席台上，刘志丹向人民选出的政府主席习仲勋授印。习仲勋时年仅 21 岁，被人们亲切地称为“娃娃主席”。当地农民贾生秀、张步清分别被选为政府副主席和土地委员长。政府下设土地、劳动、财政、粮食、肃反、工农监察、文化、妇女等委员会。同时，还成立了陕甘边区革命军事委员会和陕甘边区赤卫军总指挥部，刘志丹当选为军委主席，朱志清为赤卫军总指挥。

清音楼对面的古庙，挂上了“陕甘边苏维埃政府”大牌子。打这里，陆续制定了土地革命、发展生产等“十大政策”。为保护农民利益，边区的政策规定：根据地中心区域分配土地，敌占区和边缘区暂时不分；土地和青苗一起分配，从政府办的牧场中提供牛、羊、马匹给贫苦农民帮助耕种；耕者有其田，甚至给国民党士兵留下了口粮田，欢迎他们随时回家。

边区还实行开放的经济政策，搞活流通贸易，开设集市，欢迎白区商人来苏区做生意。一次，一位商人给红军小战士送了一包香烟，小战士生气地扔掉，说：“这是糟蹋人呢！”商人以为是给得少了，不知该怎么办。习仲勋知道后，带着这个小战士专门去向商人道歉。商人高兴地说：“早知道是这样，我来这里做生意还怕什么呀！”一传十，十传百，很多商人都来南梁做生意。他们来的时候，驮的蓝白布匹、粉连纸、红绿纸、油墨、食盐等边区紧缺商品，红军的一些军需品也从南梁集市换来。

连国民党的报刊也感叹：“在所谓的陕甘边革命区内，十分注意恢复经济，解决穷人吃饭问题。用军保民，用民养军。我们剿共如忽略了经济，即一切组织，均不能确立。有好的斗士、好的方法，亦不能发挥效力。”

南梁中心苏区出现了经济繁荣、社会安定的景象，人民翻身作主，自己的事情自己说了算，只见百姓不见官，成了老百姓向往的好地方。人口从 295 户不到一千人，不到一年时间增加到近千户、5000 多人。当地的民谣唱道：“石榴树上开红花，边区就是咱的家。谁敢动它一星土，豁出性命保卫它！”

1935 年 2 月，陕北红军成功地粉碎了围剿，根据地的范围发展到东起黄河、西至环江、南到淳耀、北至长城的广大地区，在 20 多个县建立了革命政权，游击区扩大到陕西和陇东的 30 个县。

在国民党军队对江西中央苏区接连发动大规模围剿，迫使中央及多路红军战略转移的时候，在西北贫瘠的黄土高原上，陕北人民以坚定的信念、顽强的斗志，守住一块硕果仅存的根据地，为万里转战而来的中央和主力红军准备好了一个家。

跳崖八烈士

陈　涛　周南焱

世人皆知狼牙山五壮士，却罕有人知晓通道红军跳崖八烈士。

出发去湖南通道侗族自治县之前，我们在网上搜索了一下，有关红军跳崖八烈士仅有只言片语。我们决定前往实地一探究竟。

通道地处湘桂交界，山林茂密，现有人口二十余万人，面积相对较小。老县城位于县溪镇，曾有城墙、护城河，亦有众多商铺，还有一座始建于宋朝的恭城书院，至今保存完好。1934 年 12 月 11 日，中央红军历经湘江血战后，从出征时的 8 万余人减员到 3 万余人，一路翻山越岭至此，次日在恭城书院召开了临时紧急会议。

临时会议上，毛泽东建议中央红军放弃北上湘西的原计划，而改道西进贵州，避开强敌，史称“通道转兵”。在通往湘西的路上，蒋介石早已布下“口袋”，只等红军钻入。通道转兵，避免了中央红军覆灭的危险。

而在中央红军长征前夕，任弼时、萧克等人率领的红六军团，为中央红军战略大转移先行西征探路，1934 年 9 月中旬途经通道。红军八烈士跳崖，即为红六军团探路中发生的一次壮举。

湖南通道县恭城书院还原了通道会议现场。

到达通道的当日下午，顾不上歇息，由当地人带路，我们赶往距县城 60 多公里的杉木桥乡小水村。该村四面环山，在两条小溪汇合处，因而得此名。村支书李明良早年参过军，对这里的历史地理了如指掌。他带着我们上山，一边爬山一边讲述红军的故事。

村后是名为大坡界的山峰，半山腰上有一座纪念亭，再爬上去则有一座高大的纪念碑，上有萧克题写的大字：红军精神永存。碑座刻有小水战斗的事迹。“1991 年在这里挖好地基，我们到北京找萧克将军题字，他很高兴，马上就题写了碑名。”李明良回忆，当时经费有限，纪念碑的大基石都是自己带领村民义务凿立的，就是为了缅怀红军烈士。

越往山上走，地形越险峻，一旁就是悬崖绝壁，稍有不慎即摔得粉身碎骨。山下就是深谷，谷底有一条羊肠小道，当年曾是交通要道。山上灌木丛里，数处战壕尚未弥平，勉强能辨认。1934 年 9 月 14 日下午，红六军团十八师途经此处，当时队伍主力已过小水村。让人没料到的是，国民党湘军第 55 旅接到情报，突然前来截击，并占据小水、驾马高地。红军身处谷底，无战斗掩体，处于劣势。

值此危急关头，幸而红军一个排 30 余人，迅速抢占了大坡界的山腰，利用地势阻击敌军。敌人以为红军增援部队赶到，便集中火力对准这个排，红军主力则趁机突围出去了。

战斗打得异常激烈，持续了三个多小时，红军打退了敌人一次又一次的进攻。在激战中有 20 多位红军战士英勇牺牲，最后只剩下 8 名红军战士。为了让红军主力走得更远，他们一直战斗到弹尽粮绝。

“国民党军中有一个本地兵叫龙章瑞，他带路从大坡界后山翻过来，占领制高点，这下红军吃亏了。”李明良指着制高点说，8 位红军战士腹背受敌，为了不做俘虏，宁死不屈，把枪砸烂，纵身跳下五十多米高的悬崖。龙章瑞后来交代，6 位红军身亡，2 人受重伤，亦被国民党军当场枪杀。

在一侧山坡的竹林里，如今能看到一个墓群。此处埋葬着 18 位红军烈士，坟上还放着一些松枝。石碑是今年清明节由通道县民政局新立的，碑上没有刻写名字。李明良叹息道，以前这里有一块碑，题了红军烈士的名字，后来在“文化大革命”中被破坏了，现在没法查证这些烈士的名单。

而 8 位跳崖的红军烈士，则合葬在大坡界山崖下。我们下山后，再沿着那条羊肠小道，经过一片墨绿的稻田，才到达那个烈士墓。此墓跟山坡竹林中的墓一样，也是今年清明节才立的碑，同样没有烈士的名字。

李明良回忆，当年小水村的保长杨进坤曾是国民党政府集粮队队长，出钱叫人把牺牲的红军烈士进行了掩埋。1949 年刘邓大军解放大西南，解放军本来要枪毙杨进坤，念及他埋葬红军烈士有功，最终还是把他放了。那个给国民党军队带路的龙章瑞，因后来眼睛失明，最终也逃脱了惩罚，在村里终老。

距 8 位烈士墓大约两百多米，有一条小溪，溪上有一座侗族风雨桥，名为总关桥。这座桥已有三百多年的历史，当年红军正是从桥上经过。如今，桥头有一户农家，一位老人独坐屋檐下纳凉。我们上前一问，老人姓王，年过八旬，曾是志愿军战士，参加过上甘岭战役。我们欲再详问，老人微笑不语。

夕阳西下，余晖斜照，山中鸟鸣清脆，溪上水车吱呀转动，昔日的战斗早已远去，一切笼罩在宁静、安详之中。

要全面地认识长征史

八十年来长征研究成果丰硕，但仍有一些基本概念需要进一步厘清

石仲泉

长征已过去80年了，但长征研究一直备受关注，其中仍有一些需要厘清的基本概念和需要澄清的模糊认识。

为什么说红军长征是“3 + 1”的长征？

整个红军的长征是“3 + 1”的长征，即红一（中央红军）、二（最初称红二、六军团）、四方面军的长征，再加红二十五军的长征。红军长征开始的时间，以1934年10月中央红军离开中央苏区算起；长征结束以三大主力红军（红二十五军于1935年11月并入红一方面军系列）于1936年10月在甘肃会宁和今属宁夏的将台堡会师为标志。红军长征历时两个寒暑，纵横14个省（四川省分出重庆市，按现在地域说为15个省市），进行了600多次重要战役战斗，渡过了近百条江河，越过了约40座高山险峰，经过了十多个少数民族地区。其历时之久，规模之大，行程之远，沿途自然环境之恶劣，敌我兵力较量之悬殊，在人类战争史上不说绝无仅有，也是极其罕见的。

这些年来了解和研究长征的人多了，不时遇到这样的提问：为什么不以为中央主力红军长征作准备的1934年7月红七军团北上和红六军团西进作为红军长征的历史起点？这是因为那两支部队尽管是数千人的运动，但毕竟还属于小规模，前者主要是为了调动和牵制敌人，后者带有探路性质。它们无疑是长征历史的重要组成部分，但这一年10月的中央红军主力长征，一是队伍达八万六千余人，是大规模的战略转移；二是党中央和中革军委领导机关随军运动，影响巨大。因此，以1934年10月作为红军长征历史起点的标志是无可非议的。

为什么也可以说“长征是六万五千里”？

关于红军长征的里程，过去比较多的是讲二万五千里。这里讲的是中央红军走的长征路。现在既然明确了整个红军的长征是“3 + 1”的长征，那么仅仅讲二万五千里就不全面了。

据军史资料统计，红二方面军的长征历时 11 个月，转战 8 省，行程两万余里。红四方面军的长征历时 19 个月，转战 6 省，有的三过雪山草地，行程 1 万多里。红二十五军的长征历时 10 个月，转战 4 省，行程约 1 万里。将上述四支红军的长征路，历经 14 个省的里程加在一起，长征的实际总里程为 6.5 万多里。因此，除了继续肯定中央红军的长征里程两万五千里外，还应当广泛宣传整个红军长征的里程为六万五千里，要强化这个概念。这样比较完整。

为什么说长征的路线和目的地是一个动态过程?

红军长征，最初叫“战略转移”“西征”“远征”。使用“长征”一词，最早是在 1935 年 1 月遵义会议后的 2 月下旬，中央红军二渡赤水发布的《告工农劳苦群众书》中。红军长征到陕北，这不是预先设定的。进行战略转移，开始并没有打算走很远。长征的路线和目的地是根据军事形势和作战情况而不断变化的。这是一个动态过程。红军长征目的地，据我初步统计，仅中央红军言，先后有 8 个设想：（1）在瑞金出发时是到湘西洪江地区与红二、六军团会合，发展复兴后再回来；（2）黎平会议决定到黔北的遵义地区建立新根据地；（3）遵义会议决定过长江到川西建立根据地；（4）会理会议决定到川西北与红四方面军会合去建立根据地；（5）两河口会议决定去川陕甘一带开辟新的根据地；（6）毛儿盖会议进一步明确到甘南在洮河流域创建新根据地；（7）俄界会议决定到与苏联接近的地方创建根据地，将来向东发展；（8）在哈达铺初步决定到陕北去，随后的榜罗镇会议正式决定陕北为长征的最后落脚点。中央红军到达吴起镇后，中央政治局召开扩大会议批准了榜罗镇政治局常委会议的决定，宣告中央红军长征胜利结束。随后，中共中央将“红都”设在瓦窑堡，陕北成为中国革命大本营。

为什么不能把战略转移的原因同作出战略转移的决策混在一起？

过去有一个非常重要的问题，即将进行战略转移的原因同作出战略转移的决策混在一起，不加区别。

其实，这是两个问题，应区别开来。第五次反“围剿”在中央苏区的失败，从主观方面说，无疑要归咎于错误路线。但导致这个结果后怎么办？在当时只有两种选择：一是继续死守，与中央苏区共存亡；一是撤出中央苏区，进行战略转移。前者说白了，是死路，不仅国民党军重兵包围，而且苏区内的人、财、物等资源基本耗尽，再也难以支撑一场需要大量兵员和物资的战争。进行战略转移，从理论上说是活路，只要指导思想正确，保存革命力量就能再图发展。这就是俗话说的，“留得青山在，不愁没柴烧”。因此，错误路线的领导使红军遭到严重失败，这是一个问题；在这个危急关头作出战略转移即长征的决定，则是另一个问题。对前者要否定，对后者要肯定。不能因为否定前者，就不作分析地认为：在中央红军生死存亡的关头，作出战略转移的决定也是错误的。

为什么说长征出发地是多元的？

这些年开展红色旅游，一些地方争着打“长征出发地”牌，对红军长征出发地的争论愈趋激烈。我在考察红军长征路后，形成了“长征出发地的多元论”概念，即各路红军长征都有自己的出发地，属于不同层面的出发地也不止一个。比如，就中央红军言，瑞金是中央首脑机关的长征出发地，带有标志意义；于都是中央首脑机关和红军主力四个军团的集结出发地。还有红军部队从其他地方直接出发作战略转移进行长征的，如红九军团就是从会昌出发的，因而也是长征出发地。属于这个层面的出发地，还有石城、长汀、兴国、宁化等县。讲红军长征出发地的多元性，并不等于说红军战斗过的地方都是长征出发地。其定位标准，就中央红军而言，大体以 1934 年 10 月 7 日中革军委下达撤离战斗前线到集结地的情况来确定。各部队接到命令时所撤离的那个地方，均可视为长征出发地。上述所列，还只是中央红军的长征出发地。长征既然是“3 + 1”的长征，其他红军长征还有各自的出发地，如红二、六军团在湖南桑植，红四方面军在四川苍溪，红二十五军在河南罗山等。因此，红军长征出发地不只有唯一的一个，而是多元的。

如何深入理解长征的基本内涵?

红军长征的内涵很丰富，它不简单地是突围、转战、打仗等，应包括三个方面的严峻斗争：

第一个方面是革命与反革命两种力量、光明与黑暗两种命运的大搏斗。中央红军以湘江战役、四渡赤水、强渡大渡河、飞夺泸定桥，最为惊心动魄。红四方面军以嘉陵江战役、名山百丈关战役和甘南的“岷（县）、临（潭）、舟（曲）战役”最为激烈。红二方面军的战斗以在云贵高原转战乌蒙山的大迂回作战和在陇南的“成（县）、徽（县）、两（当）、康（县）战役”最为著名。红二十五军以在河南方城独树镇和甘肃泾川王母宫塬的血战最为艰险。

第二个方面是在这场惊心动魄的搏击中中国共产党内部的指导思想和政治路线有尖锐斗争。这个方面包括两个内容，突出地表现在两个系列会议上：一是与博古、李德的“左”倾教条主义的斗争。这以中央红军长征途中召开的通道会议、黎平会议、猴场会议和遵义会议最为关键；二是与张国焘分裂主义的斗争。这又分为两个方面：一是从两河口会议开始，直到俄界会议，由以毛泽东为实际核心的党中央同张国焘的直接斗争；二是在红军总部随红四方面军长征后在阿坝会议和卓木碉会议上，由以朱德为代表的红军领导人进行的反对张国焘分裂党中央的尖锐斗争。

第三个方面是同极端恶劣的自然环境的生死博弈。红一方面军以翻越四川宝兴夹金山，红四方面军以翻越四川丹巴至道孚的党岭山，红二方面军以翻越从云南中甸至四川乡城的系列雪山，牺牲的指战员为最多。过草地是长征途中遭遇的最大的艰难险阻。三个方面军都经过了“水草地狱”，牺牲者更多。这三方面的斗争和博弈，构成红军长征的基本内涵。

（作者为中央党史研究室原副主任）

黎平决去从

陈 涛 周南焱

这是一片神奇的土地。

与大西南其他地方不同，贵州黎平县城的发音与普通话很接近，以至有“小北京话”之称。要不是道路两旁商铺时不时冒出“侗族”字样，走在徽派建筑林立的古街上，恍若置身于江淮小镇。这些都很难让人将它与所处的黔东南苗族侗族自治州联系起来。

它的神奇还在于一次会议。1934 年 12 月中旬，从明朝洪武年间就设立府城的黎平被打破宁静，远道跋涉而来的中央红军，在这里举行了长征途中第一次中央政治局会议，最后确定转兵贵州的战略决策，给中国革命带来新转折。

黎平会议的旧址在老城的核心区翘街。地处县城东面的这条街，因主街中段下凹，两端缓缓翘起，形似扁担，民间又称“扁担街”。坊间相传，当年之所以选择在这里开会，是因为会后无论决定往东西两头哪边走，都是上坡路，寓意中国革命必然蒸蒸日上。

夏日午后，阳光正烈，街面行人稀少。从各地来的游客，一边喝着当地有名的冰镇杨梅汤，一边翻阅着这处历史文化名街的介绍。三三两两的孩童不知疲累

黎平会议旧址

地追赶嬉闹，“红军广场”四个金色大字在他们跑动的身影里忽隐忽现。不远处，几曲悠扬的侗歌从一家乐器店飘出，一片祥和。

家住翘街东口的陈大爷是从外省迁移过来的，年逾八旬的他打小就听父亲讲红军进城的旧事。“部队是从我们住的这头攻进来的，几乎没遇到太大抵抗”。

1934年12月12日的通道临时会议，决定中央红军从湘西南部西进贵州东南部。15日攻克黎平县城，这也是中央红军入黔后攻占的第一座县城。

90后女孩周倩是黎平会议纪念馆讲解员，为了与同在这里工作的男友相聚，她甚至放弃了空姐的职位。“红军在县城共停留了5天。”她介绍，当年的黎平县水路发达，云集不少过往商贾，是黔东南地区较富庶的地方，在此驻扎的红军因此得到充足的物资补给。

12月18日，中共中央政治局在位于翘街正中央的胡家商铺召开会议。“相比遵义会议，它的知名度要小得多；但它对中国革命的意义，丝毫不逊于前者。历

黎平县城老街

经湘江血战的红军到了不得不解决到底该往何处去的境地。”黎平会议纪念馆副馆长张中俞熟谙这段历史，还出版过好几本书。

一队来自贵阳的游客在导游带领下，正饶有兴致地参观“黎平会议会址”。这间80多年前由徽商胡荣顺开的店铺，采用的是青砖盒式封火墙建筑，前低后高，5间大屋，共有9个大小天井，是县城内有名的老式民房。会址内两间东西对开的厢房是周恩来、朱德的卧房。

目前不少论著，只列举博古、张闻天、周恩来、毛泽东、朱德、王稼祥参加了黎平会议。张中俞对此有不同的看法。他举证，1934年12月17日19时，也就是会议前一天，博古以十万火急的形式致电陈云并转刘少奇：“请于明十八号八时前赶到黎平城开党的政治局会议。”据此，他认为，中央政治局委员陈云、候补委员刘少奇应该也参加了会议。

撇开电文，翘街提供了更为直接的证据。在距离会址东侧不足百米的地方，有一处名为“黎平会议陈云同志住址”的老楼。外墙面红漆剥落严重，大门口正上方一颗硕大的红五星颇为显眼。“住得如此之近，又没有紧急军情，没道理不去参会。”张中俞分析。

这座老楼斜对过儿，是一处名为“福音堂”的基督教堂。博古、李德的住所就在里面。李德与那里的传教士同为德国人，故选择此处作为宿舍。

张中俞的书中还详细记录下这样一幕：会后周恩来把黎平会议决议的译文给李德送去，李德看后勃然大怒，用英语和周恩来争吵起来。周总理的警卫员范金标后来回忆，总理把桌子一拍，搁在桌面的马灯都跳起来熄灭了。

在会址西侧不足 30 米的一处古建前，悬挂着“红军干部休养连旧址”的牌匾，如今已是翘街上的侗族工艺扎染作坊，里屋便是毛泽东、张闻天、王稼祥三人的住所。“从他们住所的安排，很能看出当时他们来往的亲疏，以及对时局所持观点的异同。”张中俞说。

这次会议也改变了一些红军战士的命运。在离翘街不远的一处居民楼，88 岁的阿婆许银花听闻来了北京的记者，伸出双手紧紧拽住我们，久久不肯松开，嘴里不停念叨：“你们来了，你们来了啊，终于把你们盼来了。”

许阿婆是红军战士的遗孀。1934 年 12 月，16 岁的红军战士邓家骑因伤重留在黎平，在当地养病半年多，无法追上部队，只得留在当地生活，当篾匠做竹器维持生计。后到杨姓无嗣人家作继子，改名杨富堂。1938 年遇上国民党抓壮丁，为安全起见，他带着妻子许银花，搬到黎平城附近山上避居。“那时候苦啊，每天天擦黑就得往山上跑。”许阿婆当年总被唤作“土匪婆”，遭罪不少。

老人的家中至今还保存着“中国人民解放军回乡转业建设军人证明书”。杨富堂于 1950 年底参加志愿军，第二次加入革命队伍。

历史已经走远，但它并未中断与现实的关联。上月底，距离黎平县城不远的红军桥在被洪水冲毁后，又一次由村民自发出工出料修复了。这座桥位于黎平八舟河少寨河段，是红军当年路经黎平时，和当地村民一道修成，解决了少寨外出的难题。村民感念红军义举，遂取名“红军桥”。

由于木桥年代久远，加之当地洪灾频繁，这些年几乎每年都要上演一回“冲毁—

复建”。一位村民说：“保护红军桥，一方面是为了出行便利；再一个原因，它也是红军留下的精神财富，我们有责任守护好。”

82 年来，红军留下的精神，从未在这片土地上离去。

沉思

长征中『战略方向』十三次大调整

兵无常势，水无常形，能因敌变化而取胜者，谓之神

程中原

中央红军在长征途中根据战争形势的变化，对战略方向进行了多次调整，最终才做出“落脚陕北”的战略决策。这里说的战略方向，或称战略方针、战略目标，也可以称进军方向。这里以遵义会议、懋功会师为分界点，对其间战略方向的重要调整情况进行梳理和分析。

遵义会议以前的几次战略方向调整

中央红军西征突围时的战略方向是到湘西，与在那里的红二、六军团会合。这可以视为第一次确定的战略方向。

第二次是通道转兵。中央红军西征突围过敌人第一、二、三道封锁线时，因同“南天王”陈济棠的粤军签了停战协议，比较顺利。1934 年 11 月底突破湘江沿线第四道封锁线时，遇到凶猛阻击，红军损失惨重。从西征出发时的八万多人锐减到三万多人。这时红军已经失去了到湘西同二、六军团会合的先机，陷入了困境。过了老山界，前进到通道地区时，红军得到情报，蒋介石已经识破了中央红军前往湘西的战略意图，在湖南、贵州集结了五六倍于红军的强大兵力，设了四道防线，形成一个大口袋，等红军去钻。洛甫（张闻天）了解战局变化后即同毛泽东商量解决危局的对策。洛同毛、王（稼祥）一起向周恩来提出：在去湘西的路上老蒋已设重兵，原定前往湘西与二、六军团会合的先机已失，建议向敌薄弱之贵州进军，建立川黔边根据地。1934 年 12 月 12 日，在湖南通道县城举行中央领导人紧急会议——通道会议，决定改变原定行动方针，向贵州进军。中革军委即于 19 点 30 分发布红军于 13 日入黔的命令。但博古、李德仍然固执己见，否定多数人的决定，重又命令各军团按与二、六军团会合的方针行动。经过斗争，14 日中革军委重又命令红军夺取贵州的黎平、锦平，开辟前进道路。

第三次调整是黎平决策。1934 年 12 月 15 日，红军占领黎平。18 日在黎平城内，周恩来主持中央政治局会议，再次讨论战略方针问题。会上，毛、洛和李、博进行了激烈争论。毛、洛、王的意见被黎平中央政治局会议接受。会议做出《关于战略方针之决定》，否定了李德、博古等要中央红军到湘西与二、六军团会合，在湘西建立根据地的方针，也否定了有人提出的折入黔西的主张，通过了毛、洛、王在通道地区就已提出并得到周支持的战略方针，决定在“川黔边区地区，在最初应以遵义为中心之地区”，建立新的根据地。黎平会议还作出一项重要决定：召开遵义会议——到遵义地区后，中央政治局开会总结第五次反“围剿”以来军事指挥上的经验教训。

第四次调整是猴场会议执行黎平决策。1935 年 1 月 1 日，中央政治局在贵州省瓮安县猴场（草塘）开会。会议批评博古、李德一不过乌江在川黔边地区建立革命根据地，二要回头和二、六军团会合的错误主张；决定强渡乌江，发布了《关于渡江后新的行动方针的决定》。当天，红军强渡乌江取得胜利。在以后的行军路上，停止了李德对红军的指挥。

遵义会议成为中国共产党历史上的转折点

第五次是遵义会议决定北渡长江，赤化四川。1935 年 1 月 7 日凌晨，红军先头部队袭占遵义，把十几万追兵甩在乌江以东和以南，为遵义会议的召开提供了宝贵的时机。1 月 15 日到 17 日，召开了遵义会议。1 月 19 日，中央红军由遵义地区北上，向土城方向开进，意在泸州上游一线北渡长江，以便同红四方面军一起实行总的反攻，争取“在成都之西南或西北建立苏区根据地”，赤化四川。没想到受到川军顽强抵抗，加之滇军又集中主力在川滇边境防堵，红军渡江计划不能实现，乃果断决定撤出战斗，西渡赤水河。

第六次是扎西会议作出“回兵黔北”决策。土城战斗失利后，如不改变原定计划，势必在长江边上腹背受敌，后果不堪设想。于是果断决定改变战略方向，放弃在泸州、宜宾之间渡江入川计划，利用敌人集中在川南一线，黔北比较空虚的时机，“回兵”黔北，以川滇黔边境为发展地区，争取在这一广大地区创建新的苏区根据地。1935 年 2 月 7 日在扎西境内召开的中央政治局扩大会议，作出了“回兵黔北”的决策。当天晚上，中革军委向各军团首长发出《关于我军向川滇黔边境发展的指示》，通报了“党中央和军委决定”：改取“以川滇黔边境为发展地区，以战斗的胜利来开展局面”的方针；并命令各军团迅速摆脱四川追敌，改向川滇边的扎西（云南威信县县城）地区集中。这一战略方向的改变，为红军脱离当时的艰险处境争得了主动。

第七次是会理会议决定继续北进。中央红军在毛泽东军事指挥下经过1935年2、3月四渡赤水，5月抢渡金沙江的胜利，跳出了敌人的包围圈，实现了遵义会议确定的渡江北上的战略目标。5月12日，在会理城外的铁场召开了中央政治局扩大会议。会议肯定从遵义会议以来毛泽东的军事指挥是正确的，批评了怀疑或反对机动作战方针的错误认识和动摇情绪。会议讨论了渡过金沙江后的行动方针，决定红军沿着通往西昌的大道继续北进，在川西或川西北创建根据地。

第八次是礼州会议决定进入川西北同红四方面军会合。1935年5月19日，在西昌城北数十里的礼州附近铁坑，洛甫主持中央会议，讨论行军路线。鉴于西昌有敌军固守，会议决定放弃原定围攻西昌计划，改为取道冕宁，过彝族区域，到安顺场渡大渡河，进入川西北，同红四方面军会合。按会议决定，成立了中央红军先遣队。进入大凉山彝族区后，司令员刘伯承和沽基部落首领小叶丹歃血为盟，红军部队安全通过彝族区，到达安顺场，强渡了大渡河。

第九次是泸定会议决定走雪山一线。1935年5月13日到达泸定县城后，洛甫主持召开中央政治局常委会，讨论红军渡过大渡河后的形势与任务。决定向北走雪山一线，避开人烟稠密地区。红军部队在向雅安前进途中，得知有川军扼守高地，居高临下等待红军。乃决定改变方向，折向东北前往天全河边。这一改变，红军的行军路线就由大道转入山间小路，并第一次翻越四季积雪的高山。6月7日占天全，8日占芦山。继续前进，翻越了夹金山。6月12日，红一方面军的先头部队与红四方面军的先头部队会师。遵义会议决定的中央红军“渡过长江直接与红四方面军配合作战”的方针终于实现。

红一、四方面军懋功会师后的战略方针的变化

第十次是红一方面军和红四方面军懋功会师后战略方针的争论。根据当时所

处的地理情况和政治军事形势，党中央确定的方针是北进到川西北建立根据地，进而占领川陕甘。张国焘主张西进西康、青海、新疆，到“经济落后、文化落后”的区域发展，或者向南，“直取成都，出长江，打到武汉去”。两种方针存在严重分歧。毛、洛、周、朱等，通过电报往来，同张国焘磋商，耐心交换意见。张国焘全不考虑中央方针，坚持他的西进或南下方针。

第十一次是两河口会议决定建立川陕甘苏区根据地。1935 年 6 月 26 日，中央政治局会议在两河口一座藏传佛寺里召开。会议由洛甫主持。周恩来作目前战略方针的报告。张国焘出席了这次会议。会议作出《关于一、四方面军会合后战略方针的决定》。会议确定：“在一、四方面军会合后，我们的战略方针是集中主力向北进攻，在运动战中大量消灭敌人，首先取得甘肃南部，以创造川陕甘苏区根据地。”“为了实现这一战略方针，在战役上必须首先集中主力消灭与打击胡宗南军，夺取松潘与控制松潘以北地区，使主力能够胜利地向甘南前进。”可是，张国焘并不执行会议决定。以后又经沙窝会议、毛儿盖会议多次讨论，张国焘仍按兵不动，不执行北上东出方针，以至贻误了战机。

第十二次是张国焘企图危害中央事件发生后，两个方面军分开，中央红军缩编为陕甘支队先行北上。张国焘不仅不执行中央命令，还于 9 月 9 日密电陈昌浩率右路军“南下，彻底开展党内斗争”。叶剑英察觉报毛泽东。毛即与洛、博到周、王治病住地，举行常委会紧急会议，决定党中央同四方面军暂时分离，率右路军中的红一、三军团和军委纵队先行北上，速出甘南。9 月 10 日脱离险境。9 月 12 日，洛甫在俄界（今甘肃省迭部县高吉村）主持召开中央政治局紧急扩大会议。会议作出《关于张国焘同志的错误的决定》，会议决定将北上红军缩编为中国工农红军陕甘支队。9 月 13 日，陕甘支队离开俄界，迅速北上。9 月 17 日，夺取了天险腊子口，打开了主力红军北进甘南的通道。

第十三次确定落脚陕北。1935 年 9 月 18 日，红军先头部队进驻没有国民党军守备的甘南小镇哈达铺（今属甘肃省宕昌县）。毛、洛、周、博等翻越岷山，于 20 日到达。当天，召开了中央政治局常委会。会后，毛、洛、博等读到一批报纸，主要是七八月间的天津《大公报》。这些报纸大多是两天前先头部队进入哈达铺时从当地邮局得到的。另外，红军侦察连在军阀鲁大昌部的一个少校军官的行李中也缴获了几份报纸。聂荣臻即送给了叶剑英。叶剑英即找红军总政治部白区工作部部长贾拓夫来核实情况。贾曾任中共陕西省委秘书长。贾看过报纸后很高兴，向叶谈了陕北红军活动的情况。叶即把这些报纸拿给彭德怀。彭看后即带着报纸找到毛泽东。毛、洛、博翻读报纸，真是喜出望外。他们从报纸上登载的消息确切地知道：陕北仍然有红军！有游击队！仍然有苏区根据地！而且比原来有很大的发展！这对于经过万水千山，最终从险境中冲出来的这支八千人的红军队伍来说，其欣喜是无法用言语来形容的。那么，到陕北落脚，在那里建立根据地——作出这个决定，便水到渠成！

9月22日，洛甫写下一篇“读报笔记”，题为《发展着的陕甘苏维埃革命运动》，将天津《大公报》上所披露的陕北苏区根据地和红二十五军、红二十六军等情况摘引并加以分析，在此基础上表达了中央红军前往陕北落脚的意向。洛甫认为：“红军与赤色游击队在陕甘两省内正在普遍地发展着”，“我们中国工农红军主力之一部，已经开始进入甘南的重要地区”。据此，他提出陕甘支队前进的方向和任务：“响应着陕甘红军和赤色游击队的活动”，“同二十五、二十六军及通南巴游击区取得配合，协同动作及汇合，并给在这个地区中开展着的游击运动以帮助、组织、领导”，完成8月20日毛儿盖会议决定提出的任务——“联系存在于陕甘边之苏维埃游击区域成为一片之苏区”。

9月22日下午毛泽东在陕甘支队团以上干部会上讲话，宣布党中央关于挺进陕北的行动方针。他指出：红军要抗日，“首先要到陕北去”。博古也根据报载材料写了《陕甘苏维埃运动的发展和我们支队的任务》一文，提出把发展着的陕西苏维埃运动转变为巩固的苏维埃根据地，是“我们支队的战略目标”。洛甫和博古的文章同时登在9月28日刚刚恢复出版的《前进报》第三期上。这两篇文章传递并解释了中央落脚陕北的意向。

1935年9月27日，洛甫在通渭县榜罗镇主持召开中央政治局常委会议，讨论了当前形势。会议认为应该改变俄界会议确定的行动方针，并正式决定到陕北去，在陕北保卫和扩大革命根据地，以陕北苏区来领导全国革命。由此，中央红军落脚陕北，陕北成为领导全国人民进行民族解放斗争的中心。

（作者为当代中国研究所原副所长、研究员）

“水马”渡乌江

李　洋　徐颢哲

红军长征途中有名的“强渡乌江”，在黔北百姓的传说中，被描述成一场如有神助的战斗：红军战士骑着水马，穿着子弹打不透的铠甲，如神兵天将不费吹灰之力就过了乌江。

其实，红军胯下的“水马”只是当地渔民常用的竹筏。81 年前，在没有桥梁，沿岸所有船只和舢板都被黔军破坏的绝境中，小小竹筏运送中央红军 3 万余人顺利过江，之后直取遵义。启程探访这段历史之前，我们最想见的便是这功不可没的“水马”。

“水马”由黔北当地所产的南竹所制。1934 年 12 月 31 日，红一军团先锋部队红四团抵达乌江边时，辞旧迎新的大雪正漫天飞舞，江边的南竹被积雪压弯了腰，随风轻摆。彼时，红军向前，遇黔军恃天险，结重兵，在北岸密密布防；往后，国民党中央军薛岳部已尾追红军相距不过百余公里。如不能及早渡江，红军将腹背受敌，落入背水作战之兵家大忌。在架桥物资极端缺乏的情况下，大家想到了就地取材，用竹子制成竹筏。先以竹筏渡先锋部队到对岸控制火力点，再以竹筏连成浮桥，渡主力部队过江。

渡江战役的主要渡口是瓮安县下辖的江界河。红军渡江时，仅在江界河便扎制竹筏上百只，不难想象当年江边竹林之茂盛。

然而，待我们来到这里时，渡口沿岸已看不到一棵竹子。传说中流急、滩多、谷狭的贵州第一大川——乌江，在眼前也只是一派水平如镜，波澜不兴。当地党史办专家谢崇禄介绍，7 年前，乌江流域构皮滩水电站截流蓄水，江界河水位上升近 200 米，临水而生的大片竹林、两河交界的沙坝以及战场遗迹都已经淹没于江水之下。只有红四团政委杨成武手书的“乌江天险”四个大字，刻在对岸火金山岩壁上，依稀可辨。

好在距离瓮安县城 16 公里的猴场会议会址还保存着一只竹筏。工作人员介绍，制作竹筏，需要将五根碗口粗的南竹并排摆着，每根竹子的两头和中间都用锉子横打一个眼，然后用小竹子穿在五根竹子中间，并用竹绳捆紧，连成一个整体。竹筏的一头要用火烤一下，弯成往上翘的样子，减少前行的阻力。竹筏若是单层，站上两个人，水就会漫上来。红军将士又将竹筏改成双层，增加浮力，才能运载更多人。

从当地人口中，我们还得知了当年红军做竹筏时的一个温情细节。当工兵连的战士拼命砍竹子时，有一位当过篾匠的战士站出来说：“竹子分公母，几根母竹子之间，要留一根公的，公竹母竹都砍了，这片竹林以后就不会长竹子了。”他还教其他红军战士如何辨别公竹和母竹。

通晓当地历史的退休语文老师田景翔，从小就在乌江边长大，驾船带我们重温竹筏的过江之路。

船过江心，可以辨认出一段白石铺就的台阶从水中伸出，沿着火金山的山脚一直向上攀援。这便是当年红军过江后上山的路。一直到 1995 年底江界河大桥“一桥飞架南北”之前，这个渡口和这条路还是当地人往来乌江两岸的主要通道。

沿着石阶向上，一座水泥修建的碉堡突兀地出现在山坡上。那是 2013 年重拍电影《突破乌江》时修建的场景道具。真正的碉堡已沉于水下约 150 米的地方，它以一块 3 米长的大石头做顶盖，以土砖砌成。虽然当时江界河渡口只修建了这一座碉堡，其余工事都是依山而辟的战壕，但居高临下 30 米控制渡口，已经足够。

端掉这座碉堡，竹筏立了大功。

1935 年 1 月 2 日夜，红军将士扎制的竹筏第一次下水。红四团派出三只竹筏在渡口上游不远处向对岸偷渡。夜色中，水流湍急，有两只竹筏被冲到下游后不得不返回，还剩一只不知所踪。3日晨，红军听闻薛岳部已逼近，部队必须马上过江。不得已，先锋部队再派3只竹筏朝对岸冲去。这时，碉堡下面闪出几个人影。原来，前一晚失踪的竹筏已经成功将5位红军战士运过江去。待到部队发起总攻，他们才出其不意，里应外合，端掉了碉堡。

打掉了岸边火舌的威胁，红军60只竹筏齐发，冲上对岸滩涂。这边工兵连就把连夜扎好的100多只竹筏推入水中开始架浮桥。这时的竹筏又从双层变成了3层，且不直接用于渡人，而是横过来充当桥墩，桥墩之上再铺门板等当作桥面。

为了防止急流冲断浮桥，红军还将铁匠打铁用的十个铁砧，两两捆绑，制作了五个铁锚。还有些战士编了很多竹篓，里面交叉捆两根削尖的竹子，再在篓里装满石块，重达千斤。河底礁石多，这种石笼锚一沉下去，篓子里捆绑的竹十字架就扎到石头缝里，把浮桥稳稳固定住了。

200多米宽的江面上，架桥持续了一个多小时。在这期间，对岸火金山上敌我双方仍激战不休。浮桥已架起一多半时，一位运送浮桥的战士石长阶不幸中流弹牺牲。

浮桥架好后，大约1月3日中午时分，中央红军开始陆续渡江。在江界河渡口，浩浩荡荡的队伍一直到5日才全部过江。而这条由“水马”架起的浮桥自然不能留给国民党追兵。在大部队全部过江后，它被战士们连烧带拆，很快便在乌江上销声匿迹。

今天的乌江江界河渡口，已是综合客运码头，浮桥和“水马”，也已成为历史。而瓮安县城里，随意抬眼一望，便能看到渡江广场、渡江酒店、渡江超市、渡江食品公司的招牌。

乌江天险不再，战斗遗址被水淹没，但渡江“痕迹”无处不在。那段红色记忆，早已悄悄渗入这座小城日常生活的血脉。

沉

思

长征之于中国共产党的特殊意义

长征体现了中国共产党人思想自觉和文化自信，这种自觉自信逐渐沉淀为后人奋斗的一种永远参照

陈　晋

在人类历史上，为生存或战争，一支队伍的远征常常引起后人的无限遐想和悠久惊叹。当时和后来不少人习惯于把中国红军1934年到1936年的长征，视为创造奇迹的军事大事，包括外国人，也常常把它同公元前218年迦太基的军事统帅汉尼拔为攻击罗马军队率部翻越阿尔卑斯山的艰苦行军（实际上只走了区区1800里）相比。从军事上讲，长征的确是中国工农红军的一次战略大转移；但从政治上讲，长征则是中国共产党的一次历史大转折，是中国革命转危为安的一次大变局。

毛泽东一开始就不单是把红军长征作为军事事件来定性的。他在1935年就把长征比作“宣言书”“宣传队”“播种机”，并提出：“谁使长征胜利的呢？是共产党。没有共产党，这样的长征是不可能设想的。”显然，这是从中国共产党的角度来提炼红军长征的政治意义的。因此，我们谈红军的长征，事实上是谈论中国共产党。概括地说，长征是中国共产党成熟前在思想、组织和精神上的一次历史性跨越。

长征与中国共产党的思想自觉

在中国共产党历史上，被称为历史转折的事件只有两个，一个是1935年长征途中的遵义会议，另一个是1978年的十一届三中全会。它们的一个共同点是，中国共产党在遭遇大挫折、大危机情况下，靠自己的思想自觉、实践领导和政治选择，创造了绝处逢生进而迎来巨大胜利的奇迹。

一个政党在危机中实现历史大转折，其思想自觉大体有三层意思：一是确实认识到以前的做法和思路不能再继续下去了；二是独立自主，靠自己的努力而非外力来改变过去的做法和思路；三是从实际出发大胆创新，实事求是地作出新的决策，推进新的实践，并迎来转机。中国共产党在长征途

中以遵义会议为代表的思想自觉，其基本内涵也是这三点。今天人们概括的长征精神，其中就有一条："坚持独立自主、实事求是，一切从实际出发的精神"，实际上就是指党在长征途中的思想自觉。

要真正理解长征与中国共产党这三层思想自觉的意思，就不能不明了长征前由"左"倾教条主义统治的临时中央的做法和思路。在第五次反"围剿"进入到关键时刻，临时中央召集的六届五中全会对形势的判断很奇特。它完全根据共产国际第十二次会议关于世界和中国形势的分析，提出："资本主义相对稳定的终结已经开始"，"直接革命形势在中国存在着"，第五次反"围剿"是"争取苏维埃中国完全胜利的斗争"。这些教条主义的盲目论断，直接影响到军事上的战略指挥，即照搬外国堡垒战和阵地战的打法，同强大的敌人死拼，丢弃了毛泽东和朱德曾经屡试不爽的游击战法。在党内生活上，把不同意临时中央的想法和做法视为主要危险，宣布要"进行一个坚决的斗争"，其结果可想而知。所谓长征，按当时的说法叫"战略转移"，实际上是在第五次反"围剿"失败后无可奈何的匆忙选择，是一次被动挨打的突围退却。

凡此等等，可以说是领导智慧和经验有问题，也可以说是军事指挥有问题，还可以从敌强我弱的客观背景上找原因，但归根结底是缺少独立自主地进行中国革命、实事求是地进行实践决策的思想自觉。陈云后来在延安曾和毛泽东谈到，由于经验不足，自己在第三次"左"倾路线统治中央的时候也犯过错误。毛泽东的回答是：不是经验不足的问题，而是思想方法不对头。

思想方法不对头，是事后的总结。长征前的中国共产党，还没有真正成熟，不具备这样的认识水平。人世间的事情，常常就是这样，不到万不得已，不到无路可走，人们不会下决心承认错误，更不会从根本上寻求犯错误的原因。中央红军长征进入贵州以后，绝大多数官兵都意识到，如果再沿着这条路走下去，党和红军必将被完全断送。甚至连一向谦逊稳重的红军总司令朱德，也甩出一句重话："如果继续这样的领导，我们就不能再跟着走下去了！"

这才有了遵义会议的召开。恰巧，同共产国际联系的电台在过湘江时被敌机炸毁了，为独立自主、实事求是地解决危机提供了客观条件。在遵义召开政治局扩大会议，从根本上纠正了第五次反"围剿"以来的错误军事路线，调整了中央领导层的结构，撤销了博古负总责的政治权力和李德的军事指挥权，没有像以往那样事先请示共产国际，或由共产国际裁决批准。生死攸关的长征，使中国共产党第一次完全独立自主地根据实际情况作出了历史性决断。

有了独立自主解决中国革命实际问题的精神和勇气，催生出实事求是地制定各方面政策的思想路线，也就水到渠成了。有了这种思想自觉，人还是那些人，但队伍的作战风格却焕然一新。就像斯诺在《西行漫记》里说的那样，中国共产党“把原来可能是军心涣散的溃退变成一场精神抖擞的胜利进军”。

毛泽东是长征途中实现中国共产党思想自觉的典型代表，后来多次从这个角度谈到长征的意义。他说：“照搬苏联的经验，结果把南方的根据地几乎都丢掉了，只好长征，使革命受了很大损失。马克思和列宁都曾说过，他们的理论仅仅是行动的指南，是指导方向的，不能当作教条。但我们有些同志就是不懂得这一点，后来受了损失，吃了苦头，才明白了。”“这以后我们就得到了教训，知道马列主义的普遍真理是应该相信的，但是要同中国革命的实际情况相结合。后来一结合就灵了，就打胜仗了。”“从一九二一年党成立到一九三四年，我们就是吃了先生的亏。真正懂得独立自主是从遵义会议开始的，这次会议批判了教条主义。教条主义者说苏联一切都对，不把苏联的经验同中国的实际相结合。”经过长征，“我们受了那样大的挫折，吃过那样大的苦头，就得到锻炼，有了经验，纠正了错误路线，恢复了正确路线。”“不经过第五次反‘围剿’的失败，不经过万里长征，我那个《中国革命战争的战略问题》小册子也不可能写出来。”

根据毛泽东历次所谈，所谓思想自觉，其根本要义在于不能照搬书本教条和外国的经验，而应该把马列主义普遍原理同中国革命实际结合起来，走自己的路，靠中国人来解决中国的问题。不经历第五次反“围剿”的失败和长征初期的危局，中国共产党领导层中的大多数不会真正明白这个道理。可以说，没有长征途中的思想自觉，就不会有延安时期的理论成熟。

长征与中国共产党的组织成熟

所谓组织成熟，主要体现为干部队伍的成熟。

新近出版的《中国共产党的九十年》谈到红军长征到达陕北后的军事力量，

一个基本的论断是："长征的胜利是在遵义会议后确立以毛泽东为核心的新的党中央正确领导下取得的。长征的胜利表明，中国共产党及其所领导的中国工农红军具有战胜任何困难的无比顽强的生命力，是一支不可战胜的力量。长征后保存下来的红军人数虽然不多，但这是党的极为宝贵的精华，构成以后领导抗日战争和解放战争的骨干。"这个论断，源自毛泽东到达陕北后的有关论述。

中央红军到陕北时，从 8 万多人锐减到七八千人，难免在一些人中生出悲观情绪。毛泽东 1944 年 5 月 21 日在中共六届七中全会上的工作报告中还说："中央苏区红军长征到陕北时，只剩下七千人，成了'皮包骨'……当时有些同志发生悲观情绪，其实是很不符合实际的。"这就遇到一个问题，长征是胜利了还是失败了？党内实际上有不同声音。为此，毛泽东在 1935 年 12 月专门作了回答。他说：长征使我们党过去的根据地变成了游击区，"红军本身又有很大的削弱。如果我们拿着整个局面中的这一方面来看，敌人是得到了暂时的部分的胜利，我们是遭遇了暂时的部分的失败。这种说法对不对呢？我以为是对的，因为这是事实。但是有人说（例如张国焘）：中央红军失败了。这话对不对呢？不对。因为这不是事实。"为什么不是事实？毛泽东的依据是："我们红军的人数比以前是少了一些，但是留下来的是中国革命的精华，都是经过严峻锻炼与考验的。留下来的同志不仅要以一当十，而且要以一当百、当千。"

的确，关键不在于人数的多少，而在于保留下什么样的人。只要有了思想自觉的人，就不愁办不成难事，不愁没有光明的前景。毛泽东后来谈到长征，总是从这个角度来说明它的意义："我们的军事力量在长征前曾经达到过三十万人，因为犯错误，后来剩下不到三万人，不到十分之一。重要的是在困难的时候不要动摇。三万人比三十万人哪个更强大？因为得到了教训，不到三万人的队伍，要比三十万人更强大。""我在一个会上作报告说，留下两万多人，我们更强了，因为我们有了经验。后来果然如此，政策一变，又发展到一百二十万。"人数少了，反而更强大，是指思想经受了考验，能力得到了锻炼，幸存下来的是精华。这是不争的事实。毛泽东说"长征一完结，新局面就开始"。适应和创造历史新局面的，正是长征幸存下来的那些精华，他们构成了领导抗日战争和解放战争，领导新中国建设，甚至领导开辟改革开放历史新时期的骨干。

经历长征的中国共产党之所以更强大了，在于实现了团结统一上的涅槃新生。

红一、红四方面军会师以后，在北上还是南下的问题上，张国焘不服从中央决策，甚至自恃人众枪多，明目张胆地成立第二“中央”，分裂党和红军。在这种情况下，不仅党中央和红一方面军领导人毛泽东、张闻天、周恩来、王稼祥、彭德怀等人作了坚决的斗争，从共产国际回来的张浩，率领红二方面军与红四方面军会合的任弼时和贺龙，身在红四方面军的朱德、刘伯承、徐向前等领导人，以及红四方面军广大官兵，都进行了坚决的斗争，从而避免了分裂的危险，实现了党和红军的统一与团结。经历这场风波，全党上下对顾全大局、严守纪律、紧密团结的认识更加深刻和坚定了，执行中央重大决策的自觉性显著提高了，此后在统一和团结上没有发生过大的问题。这是中国共产党走向组织成熟的一个标志。

经历长征的中国共产党，干部政策也成熟起来。长征以前，不少苏区都发生过严酷的党内斗争，有的是“肃反”扩大化，有的把工作分歧当作敌我矛盾，有的把工作失误甚至把一时没有完成任务上升到路线斗争，一些同志还是背着沉重的处分上路长征的。长征使党认识到，这种不健康的党内政治生态必须纠正。党中央一到陕北，就果断地正确处理了西北革命根据地的内部矛盾，解救了已经被关押的刘志丹等人。反对张国焘的分裂行为，也是在团结红四方面军广大官兵的前提下进行的。毛泽东后来谈到困难局面下如何对待干部时曾深有体会地说：“要记着中央苏区第五次反‘围剿’时的教训，那时因客观困难不能完成任务的干部很多受了打击，使他们感觉无出路。”“在困难环境中……要强调干部同生死共患难的精神。”

经历长征的中国共产党，组织成熟最典型的标志是党中央的领导能力实现了飞跃。毛泽东最早提出了这个观点。他说：长征的胜利，证明了“中国共产党，它的领导机关，它的干部，它的党员，是不怕任何艰难困苦的。谁怀疑我们领导革命战争的能力，谁就会陷进机会主义的泥坑里去”。邓小平后来进一步发挥了这个论断。他在 1989 年 5 月 31 日说：“从毛刘周朱开始，中国共产党才真正形成了一个稳定的成熟的领导集体。以前的领导都是很不稳定，也很不成熟的。从陈独秀起，一直到遵义会议，没有一届是真正成熟的。”6 月 16 日，他讲得更彻底：“遵义会议以前，我们的党没有形成过一个成熟的党中央。从陈独秀、瞿秋白、向忠发、李立三到王明，都没有形成过有能力的中央。我们党的领导集体，是从遵义会议开始逐步形成的，也就是毛刘周朱和任弼时同志，弼时同志去世后，又加了陈云同志。到了党的八大，成立了由毛刘周朱陈邓六个人组成的常委会。”

党的组织成熟，意味着党的领导层的稳定，这对中国共产党始终处于领导核心地位，至关重要。用邓小平的话来说，“在‘文化大革命’以前很长的历史中，不管我们党犯过这样那样的错误，不管其成员有这样那样的变化，始终保持了以毛泽东同志为核心的领导集体。”“任何一个领导集体都要有一个核心，没有核心的领导是靠不住的。第一代领导集体的核心是毛主席。因为有毛主席作领导核心，‘文化大革命’就没有把共产党打倒。”

邓小平 1989 年提到的毛泽东、周恩来、刘少奇、朱德、任弼时、陈云、邓小平 7 位党的第一代中央领导集体的重要成员，包括他当时没有提到的第二代中央领导集体的另外两位重要成员叶剑英和李先念，无一例外都是长征的领导者或参加者，都经受了长征的特殊考验。这看起来是偶然的，但偶然之中也有必然。在危机中奋斗过来、亲身经历或推动重大历史转折的人，其政治智慧和思想方法，经验意志和克服困难的勇气，均得到了非同寻常的锤炼。

处理危机，是对领导者的领导素质、领导能力和领导权威最严峻、也是最全面的考验。在危机中，人们普遍地渴望通过权威决策来消除危机带来的不确定感，如果既有的领导不能化解危机，那么其权威必然会被能够化解危机的人取代。毛泽东成为党的领导核心，正是在长征的危机中被选择和接受的，他的思想智慧和领导能力，更是在长征途中经历千难万险的实践考验后被全党认识和推崇的。长征促成中国共产党的组织成熟，从根本上就是领导者和领导群体的成熟。

长征与中国共产党的精神高地

毛泽东说“长征是历史纪录上的第一次”。为什么这样讲？他的解释是：“自从盘古开天地，三皇五帝到于今，历史上曾经有过我们这样的长征吗？十二个月光阴中间，天上每日几十架飞机侦察轰炸，地下几十万大军围追堵截，路上遇着了说不尽的艰难险阻，我们却开动了每人的两只脚，长驱二万余里，纵横十一个省。请问历史上曾有过我们这样的长征吗？没有，从来没有的。”这里说的还只是中央红军的行程。如果再加上红二、红四方面军和红二十五军的长征，加上三过草地，两爬雪山这样一些壮举，确实在历史上难以找到如此壮烈的行程。

如此壮烈的行程是“历史纪录上的第一次”。后人在惊叹之余免不了要追问和思考：当时身陷绝境的人们，靠什么演绎了人类历史上闻所未闻的故事？靠什么创造了难以想象的历史奇迹？靠什么凝聚起无限的能量，使自己成为一支拖不垮、打不散的钢铁洪流？这是历史的追问，也是精神的追问，还是文化的追问。

追问的结果，就是中国共产党在1996年第一次完整概括的长征精神，其内容包括：坚定革命的理想和信念，坚信正义事业必然胜利的精神；不怕任何艰难险阻，不惜付出一切牺牲的精神；顾全大局、严守纪律、紧密团结的精神；同人民群众生死相依、患难与共，艰苦奋斗的精神。这些内容，有知有行，知行合一；有魂有体，魂体相依。从根本上说，长征精神彰显了中国共产党的精神高地。中国共产党在战争年代创造的精神高地有很多，比如长征前的井冈山精神，长征后的延安精神。它们丰富延展，构成中国共产党发展史上既一脉相承又与时俱进的精神峰脉，每一座精神高地都有其独特的风景。

体会长征精神高地的风景，不能不着眼于在挫折面前对理想信念的执著坚守。在长征前以及长征初期的大挫折面前，并不是每个人都会看清楚自己奋斗牺牲的前途，甚至可以说多数人并不明白前景究竟如何；否则，便没有“出路在何方”的普遍疑问了。但即使这样，队伍虽然越来越少，却从来没有出现散掉队伍的问题，没有出现是不是应该继续往前走的疑问。为什么没有出现这种失败主义倾向？根本原因是对理想信念的执著坚守。中国共产党人和红军在最困难的岁月里，抒写出了“革命理想高于天”的真正含义。

体会长征精神高地的风景，不能不着眼于顽强坚韧的意志力和奋发蹈厉的革命英雄主义。中国共产党在长征途中创造了后人几乎是无可复制的生命高度，以致20世纪80年代曾有一部电视片的题目就叫《长征——生命的歌》。不少事情，或许只能在那样的特殊环境中才可能出现。比如，一天奔袭120里路去抢夺泸定桥，沿途还要打些小仗，今天的人们即使走在平坦的路上，也难完成这样的任务。有两个英国青年试过，没有成功。没有特殊的意志和信念，是不可能复制出长征经历的。有一种说法认为，只要到了逆境，到了有生命危险的程度，就一定会产生像长征精神这样的能量。事实上，这是说不通的。人类历史上无数战争、无数危机都有失败的一方面临生命危险的情况，但失败一方并不一定都能够表现得像长征那样的英勇，并不一定能创造出长征那样的奇迹。在解放战争中，不断遭受失败的国民党军队呈现给我们的是什么样的精神风景呢？兵败如山倒！毛泽东说过："红军长征过草地的时候，有五十天没有饭吃，吃树皮，这只有共产党能做到，别人是做不到的。"

体会长征精神高地的风景，不能不着眼于顾全大局的团结和步调一致的纪律所形成的凝聚力。有凝聚力，才有爆发力和战斗力。在长征途中，从通道会议到苟坝会议，更不用说遵义会议，党内领导的争论，不绝于耳。但是，他们的争论，无不是为了党和红军的前途命运，没有掺杂个人的私利；他们的争论，无不是为了形成共识，寻找步调一致的基础；他们的争论，无不是在有了共识后，团结配合，一心一意，不打折扣地执行党的决议。从宏观上讲，南方各个苏区的红军先后在1934年至1936年开始了迁徙和转移，但各路红军的长征从来不是孤立的，他们总是围绕着总的战略意图，实行密切的战略协同和配合。从微观上讲，中央红军在云南省绿劝县境内的皎平渡口过金沙江时，只有六条木船，一次只能渡过100人左右。渡江部队按每次的测算人数到达河滩等候，再按序列上船。即使是军团长、师长也要听从渡江工作人员的指挥。整整九天九夜，没有一次事故发生，没有掉下一人一马，三万大军就靠着六只小船到达了对岸。这是什么？这就是纪律。开国少将邓仕俊在长征中负伤后，抬他行军的四个担架员先后累死了三个，他让最后一个担架员自己先走，但这位担架员坚决不肯，两个人硬是赶上了部队。这叫什么？这叫生死与共。千百个这样的故事汇合成长征精神的洪流，形成了红军拖不垮、打不散的强大凝聚力。千千万万不怕死的英雄抱成一团，英雄就不再是个体，而成为一个患难与共、生死相依的战斗群体。对这样的群体，还会有什么力量能够打败他们？世界上还有什么事情办不成呢？

体会长征精神高地的风景，不能不着眼于那上面长满的丰富多彩的文化自信之花。长征精神体现了中国共产党的文化自信。毛泽东在长征途中创作的9首诗词，是中国共产党精神自信的艺术呈现。"雄关漫道真如铁，而今迈步从头越。""红军不怕远征难，万水千山只等闲。""今日长缨在手，何时缚住苍龙？"凡此等等，何等豪迈！红军走一路写一路，留下了大量标语、传单、布告，宣传了党和红军的政策。各部红军沿途不停地编辑出版了大量油印报刊，诸如红军总政治部的《红星》报、红四方面军的《红色战场》报、红一军团的《战士》报等。长征中的文化活动，更是精彩纷呈，唱歌、打快板、跳舞、画画（最有名的是黄镇和廖承志的画）、记日记（最有名的是伍云甫、陈伯钧、关向应的日记），甚至编演话剧（如《红军来了》《干人的心》），朱德在遵义还参加了一场红军举行的篮球比赛。毛泽东有句名言：没有文化的军队，是愚蠢的军队。长征途中这些奇特的文化现象，表明中国共产党在创造历史的时候，同时在自觉地记录历史，多彩地呈现历史，彰显的是一种文化自信。

长征体现了中国共产党的精神自信和文化自信，这种自信逐渐沉淀为后人奋斗的一个永远参照。毛泽东在新中国成立后常常从这个角度谈到长征。比如，他说："我们现在遇到的困难不算很大，有什么了不起呀！比起万里长征，爬雪山过草地，总要好一点吧。""没有粮食，就吃树皮、树叶。同人民有福共享，有祸同当，这是我们过去干过的，为什么现在不能干呢？只要我们这样干了，就不会脱离群众。"总之，"人是要有一点精神的，无产阶级的革命精神就是由这里头出来的……在过草地的时候，没有棚子都可以住，现在有棚子为什么不可以住？"

长征胜利 80 年了。80 年的时光湮隐了许多事情，但长征之于中国共产党的特殊意义，却历久弥显。中国共产党在长征途中的思想自觉，已经成为我们今天坚定走中国道路的思想基础；长征途中的组织成熟，启示我们在进行具有许多新的历史特点的伟大斗争中必须自觉维护党中央的权威；长征途中的精神高地，应该融入和体现为我们走向未来的蓬勃朝气，成为实现中华民族伟大复兴的精神动力。

（作者为中央文献研究室副主任）

两克娄山关

李　洋　徐颢哲

“雄关漫道真如铁，而今迈步从头越。从头越，苍山如海，残阳如血。”1935年2月，当重返红军指挥岗位的毛泽东策马越过川黔第一雄关娄山关时，写下了这首著名的《忆秦娥·娄山关》。

曾有人回忆，这首词的创作本可以更早完成。1935年1月，中央红军为保遵义会议顺利召开，派先锋部队从遵义向北，一克娄山关。战斗胜利之时，毛主席回房拿出纸笔准备作词一首，结果正好有人来找，就此搁置；2月，红军二渡赤水回师遵义，再克娄山关，战斗胜利之后，这首酝酿多时的词作才一气呵成。无论这个说法是否与历史一致，中央红军两战娄山关，的确拉开了长征路上首个大胜仗——遵义战役的序幕。

娄山关位于贵州大娄山山脉中段，其实并无一处人工修建的“关”，而是指大娄山主脉上两座高峰——大尖山和小尖山相对锁峙形成的自然隘口。大小尖山均高耸入云。81年前，穿隘口而过的川黔公路宽不过三四米。站在关口抬眼望，小尖山为悬崖绝壁，大尖山根本没路，难以攀爬。说它“一夫当关、万夫莫开”，毫不为过。

直到今天，前往娄山关仍然只有210国道这一条通道。210国道本就是在81年前的川黔公路基础上扩建的。就在我们计划沿着红军一克娄山关的路线，从遵义出发，由南向北上山时，当地人告知，这条路在接近关口的地方出现多处裂缝，裂隙宽如拇指，已封路3月有余。我们只好经兰海高速绕至关口北面的桐梓县，再从桐梓县沿着红军二克娄山关的路线，由北向南上山。

与许多红军战士在回忆中描述的一样，通往娄山关的公路弯弯曲曲盘旋而上，弯回间不过四五十米。关口处，削山为壁，一座高近14米、宽25米的巨型词碑，镌刻着毛主席的《忆秦娥·娄山关》，气势恢宏。

84年前时任贵州省民政厅厅长的黄道彬题书的“娄山关”石碑也仍然立在关口路旁。一座石拱桥横跨在210国道上，这是2004年由茅台酒厂捐建的。自从2008年免票以来，娄山关每年要接待游客约100万人次，由于小尖山的山势陡峭，容不下太多人，这座小桥可以把在小尖山参观完山顶战斗遗址的游客，引至大尖山山腰劈山而建的小广场，避免安全隐患。

终于开始攀爬小尖山时，即便有台阶、铁链、石柱为助，人难免还是要气喘吁吁。沿途，娄山关红军战斗遗址陈列馆、娄山关红军战斗纪念碑、游客停车场等设施，已改变了小尖山原本的面貌。娄山关管理处办公室主任李燕梅介绍，只有山顶的战壕还大体保持原状。

山顶狭小，传说中的“战壕”不过是长宽各2米，深不足1米的土坑。然而，占据这战壕，就可以一览无余监看山下川黔公路的动静。对面的大尖山，以及周边几座山头上，也都有不少这样的战壕。

先后两次，娄山关的黔军却没能依仗天险守住阵地。夺取娄山关，红军第一次靠智取；第二次则靠强攻。

1935年1月9日，准备进攻娄山关的红一军团二师四团，阴差阳错监听到黔军内部电话。原来，红四团的通讯排本来剪断了敌军电话线准备安装我军自己的线路，但因为刚下过雨，地面积水成了天然导体，把剪掉的线头又再次接通。电话里，敌军指挥部提醒作战部队，要警惕大尖山东边的小道，提防“赤匪”从侧后袭击。这小道，也正是当地猎人指给红军的一条路。从此路走，虽要绕行10公里，却可避开川黔公路上的火力，从敌人侧后方给予打击。

9日晚，红四团一面派兵从小道迂回敌后，一面组织部队准备正面攻击。10

日拂晓，当红军忽然出现在敌后时，黔军大乱。经过大约 3 小时的战斗，我军以伤 3 人、亡 1 人的代价换来俘虏敌军数百人的战果。

一克娄山关后，中央红军选择离开遵义渡赤水河，准备进入四川古蔺等地建根据地。蒋介石安排罗网，要“聚歼”红军于遵义、綦江以西、赤水河以东和长江以南地区。1935 年 2 月，面对蒋介石部队和川军劲敌郭勋祺，中央红军决定折返遵义重新寻找机会。能否顺利攻下娄山关，关系整个红军的命运。黔军派出精锐家底第六团、第十团、第十五团集结遵义，与红十三团先头部队在娄山关北相遇。

狭路相逢勇者胜。2 月 25 日晨，红三军团十三团先锋部队直扑大尖山以及大尖山以北的制高点点金山。不料，黔军疯狂反扑，山头几度易手。红十三团前后打退敌人 6 次进攻。山下的川黔公路上，几乎每一米都经历过反复争夺。激战持续了两天，红军终于以伤亡 100 余人的代价拿下娄山关。这一战，黔军被歼 600 多人。

今天的娄山关，已经成了一处著名旅游景点。青松翠柏之间，耸立着一座“娄山关红军战斗纪念碑”，碑名系张爱萍将军手书。站在娄山关往下看去，210 国道两侧，尽是修葺一新的黔北民居，农家乐已经发展成为当地的支柱产业。每天，八方游客驻足在巨大的毛主席词碑前，感慨苍山如海的同时，也不会忘记残阳如血的壮怀激烈。

沉

思

星火征程中的一种特殊战力

长征中红军文化宣传工作的内容、特点及影响

张卫波

中国工农红军长征，是一次可歌可泣的战略转移，也是中外军事史上的伟大奇迹之一。长征胜利的意义，不仅仅在于红军从此摆脱了敌人的重兵围追堵截，走到了抗日战场的前沿，而且还在于红军的革命主张得到了广泛传播，革命的理想信念得到了充分彰显和激扬。在这个过程中，红军的文化宣传工作发挥了不可或缺的重要作用。

红军文化宣传工作的内容和形式

长征期间，红军的文化宣传灵活多样，生动活泼，深受沿途群众喜欢。具体而言，主要体现在以下几个方面：

其一，书写标语口号。长征途中，为了鼓励红军指战员书写标语口号，军委机关报《红星》报曾多次刊文强调："写标语、画壁报是红军素有的特长"，要求"各级政治机关引起必要的注意"。对于红军如何书写标语、散发传单，被俘传教士R·A·勃沙特在《神灵之手》一书中曾有详细描述，他说："到一个小山村后，我们被带到宣传队前，当时，他们正在一切可写的地方用红、蓝、白色颜料书写标语。有的内容是'打土豪，分田地！''苏维埃是中国的希望！''不交租，不还债！'有的则摘自马克思著作'宗教是麻醉人民的鸦片！'许多是反蒋的，如'打倒蒋介石！'还有部分内容是反日的。"可以看得出，红军的标语不仅色彩醒目，而且内容十分丰富，很容易引起人的注意。

其二，绘制宣传画。在书写、镌刻标语口号的同时，红军还经常会在墙壁或门板上绘制一些生动形象的宣传画。例如：在贵阳高坡乡街上村的墙壁上，画着一幅众人齐心协力杀敌的漫画，旁边是"白军弟兄团结起来杀死狗贪官，与红军联合一同到北方打日本帝国主义去！"的标语；在贵州鸭

溪地区民房的门板上，画着“运动战”的旗子，标题是“把运动战的特长最高地发扬起来！”这些宣传画惟妙惟肖，生动表达了红军土地革命政策和北上抗日主张，很受当地民众喜欢。

其三，创作大量诗词、歌曲、戏剧和舞蹈。红军长征是一次革命英雄主义和浪漫主义精神充分彰显的伟大远征。其间，为了增强战胜敌人的决心，红军广大指战员创作了大量催人奋进的革命诗词、歌曲。据统计，红军在行军途中及之后创作的长征题材的诗词歌曲有3万多首。除了毛泽东的长征诗词外，林伯渠、谢觉哉、聂荣臻等其他领导人和文艺工作者也创作了很多诗词。为了丰富战士们的文化生活，红军文艺工作者还利用民间戏曲小调，自编自演了很多戏剧、乐曲和歌舞。如：《一只草鞋》（话剧）、《彼巴依德瓦》（歌剧）、《打倒刘湘》（川剧）等。

其四，出版战地报刊。其中，中共中央及红一方面红军出版了《红星》《前进》《战士》等报刊，红四方面军出版了《干部必读》《红炉》《红色战场》等报刊，红二方面军出版了《前进》《战斗》等报刊。这些报刊主要在红军内部传播，在传达中共中央制定的路线、方针、政策方面发挥了不可替代的作用。

其五，注重发挥群众大会的宣传作用。为了扩大影响，威慑地方地主恶霸，红军占领一些比较大的城市和村镇后，往往会召开群众大会，当众宣布红军政策。如红一方面军攻克道州后，曾召开了一次群众大会，气氛十分热烈：“在一个戏台前面的坪上，挤满了几千人头，几千条视线都射在台上，小孩子爬到树上去看，妇女们缩在角落里。红军代表讲话了，大家目不转睛地静听。讲到他们的痛苦，大家点头称是，讲到豪绅地主军阀的罪恶，个个咬牙切齿；讲到红军的主张，大家鼓掌叫好；千百副的表情，随着演讲人而变。”通过群众大会的宣传，更多的人对中国共产党及其领导的红军有了直观的了解。

长征中文化宣传的特点

长征是一次漫长而艰苦的军事远征，行军和战斗占据了主要时间。这种特殊环境决定着长征时期的文化宣传不同于以往。具体而言，表现出以下几个方面的特点：

第一，文化宣传的内容活泼而有生气，很受战士和群众欢迎。例如：独幕话剧《破草鞋》是画家黄镇根据红军渡金沙江的战斗编演的，在懋功会师时成为了庆祝会的主要节目。当时，新的文艺作品之所以能够不断涌现，主要是因为长征艰苦卓绝的历程和丰富实践为文艺创作提供了广阔空间。同时，还在于红军要克服行军的单调枯燥，消除战斗的伤痛和疲劳，客观上需要大量鲜活的文化作品来激扬斗志。

第二，文化作品的创作传播速度比较快。很多文艺作品“从写作到‘发表’，恐怕是世界上最及时不过的了”，少则几十分钟，多则半天，很快就能同读者和观众见面。即便是相对比较复杂的文艺演出，在长征期间也变得简单便捷，表演时“既没有台词，又不要排练，只是简单的分工就演出”，在行军途中，演员往队前一站，“两手一合，放在嘴边一吹，就吹出了公鸡打鸣的调子”，在会场上，“两人往中间一站，就可演出一幕‘双簧戏’”。这些“即兴创作”的作品，朴实无华，反映了红军指战员的心声，广受欢迎。

第三，文化宣传更加具有针对性。长征期间，敌情瞬息万变，特别是敌人的骑兵飘忽不定，对红军构成极大威胁。为了应对敌人骑兵的袭击，陆定一、李伯钊根据骑兵作战的特点创作了《打骑兵歌》和《打骑兵舞》。据一些红军文艺工作者回忆，当时《打骑兵歌》和《打骑兵舞》在各部队推广普及后，“的确发挥了它应有效能”，战士们唱了这首歌以后，克服了怕打骑兵的心理，信心增强了，以至于后来红军遇到敌人骑兵时，不再感到惊慌失措，而能沉着应战。

第四，广大红军指战员成为文化宣传的主体。他们利用一切可能的条件向沿途群众宣传红军的主张。即便是流传广泛的诗词歌曲，相当一部分也是出自普通红军战士之手。关于这一点，彭加伦深有体会，他说：“红军中没有职业的诗人，也没有固定的歌手。我们的诗人是全体指战员，我们的歌手也是全体指战员。”“红军就是一个诗的集体。”

第五，文化宣传的形式更加通俗化。考虑到红军指战员和沿途群众普遍喜欢戏剧、小调、快板等表演，因此，红军宣传队在文化作品的创作过程中，广泛借用了地方语言和民间文艺形式，并且赋予其新的内涵，即“旧曲填新词”，有的甚至是“即兴编唱”。这一创作方法既快捷又通俗，很受红军指战员欢迎。

第六，文化宣传的受众群体更加广泛。为了丰富沿途群众的文化生活，红军所到之处采取各种群众喜欢的形式进行宣传。例如：红二方面军在从昆明向玉龙山的转战过程中，红军军、师两级的宣传队在短短 12 天内表演了 30 多场，语言虽然不统一，“但群众能从动作上理解和感受到剧情和所表达的思想。”除了自编自唱歌曲外，红军还将一些歌曲教给所经区域的群众，有时还会向沿途群众或党组织赠送一部分书籍或报刊。这使得越来越多的民众对红军的主张有了初步了解。

长征中文化宣传的作用和影响

长征，是一次革命理想信念激扬和革命火种传播的过程。通过长征，红军的意志力非但没有消沉，反而更加坚强，红军的影响非但没有减弱，反而进一步扩大。

首先，鼓舞了士气，激励了斗志。长征中，文化宣传是激励红军指战员战胜困难的精神食粮。据很多老红军回忆，每当听到“鼓动棚”内“又敲锣，又喊口号”，他们的困意就会顿时消失，士气倍增，“虽然气喘吁吁地，但还是使劲咬着牙摆着胳膊往前走。”特别是生死存亡的重要关头，文化宣传的作用更是重要。如过雪山时，红军为了克服饥饿寒冷，唱起了歌，“雄壮的声音，此落彼起，震得山鸣谷应”，在歌声的鼓舞下，红军顺利“翻过了艰险的夹金山”。除了歌曲，报刊也在长征中发挥了激励斗志的作用。

其次，消除了沿途群众对红军的误解。由于信息不畅通，长征沿途的群众对于红军一度十分不了解，甚至是惊恐害怕。但是，红军到达后，通过红军的文化宣传，“那些劳苦群众的脑子里都有了‘红军是保护穷人的军队’的印象”，认为“红军是他们的朋友”，于是成群结队的帮助红军，带领红军打土豪，还有一些少数民族群众，看了有关红军保护少数民族方面的标语、传单之后，认为红军是一支新型的革命军队，于是便发自内心的热爱红军、支持红军。十分难能可贵的是，很多群众在自身经济很困难的情况下，仍然为红军提供了必要的补给，一些青壮年甚至参加了红军。这在很大程度上弥补了长征初期红军大量减员的损失，为红军队伍补充了新鲜血液。

第三，团结了开明绅士，瓦解分化了敌军，扩大了统一战线的社会基础。在“北上抗日”口号感召下，长征沿途的不少地主和开明绅士对红军表现出明显的好感。

其中，典型的代表就是开明绅士周素园。他不仅出面组建了贵州抗日救国军，而且还向龙云、孙渡等地方实力派写信，劝说他们按兵不动，不要与红军为敌。即便是一般的地主，经过红军的喊话宣传之后，思想也发生了变化，“有好些土围子开门”把粮食卖给了红军。对于国民党军队的伤兵和俘虏，红军除了为他们疗伤外，更是耐心地向他们宣传红军的宗旨和共产党的抗日救国政策，经过宣传，不少人表示“身体好了，还愿当红军”。

第四，扩大了红军的影响，使国内外舆论对于长征有了比较深入的了解。红军长征出发后，国内外舆论对于长征的真实情况并不了解，误以为长征就是红军的“溃败”“窜扰”。为了澄清事实，消除误解，红军除了向沿途群众宣传自己的主张之外，还十分重视向国内外舆论传递长征的真实情况。陈云比较早地向外界宣传了红军长征的英勇事迹。1935 年 6 月，陈云受命离开红军队伍到达上海后，假托一名国民党被俘军医“廉臣”之名写了《随军西行见闻录》。同年 10 月，他到达莫斯科，首先向共产国际执委会报告了长征经过和遵义会议的情况。1936 年 3 月，中共在巴黎主办的《全民月刊》相继连载了陈云的《随军西行见闻录》。与此同时，先行到达陕北的中共中央，也开始通过各种渠道向外界宣传长征的英勇事迹。

总之，生动活泼的文化宣传，不仅激励了红军指战员战胜强敌的勇气和斗志，而且还使得更多民众对红军有了深入了解，扩大了红军的影响力。正因为如此，所以，长征被誉为“一部伟大的人间史诗”。新的历史时期，回顾长征期间红军的文化宣传工作，我们认为，要使得文化宣传工作接地气，发挥更大效力，一条重要的途径就是通俗化、大众化，即将文化宣传与人民群众的生活紧密联系在一起，反映人民群众的疾苦和需求，体现民族文化的优秀传统。这是长征中红军文化宣传工作的重要经验和启示。

（作者为中共中央党校党史部教授）

拨云见日时

陈 涛 周南焱

盛夏多雨，横穿遵义城的湘江河激流汹涌，河水拍打着红军山脚下的堤岸，距此不远的红军街路面也被雨水冲刷得锃亮。这座黔北的山城，因为81年前召开的一次会议而闻名。

红军街是遵义会议会址景区的组成部分。一墙之隔的老城子尹路96号，正是会议旧址所在地。一栋中西合璧的两层楼房，青瓦灰墙，气度不凡。我们去的时候，恰逢下雨，但游人依然络绎不绝。纪念馆工作人员说，每年有近300万人次，来参观这处红色圣地。

这栋小楼原本是黔军师长柏辉章的府邸，全楼有12个房间，也是上世纪30年代初遵义城首屈一指的建筑。1935年1月7日，红军先锋部队智取遵义城。两天后，中央纵队入城，红军总司令部即设于此。周恩来进城后来到这栋楼，四下打量了一番，吩咐部下尽快整理出一间会议室。

会议室就在二楼东边的小客厅，现在并不对游客开放。客厅面积约36平方米，中间摆着一张长桌，周围整齐摆放了18把木边藤心椅，旁边还放了两把藤心椅。墙上挂着20位遵义会议参加者的照片，包括毛泽东、张闻天、周恩来、朱德、博古、王稼祥、刘少奇、彭德怀、刘伯承、邓小平、杨尚昆等人。

遵义会议意义重大，影响深远，自不必赘述。然而，有一些细节鲜为人知。年届八旬的费侃如是遵义会议纪念馆老馆长，也是有名的党史研究专家。据他考证，清一色的藤心椅是1965年仿制的，但并未还原开会时的原始场景。当初开会时，会议室中间并排放着两张方桌，周围散放着各式各样的椅凳和一张躺椅，躺椅专门为带伤的王稼祥准备。长征途中战火岁月，会议的桌椅没那么讲究。

在遵义会议的参加者中，共有四人后来故地重游，他们是邓小平、杨尚昆、李富春和伍修权。其中，邓小平、杨尚昆更是两度重游遵义，结下一番特殊缘分。费侃如介绍，当初遵义会议具体会址曾有争议，1958年邓小平、杨尚昆结伴来遵义，当他们踏上柏公馆窄窄的楼梯，走进会议室时，立刻确认了这里就是开会的地方。1985年杨尚昆再返遵义，还到一楼找到当年自己和彭德怀的住室，无比兴奋地在门板床上坐了片刻。

如今，规模宏大的纪念馆中，展品中有一块不起眼儿的小弹片。这块弹片正是杨尚昆逝世后火化的骨灰中留下的。原来他在长征途中被炸弹炸伤，腿部的一块弹片一直没取出来。费侃如跟杨尚昆的家属商议，家属同意把这块弹片捐给纪念馆。

上世纪50年代至80年代中期，遵义会议召开时间一直被认为是1月6日至8日。但这个提法明显不对，因为中央领导是9日进的遵义城，肯定是之后才开会。后经多处佐证，确定会议召开时间为1月15日至17日。其中最主要的依据是:1月13日，中央以周恩来的名义发电报通知李卓然、刘少奇:“十五日开政治局会议，你们应于明十四日赶来遵义城。”陈云的手稿中也记载：“会议经过三天，完成了自己的决议。”

对于目前这个有关会议召开时间的通行说法，费侃如觉得在学术研究上仍然值得商榷。“当时战事紧张，9日中央领导已经进城，没必要等到六天后才开会，不太合乎常理。”他还查证了所有相关史料，发现毛泽东、朱德、李富春只在12日参加了遵义万人群众大会，之后几天并没有其他活动记录。

费侃如推测，会议很可能是13日至15日开了三天，而周恩来给刘少奇、李卓然的电报，很可能是在会议期间发出的，因为后两人其时并非关键人物，只是来参加中央政治局扩大会议。“当时在战争环境中，会议上人来人往，特别是军队领导的事务多，像彭德怀中途就去指挥作战了”。

至于会议亲历者，除了现在公开宣传的 20 人，费侃如经考证后认定，另有董振堂、刘少文、尹自勇三人也参加过会议。董振堂是红五军团的军团长，在会上还发了言。尹自勇随红九军团中央代表凯丰参会，但之后英年早逝。刘少文则是军委秘书，是真正在会上作记录的人。

为查证刘少文是否参与过会议，费侃如颇费了一番周折。“刘少文后来做情报工作，所以守口如瓶。”他说，前几年，刘少文的传记编纂者在查老干部档案时，才发现其参加过遵义会议。2010 年前后，费侃如从解放军总参谋部拿到材料，确认当年组织上委托作遵义会议记录的正是刘少文。

红军在遵义停留了 12 天，其间中央高层召开会议，部队则获得了长征以来难得的休整。当时战士们洗了澡，换了衣服，斗志昂扬。部分战士还逛街、吃遵义鸡蛋糕、打篮球、看舞会表演，享受到了难得的文娱生活。在艰苦跋涉的长征途中，遵义给红军将士留下了一段美好的记忆。

湘江战役失利后，红军一度士气低沉，直到黎平会议整编部队，红军情绪逐渐高涨，到遵义更是达到顶点。在刘伯承的回忆中，遵义会议的精神传达到部队中，全军振奋，好像拨开重雾，看见了阳光，一切疑虑不满的情绪一扫而光。费侃如说，当初按黎平会议的决定，红军要在遵义住下来，以此为根据地，打造一个红都。但终因遵义交通闭塞，人口不多，中央才计划前往四川。

红军虽然离开了遵义，但也给这座城市留下不可磨灭的痕迹。除了会址，如今红军街也有众多遗迹，“红军总政治部旧址”“苏维埃国家银行旧址”“陈云故居”等散落其间。街上商铺林立，不少店售卖绵延百年的老牌鸡蛋糕，空气里充盈着香味儿。这里曾是中国革命的伟大转折点。从此开始，长征的路途虽然漫长、崎岖，但前方已是一片光明。

『长征已经在各大洲成为一种象征』

八十年来外国学者笔下的红军长征

姜廷玉　卢　毅

红军长征是人类历史上的空前壮举，是20世纪的伟大传奇。埃德加·斯诺的《红星照耀中国》是首部全面报道红军长征的著作，在国际上产生强烈反响。斯诺预言："总有一天有人会把这部激动人心的远征史诗全部写下来。"80年来，国际上涌现出了许多斯诺的后继者，他们纷纷著书立说，以外国人的独特视角记述了他们对红军长征的看法。此外，许多中共党史和中国近现代史论著也浓墨重彩地描写长征。相关作者虽然立场有所不同，对中国革命和中共的态度也各有差异，但都对长征作出高度评价。

勃沙特："中国红军那种令人惊异的热情，对新的世界的追求和希望，对自己信仰的执着是前所未闻的"

英国传教士勃沙特所著的《神灵之手》，出版时间比《西行漫记》还要早一年，它的作者更是为数不多的亲身经历长征的外国人之一。因此有专家指出，勃沙特的《神灵之手》是西方世界最早、最有价值的长征原始文献，勃氏则是西方"介绍长征第一人"。勃沙特在书中描述了他随红军行军的见闻，表达了他对红军和长征的看法。他在"自序"中写道："许多报道，因抓我们这些人的举动，而将红军称为'匪徒'或'强盗'。实际上，红军的领导人是坚信共产主义和马克思列宁主义的信徒，并在实践着其原理。"尽管前进的征途十分艰辛，经常还要面临生与死的考验，但勃沙特却看到了另外一番景象："中国红军那种令人惊异的热情，对新的世界的追求和希望，对自己信仰的执着是前所未闻的"，"他们的热情是真诚的，令人惊奇的。他们相信自己所从事的革命是世界革命的一部分。他们正年轻，为了他们的事业正英勇奋斗，充满了青春的活力和革命激情"。

斯诺：向全世界报道了红军长征的真相，瓦解了种种歪曲、丑化共产党的谣言攻势

为向全世界报道红色中国的真相，1936年6月，斯诺和美国医生马海德在宋庆龄的帮助下，历经艰辛辗转到达陕北根据地。在陕北苏区，斯诺对上至革命领袖与红军将领，下到普通红军指战员，进行了广泛的采访。通过实地采访，斯诺发现，国民党有关苏区和红军的宣传和报道，是在对全世界撒下弥天大谎，完全掩盖了事实的真相。

1937年10月，他在英国出版了根据自己在红军苏区的采访手记汇集而成的《红星照耀中国》一书，首次向全世界全面报道了中国工农红军长征的经过。斯诺把长征誉为“当今时代无与伦比的一次史诗般的远征”，详尽地报道了中国工农红军在长征中坚定勇敢、不怕牺牲的英雄壮举，展示了中国共产党人为民族解放艰苦奋斗和牺牲奉献的崇高精神和伟大形象，使国民党多年来苦心经营的对共产党歪曲、丑化的谣言攻势顷刻瓦解，给生活在白区和敌占区的中国同胞以及法西斯阴影笼罩下的人们带来了信心、希望和力量。

王安娜、冈本隆三等：充分肯定长征是人类历史上无与伦比的壮举，是二十世纪的一大奇迹

德国友人王安娜，是中国共产党人的亲密朋友，于1936年2月来到了中国，此后，投入到中国人民的解放事业中。她在中国生活、战斗了19年，把中国当作她的第二故乡。1937年3月初，王安娜来到延安，见到了毛泽东、周恩来、朱德、彭德怀等中共中央和红军主要领导人，了解了他们的个人生活、革命历程以及他们对中国革命道路的深刻理解，还同红军将士、普通百姓进行了广泛接触，详细了解有关红军长征历程、长征始末以及中国共产党抗日民族统一战线的政策和策略问题。1964年，她的回忆录《中国——我的第二故乡》正式出版。在这本书中，

王安娜从不同侧面描述了中国工农红军进行的长征，她写道：“长征是艰苦的冒险，长征是人类的勇气与怯懦、胜利与失败的搏斗。特别应当指出的是，这一行动要战胜敌人和恶劣的自然条件，需有坚定不移的勇敢精神”，“毫无疑问，长征是人类历史上一个伟大的业绩”。据此，她对于中国革命的胜利充满了坚定的信心——“巨人中国醒了，它正震撼着世界！”这部著作被译成多种文字，成为在国际范围内介绍中国社会伟大变革的生动记录。

日本学者冈本隆三分别于1965年和1969年出版《长征——中国革命锻炼的记录》和《中国革命长征史》，他表示：“闻名于世的长征，是在极端困难的条件下进行的，它的成功是二十世纪的一大奇迹。”美国军事学家塞缪尔·格里菲斯在《中国人民解放军》一书中，还将红军长征与公元前400年色诺芬率领1万希腊人从波斯撤退到黑海作比较，认为这是“一次更加雄伟的壮举”。红军行程6000英里，而希腊人行程仅2000英里；红军征战一年，希腊人只有4个月；红军在数量上十倍于希腊人。因此，红军长征胜利的历史意义比色诺芬撤退“不知要大多少倍”。美国作家威廉·莫尔伍德同样强调，希腊远征波斯的大撤退，较之长征，规模如此之小，所遭受的牺牲和成就的英雄业绩如此平常，“简直不能相提并论”。斯诺甚至认为，与红军长征相比，公元前2世纪西方战略之父汉尼拔翻越阿尔卑斯山的进军，不过是一次轻松的假日远行。

霍华德、代内什等：长征成为“一所政治思想大学校”，是“历史上最盛大的武装巡回宣传”

英国学者罗杰·霍华德在《毛泽东与中国人民》一书中写道：“军队也开始在农民中间发挥政治教育的作用，制定了在农村彻底消灭恶霸势力的纲领，烧毁田契和地契，分配谷物，解放被压迫妇女，召开群众大会，比较自觉地开展宣传反对半封建土地所有制的运动，使广大的农村都开始走上红军的道路。”在匈牙利记者巴拉奇·代内什的眼里，伟大的长征成为“一所政治思想大学校”，“在征途中向千百万人播撒新思想的种子”。斯诺感慨，长征成了“历史上最盛大的武装巡回宣传”。

史沫特莱、斯诺等：热情赞颂长征精神，称长征精神是“冒险、探索、发现、勇气和胆量、胜利和狂喜、艰难困苦、英勇牺牲、忠心耿耿”

1937年，美国著名女记者艾格尼丝·史沫特莱听到了有关毛泽东领导中国工农红军长征胜利到达陕北的消息后，前往陕北苏区，亲身了解中国共产党及其领导的工农红军。她于3月抵达延安，受到了中共中央和红军将士的欢迎。她见到了毛泽东、朱德等许多中国共产党领导人以及其他红军将领，并开始进行大量的采访，在此基础上，写成了《伟大的道路》一书。她在书中专门为“长征”单辟了一章，不仅细致地描绘了红军在长征路上的英雄气概，而且还细致地描述了毛泽东、朱德等人在长征途中同张国焘分裂主义作斗争的情况。史沫特莱还饱含热情地对长征作了高度的评价。她说：事实、数字和一路上千山万水的名称，都不足以说明红军长征的历史意义，更不能描绘出参加长征的红军不屈不挠的奋斗精神，以及他们所受的苦难。她认为，“长征是革命战争史上伟大的史诗，而且不仅于此”，她满怀信心地预言：“长征已经完成，红军正在继续创造历史。”

斯诺将长征精神概括为“冒险、探索、发现、勇气和胆量、胜利和狂喜、艰难困苦、英勇牺牲、忠心耿耿”。他充满激情地写道：“这些千千万万青年人的经久不衰的热情，始终如一的希望，令人惊诧的革命乐观情绪，像一把烈焰，贯穿着这一切，他们不论在人力面前，或者在大自然面前，上帝面前，死亡面前，都绝不承认失败——所有这一切以及还有更多的东西，都体现在现代史上无与伦比的一次远征的历史中了。”

威尔逊、格里菲斯等：从人类精神典范的角度评说，“长征已经在各大洲成为一种象征，人类只要有决心和毅力就能达到自己的目的”

英国学者迪克·威尔逊撰写出了世界上第一部研究长征的英文专著《一九三五

年长征：中国共产主义生存斗争的史诗》。威尔逊是国外研究中国问题的知名学者、英国的中国问题专家，曾经撰写过多本有关中国历史和人物方面的著作。对于长征，他不满足于以新闻记者的角度来描述和反映长征，而更力图以学者的态度来从事这项研究。威尔逊试图从历史性、传奇性和象征性这三个方面对长征进行“百科式”的研读，在书中利用总结章节来强化关于长征是“生存的史诗”的主题，称“长征是中国人民重要的精神财富”，还从人类精神典范的角度评说道，“长征已经在各大洲成为一种象征，人类只要有决心和毅力就能达到自己的目的。”

塞缪尔·格里菲斯也说：“中国共产党人，以他们反复经受的考验证明，他们能够忍耐难以言状的艰难困苦；能够战胜途中大自然好像决意要阻挠他们前进而向他们提出的一切挑战；能够击败下定决心要消灭他们的敌人而达到自己的目的。”这其实就是指红军不怕牺牲、一往无前的大无畏精神。

威尔逊、埃德蒙兹等：高度评价毛泽东对长征胜利的贡献，“毛泽东对长征的领导闪耀着政治天才”

长征为什么能胜利？外国学者普遍认为是与毛泽东高超的政治智慧和军事指挥分不开的。迪克·威尔逊指出，在长征中，“毛泽东取得了原由俄国控制的党中央的领导权，抛弃了错误的方针和战术”，“毛泽东比其他任何人都更懂得历史的发展规律，因而能够在历史转折关头，仅仅施加一点点但是具有决定性的推动力，形势即迅猛向前发展”。他还感叹：“一个人能够如此像施魔法一般地左右人类历史的进程，这样的事例在二十世纪并不多。”埃德蒙兹更在《毛泽东的长征：人类大无畏精神的史诗》一书中写道：“长征是毛泽东的长征。毛泽东在长征期间为使中国共产党重新获得活力而作出的努力是卓越不凡的。”美国学者罗斯·特里尔在《毛泽东传》中也说，长征胜利必不可少的因素，就是“毛泽东的魄力和巧妙用兵”，而且，“毛泽东对长征的领导闪耀着政治天才”。

哈里森、莫尔伍德等：深入发掘长征在中共党史上的转折意义，“长征简直是将革命划分为‘公元前’和‘公元后’的一条分界线”

长征不仅是红军的一次战略转移，而且是中共从失败走向胜利的一个重大转折。美国学者哈里森指出：“作为中共经受各种艰难困苦的象征和日后取得胜利的预兆，长征成了中共党史上一条重大的分界线。它是人类历史上一次最伟大的革命运动的分水岭。”威廉·莫尔伍德也说：“长征简直是将革命划分为‘公元前’和‘公元后’的一条分界线。其后发生的一切事情，都要从这个举世无双的奇迹说起。”迪克·威尔逊还具体分析：“长征的艰苦，锻炼出了人们的纪律性和献身精神，身居领袖地位的毛泽东，遂能将共产主义运动变成前进的动力，十四年以后就取得了全国胜利，把国民党赶下大海。这样，长征在性质上就由走投无路的撤退，变成走向胜利的序幕。”

索尔兹伯里：“长征实际上成了中国革命的熔炉”，并将历史上的红军长征同新时期建设社会主义的“新长征”有机地结合起来

美国记者哈里森·索尔兹伯里1972年向周恩来请求，批准自己来华重走长征路，并采访健在的长征干部，把这部历史写出来。1983年，中国政府正式批准了索尔兹伯里的请求，他“长征路上写长征”的计划终于得以实施。通过实地调查和访问，索尔兹伯里获得了大量珍贵的长征史料。1985年，他撰写并出版了长达30万字的著作《长征——前所未闻的故事》，称赞长征“是考验中国红军男女战士的意志、勇敢和力量的伟大史诗”。“长征实际上成了中国革命的熔炉”，“长征中，没有任何革命领导人投敌，长征的每一步都使他们变得更为坚强”。这本书汇集了不少有关长征的历史背景材料，并运用叙述个人轶事和见闻的写作形式，对中国老一辈革命家和红军将领作了别开生面的描绘与评述，生动而详尽地再现了史诗般的长征历程。此外，他还把历史上的红军长征同新时期建设社会主义的“新长征”

有机地结合起来。

冈本隆三、迈斯纳等：全面阐述长征胜利对中国革命的深远影响，认为长征促使中国共产主义运动获得成功

冈本隆三认为："中国革命经过了长征的严峻考验，造就出中国革命的栋梁之材。"威廉·莫尔伍德也说："长征塑造了一代新人，这代新人在不到二十年的时间内，就推翻了两千年来停滞不前的伦理体系和政治制度。"美国学者莫里斯·迈斯纳进而指出，在中国共产党领导的革命事业中，长征是具有巨大政治意义和心理影响的一件大事。从政治上看，正是在长征中，毛泽东重新获得党和军队的领导权，把革命队伍带到了一个相对安全的地区，他们在那里可以实现其抗日誓言，从而激起中国人民的民族感情，以达到爱国和革命的双重目的。另一方面，长征的心理影响也是无形的。在中国共产主义运动的历史上，再没有哪一件事像红军长征及长征中的传奇事迹那样，能给予人们以极为重要的希望和信心，同时，长征的幸存者意识到那么多战友已经牺牲而自己还留在人世，这就使他们所肩负的革命使命具有神圣的性质，并产生勇于牺牲的献身精神。正是这种对革命必胜的坚定信念和勇于牺牲的献身精神，促使中国共产主义运动获得成功。

本杰明·杨：深化对长征的理论研究，用"革命理想主义"和"政治现实主义"来解释长征途中共产党"在地域和战略上的关键性转变"

1990年出版的美国学者本杰明·杨的《从革命到政治：长征中的中国共产党》一书，深化了对长征的理论研究，具有重大的学术价值。该书有几个明显的特点：一是利用了许多前人不知的文档资料，澄清了不少政治和军事上的模糊问题，并纠正了若干错误；二是重在阐述中共内部权力关系的变化和策略方面的转变，减少了过去著作中常见的描述性语言。最值得一提的是，他把"长征"作为一个系

统加以研究，试图建立一个研究模式——用“革命理想主义”和“政治现实主义”来解释长征途中共产党“在地域和战略上的关键性转变”。本杰明·杨指出：“从中共领导层总的发展方向来看，30 年代中期是从革命理想主义转向政治现实主义的时期”，或者说，是“中国共产主义政治化的时期”。

结语

从学术研究的角度来看，国外学者对中国红军长征的研究具有一定的深度和广度。他们以旁观者的身份研究红军长征，有助于拓展研究视野，全面反映和评价长征的意义和影响。但是，长征史毕竟是中国工农红军自己的历史，国外学者在研究上难免会存在着一定的局限性。他们往往不能完全占有相关的原始资料，有的甚至只能依赖口述材料，容易背离历史事实。此外，持不同政见和价值观的国外学者在研究中国红军长征、研究中国共产党史时，不可能不打上自身的烙印，因此在这些著作中不时出现一些常识性的错误甚至歪曲历史的描述，但毕竟他们向国外的读者介绍了红军长征的情况，扩大了中国共产党和红军在世界上的影响。

（作者分别为中国人民革命军事博物馆研究员、中央党校党史部教授）

赤水祭英魂

祁梦竹　曹　政

建军节夜，赤水河畔，一丛火光映红了林成英的脸，“爸，您和战友们，还在看着这条赤水河吧？”一字一泣，潸然泪下。

老红军何木林已去世37年，他的儿媳林成英每年都会在老人的忌日8月1日，为他烧些纸钱。

我们到达贵州习水县土城镇时，正赶上了这次祭奠。夜很静，林成英家屋边的河水悄然流逝，万簇竹枝压低了头。

81年前，三公里外青杠坡上的一场战斗，揭开了红军四渡赤水的序幕。

1935年初，红军主力抵达土城镇，前有阻敌，后有追兵，中央军委决定利用青杠坡的葫芦形隘口打场硬仗，全歼敌军。

1月28日晨，何木林所在的红三军团摆开决战架势。谁料，敌军从情报中的4个团变成实际中的8个团，还不断有增援部队赶来。鏖战中，子弹打穿了何木林的左腿，他倒在血泊中。

此役，何木林的很多战友都长眠在了这片山岗上。

危急之时，红军为保存实力，改变北上计划，决定西渡赤水。

贵州习水：四渡赤水时的一渡渡口，河道中的大石头为“鸿运石”，是当年红军捆绑渡桥用的基石。

四渡赤水由此发端。

赤水河，素来以水色赤黄、险滩急流闻名。今天的赤水河河面虽然退去一半，但依旧湍急，浪花叠起。我们沿着赤水一路采访，处处都感受着红军留下的印迹。

在土城河堤边，三五米宽的巨石上被岁月冲出了道道水痕，当地人告诉我们，这块巨石叫“红运石”，红军一渡赤水的渡口就在这。河岸边，土城古街的老屋里，我们遇到了年近百岁的罗明先。

81 年前，红军渡赤水时，他还是个 13 岁的小孩儿。沟沟壑壑的左手缓缓抬起，指着屋外的石板路想起当年初见红军的一幕，老人依旧激动地诉说起往昔。

红军来土城前，敌人宣传共产党要“共产共妻”，吓得老百姓带着家人纷纷逃上了山。

但那天夜里，罗明先一直在老屋里听着动静。共产党来了吗？又走了？第二天一大早，他打开门，眼前景象是从未想到的：整条街上，红军战士和衣而睡，秋毫无犯。有个战士跟他讨水喝，几次让战士进屋喝水，可战士的脚始终都没迈过门槛。

他诧异：红军和以前的兵都不一样。进驻土城后，红军为了解决老百姓生活之需，还专门开仓放盐。逃到山里的乡亲们听说了，纷纷下山回家。

青杠坡一役失利后，红军要西渡赤水。追兵在后，红军当晚就要在赤水的激流中搭起浮桥。

鱼水情深，听说红军要搭桥，赤水河畔的船夫把木船捐出来，土城镇上的老百姓把自家门板卸下来。罗明先说，红军坚持不白拿老百姓的门板，虽然是借，但每户都给了钱，又特意在门板上标明捐门板者的名字。

横跨河面列一队木船，再用竹竿将船连接固定，木船之上又铺上门板，浮桥一夜搭成。

那天一大早，罗明先站在河堤上，看着红军三路纵队踏着浮桥，渡过赤水。过了岸，战士砍断对岸拴浮桥的绳索，门板顺着水流漂到这边的河堤上，各家又按着名字一一拿回。

而对于老红军何木林来说，这门板则有另一重意义。

当战斗的硝烟散去时，躺在尸体堆中的何木林醒来，正巧遇到一位上山的孩子，他便大声呼救。

此时，红军大部队已经渡水而去，敌军再入土城。孩子回家把山上看到的告诉父母，父母一听说有红军伤员，当晚趁着夜色上山，把浑身是伤的何木林藏在山洞里，给他送饭，上药，清洗伤口。

藏在山上不宜康复，下山又容易被敌军发现。乡亲们想了个办法，拿着老百姓的衣服上山给何木林换上，又用老门板把他抬下山，藏到家里慢慢养伤。何木林终于活了下来。

四渡赤水出奇兵，更见军民鱼水情。

“红军是人民的军队，红军到穷人笑，打倒土豪分田地。”时至今日，这样的口号还在赤水河畔的老乡中代代相传。红军每到一处，安民不扰民，借物要还，损物要赔，离开时还把住房街道打扫得干干净净，买东西照价付钱。

星星之火，可以燎原。红色的火种就在四渡赤水时被点燃。常年研究四渡赤水的遵义市习水县党史研究室副主任何思江告诉我们，整个四渡赤水期间，沿途百姓们被红军言行所感染，踊跃从军，红军扩军约 1.9 万人。

而因伤脱队的何木林，一生都留在了土城。上世纪 60 年代，政府每年给残疾军人发补助，但何木林只领了两年就拒绝了，“国家正是困难时期，钱我不能要”；几代人居住的老屋早已破旧，要给他分房、分钱，他坚持不要；唯一的儿子找工作，他却把儿子送到了大山深处挖煤，“红军的儿子就应该到最苦的地方。”

1979 年建军节，何木林逝世。他曾嘱托子女把自己葬于青杠坡，陪伴战死的兄弟们。但因为当时青杠坡山路难走，子女不得已只能将老父亲葬于山下。几年前，青杠坡战场遗址上建起烈士陵园，林成英得以把父亲的墓迁至陵园与战友重聚。

赤水潺潺，赤胆英魂载汗青，鱼水情深谱赤诚。

沉思

『在你们身上，寄托着人类和中国的未来』

傅斯年、胡适、鲁迅三种不同的长征观的历史见证与回答

王学斌　单明明　江　静

对于长征，民国知识界的看法是什么？梳理民国时人对于长征的看法，有助于我们今日更好地理解长征。

《申报》对长征态度的变化，一定程度上反映了知识界对中共形象的认识

国统区公开出版发行、标榜“中立”的《申报》在长征期间，对红军长征的报道经历了一个从蔑视红军力量，预言红军必定失败，到报道国民党重视红军有生力量、加紧“追剿”，再到正面赞扬长征的态度转变过程。通过《申报》对长征态度的变化，一定程度上反映了当时国统区群众，特别是知识界对中共形象的认识。

1934年10月，中央红军迁出苏区，开始“长征”。长征初期，《申报》基本上以国民党舆论代理人的面目出现，对长征持贬斥态度。造成《申报》这种态度的原因既有国统区白色恐怖的打压，也有《申报》对中共及长征缺乏了解的因素，更有对中共长征缺乏信心的考量。

蒋介石本以为可以“一路高歌”，达成所愿，令他没想到的是红军能够屡次突围成功。在此期间，国民党方面对长征的态度由原来的预言红军必定失败转变为重视其有生力量，对其加紧“追剿”。

1935年6月初，中央红军全部渡过大渡河。随后，红一方面军与红四方面军在懋功胜利会师。《申报》和蒋介石对于红军长征的态度就此转折。蒋介石改变以往轻视“赤匪”的心理，认为当前“剿匪”绝非易事，“各军应认真整顿，勿再藐视赤匪”。

1936年10月，红军三大主力胜利会师，蒋介石的期望彻底落空。中共及其领导的红军冲破国民党层层包围，摆脱困境，

《申报》才意识到自己报道的局限，开始重新审视中共领导下的长征。

抗战爆发后，虽然《申报》对“长征”的报道不多，但在称呼上，“逃窜”“西窜”的字眼不再出现，开始以“长征”替代之，对红军的称呼也由“共匪”“赤匪”变为“共军”；在词语内涵上，由原来的贬义、负面转变为积极、正面，也正是在抗战开始后，“长征”渐渐成为红军的特定标签。

1938 年 2 月，上海地下党翻译出版了《红星照耀中国》的中文版，为了更好地在国统区发行，书名改为《西行漫记》，部分内容也作了调整，尽管如此，该书仍被列为禁书。1939 年 4 月，《申报》颇有勇气地登出该书的书讯，“斯诺先生将西行漫记加以增订，发行再版”，“许多不合时代之潮流和抗战环境的地方，也都加以修正，是以内容较前更见精采”，书讯特别强调，“长征二五〇〇〇哩即根据是项再版本译出，堪称西行漫记之最新版本”。武汉会战结束后，抗战进入相持阶段，《申报》指出：“中国唯一对日抗战之希望，在于大规模之游击战”，而游击战被红军广泛用于长征过程之中，“红军长征之成功，多靠南方军队之力，此种长征”，“被认为历史上之伟大战术”，“倘中国采取大规模之游击战，余相信彼等必可使日本连续受极大之打击”。

抗日战争胜利后，中共在历练中早已转变身份，成为一股不可忽视的强大力量。解放战争期间，《申报》上的“长征”也因国共双方实力的此消彼长，而愈加正面，继而成为中共游击战战术成功的典型案例和中共军队顽强发展的特定标签。正如《申报》所说：“从一九三四年十一月起，共产党开始他们出名的‘长征’，他们的目的在联合各地共产党达到一个偏僻而安全的区域。”“到一九三六年时，国共间和战的循环告一段落。共产主义已形成一种相当强大的力量，不是国民政府任何方法所能压制的。”

傅斯年、何兹全师生对长征态度迥异

1936 年 5 月，刚从日本归国不久的青年学者何兹全，目睹愈加动荡险恶的时局，尤其对在国民党重重“围剿”下而被迫走上长征之途的红军深表钦佩，不禁感慨万千，挥笔写下《纪念 5 月说几句旧话》一文。其中讲道：“共产党能号召一些青年跟着走，我们无论如何不能不承认其中有些是信仰问题。近年的‘剿共’，无论如何我们不能不说这是一部分人走错了路而生出的民族的痛心的事。”

与学生同情长征的态度迥异，身为何氏老师的傅斯年，则对长征颇有敌意。在他看来，“中国的共产党，何尝恰是俄国或德国有主义有经验的革命党？中国的共产党大体上是祖传的流寇”。无独有偶，时为清华大学历史系主任的蒋廷黻，也认为共产党就是“流寇”，只是其在组织性、纪律性、指导思想上大大胜于过去的流寇。

傅斯年、蒋廷黻等人对长征持如此态度，究其原因，大致有二。首先他们试图因循武力统一的路径，以此结束“五代式”的混乱局面。其次，他们长期置身于国统区，始终单方面接收国民党的宣传，且没有亲身赴苏区对红色政权进行深入考察，此信息不对称的情形也制约了他们对共产党的理性理解和感性认识，在他们的潜意识中，代表中国的只能是处于正统地位的国民政府，其地位是不可动摇也是不容动摇的，从而把诸多希望寄托于国民党。蒋廷黻也无奈地承认“在中国，我们无法知道共产党究竟是怎样改造乡村及社会”的，所以对它的认知仅仅触及问题的表象，且不免有先入为主的价值预设。

丁文江、胡适认为国共两党的关系是政敌而非“匪”“寇”

当然，二十世纪三十年代的前几年，中国政界、学界乃至广大民众所关注的焦点更多在于日本侵略问题。据曾与蒋廷黻一道进入国民政府任职的学者何廉描述，“20 世纪 30 年代的早期，日本的军事威胁已足以引起中国的权威方面要求和日本立即摊牌。这包括了所有反蒋分子：桂系军事集团、要求建立抗日民族统一战线的共产党、天真无邪的学生集团，高喊要和日本人决战，还有知识分子。我必须说其中也有例外，例如北京地区比较现实的集团，此中有胡适、蒋廷黻和丁文江等。他们十分清楚，现在和日本作战为时过早，后果只能是民族自杀一途。这后一集团是支持蒋的政策的，那就是先统一，再和日本决战。”何廉将丁文江、胡适与蒋廷黻归为支持国民政府政策的知识群体，这大体不差。不过同是民国自由主义知识分子群体的代表人物，丁文江、胡适则认为中国共产党与国民党的关系是政敌而非“匪”“寇”。他们提倡：“我们对于政府，要请他们正式承认共产党不是匪，是政敌”，是“有组织，有主义，有军队枪械的政敌”，且不是普通的政敌，它建立了与南京国民政府相对峙的第二个政府，“政府之下，一样有委员、主席，有军长、师长；政府之上，一样有党部，有党员”。他们有严密的组织，有共同的信仰，有行之有效的政纲，又有国际背景，亦不能与封建社会的农民起义军或是“匪”来等同视之。

既是政敌，自当采用现代政治的途径即和平解决国共争端。在丁、胡等人看来，国民党的“剿匪”实质上是内战，双方交锋，只会落得个两败俱伤、越剿越乱的下场。国民政府“用三年的工夫，几十万大兵，全国的财力去打共产党，到如今还没有结果”，原因何在？因为武力只是治标，政治改良方能治本。可惜，国民党近几年来耗用了无数的人力财力，却只注重治标的办法，没有注意到治本的方略。实际是“一方面用武力去剿共产党，一方面却又用政治去制造共产党”，好像唯恐剿灭以后无事可做的样子。况且红军能够蓬勃发展，国民政府的腐败统治难辞其咎，丁文江指出：“大家都知道国民政府所谓匪，就是武装的共产党。自从国民党反共以来，对于反共的名词，经过了几次的变迁。最初的时候是‘清共’，以后是‘讨共’，到了最近是‘剿匪’。但是共产党并没有因为国民党对于他们改变了称呼，就丧失了他们政党的资格；更没有因为由‘清’而‘讨’而‘剿’，减少了武装的实力。同时国民政府和政府的军队，却因为改变了口号，发生了心理上的变化。‘匪’不是内乱，‘剿匪’不是内争，名称一变换，就可以粉饰太平，说军政时期终了了。”为何本欲灭火，却偏偏往火上浇油？为何本是止战，却战端愈演愈烈？丁氏干脆逼问道：“然而政府何不自己反省：究竟这种政敌是谁造成的？是什么东西造成的？”丁建议“我们不妨让他占据一部分的土地，做他共产主义的试验”。与丁文江观点近似，胡适更是气愤地指出如果老百姓“不逃亡，不反抗，不做共产党，不做土匪，那才是该死的贱种哩”。

不专注于御侮大业而与共产党“做游戏”，这是丁、胡等人最担忧的问题。时至国家危难关头，“无论何党何派，新旧左右，皆当集中目标，齐赴国难”。国共两党是该以和平方式经由政治途径解决争端的时候了。丁文江甚至指出：如果我是蒋介石，只要国共两党“在抗日期内彼此互不相攻击”，“我要立刻与共产党休战”。胡适在一次会见前来拜访的史沫特莱时，聊及国共内战及长征的问题，他建议“拨给共产主义者一个省去实验他们的主张。如果证明切实可行，其他各省可以仿效”。总的来说，丁、胡等人政敌观的背后动机，不外乎出于统一与抵御外侮的需要。在特定历史时期，国共双方并非“西风”与“东风”的生死搏斗，国共双方“应把一切对人对党派的小问题都暂时搁起，打起精神来想想中国当前的唯一大问题”，这是丁、胡诸人的共识。

外交错误和主导性舆论掩盖真相，固化了一些知名学者的偏见

在国共关系问题上，在民国外交界纵横捭阖数十年的元老级人物顾维钧站在彼时国际背景和中日实力对比的角度，得出了与丁文江、胡适等人不同的判断。在顾氏看来，日本推行以武力或阴谋控制中国，并从南京政府统治下分割华北的政策，蒋介石其实很清楚地看到了这个危机，但他却先是忙于在江西省和共产党作战。等到共产党于1934年10月开始被迫长征后，蒋接着又肃清该省残余，并从南到北进行尾追。这是因为“中国目前的力量不足以同时对付共产党的威胁和日本的侵略。要对付日本这个外来的威胁，还需要有进行准备的时间”。虽然身在海外，顾维钧判断“政府的政策是以尽可能小的牺牲对日本让步，以争取时间，一方面彻底解决共产党内患，一方面为对付严重的势不可免的日本外来侵略作准备”。顾维钧还揭示出另一层鲜为人知的外交背景，即“日本外相广田的所谓对话三原则之一是要中国与日本协商合作，来防止共产主义的蔓延，尤其是在华北地区。这一点，在委员长领导下的国民政府是可以接受的”。从某种角度上讲，顾维钧的看法代表了当时不少外交官的倾向，这又与长期从事近代外交史研究的蒋廷黻之意见，颇为气味相投。

单就当时整个国统区的舆论环境而言，所有刊物都几乎一边倒地对红军的长征进行口诛笔伐。且不论国民党直接操控的报刊，即使以“骂”国民党著称的《大公报》，其文章也大都称共产党为“匪”。比如，有的文章把战争所带来的灾难完全推在共产党身上，“夫赣湘年来匪祸之重大，可谓极空前未有之牺牲，人民

因种种关系而死者，直不可以数计，而生者之困苦，亦复无可形容……抑人所痛恶者，赤匪也”；有的对国民党“剿匪”惟恐不力，“吾人切望当局治匪，亟需远瞩高瞻，勿仅专重赣闽，而当统筹川黔”；有的则希望国民党把中共彻底消灭，不能对长征中的红军有丝毫的心慈手软。正是由于对红军长征了解不足，信息接收极不对称，就连对共产党表示同情的胡适等自由知识分子因无法了解中共活动的真实情况，也往往被一些失实的报道所误导，产生很强烈的隔膜感。

由此可见，当时红军在舆论上是面临巨大压力的，这在国统区体现得尤为明显，这也从一个侧面反映了红军当时所处的社会环境是多么险恶。

中国未来走向独立富强的希望，必须将中国共产党考虑在内

当然，一直认同中国共产党理念的左翼知识分子们，对红军长征的态度则是另一番景象。不妨以鲁迅为例。他与红军的渊源甚深。早在 1932 年，红军将领陈赓因伤到上海治疗，和鲁迅作过一次为时甚久的促膝相谈。鲁迅从陈赓处了解了红军的情况，并得到陈赓亲手画的红军作战形势草图。据说，鲁迅曾计划写一部《铁流》式的反映红军英勇斗争的长篇小说，由于当时种种条件的限制而未实现。红军抗日先遣队总司令方志敏被俘入狱后，鲁迅冒着生命危险替他保存、转送了他在狱中写给中共中央的信件和文稿，其中包括著名的《狱中纪实》《可爱的中国》等文章。

到了 1935 年底，鲁迅从外国友人史沫特莱处得知毛泽东所领导的中国工农红军长征到达陕北，与陕北红军胜利会师。紧密关注红军长征动向的鲁迅自然欣喜万分，在史沫特莱建议下，病榻上的鲁迅与来访的茅盾商议联名发一份电报给红军，祝贺这一具有伟大历史意义的胜利。据茅盾事后回忆：“一九三六年春节后的某一天，我照例到一些老朋友家去‘拜年’，也到了鲁迅家中。告辞时，鲁迅送我下楼。走到楼梯中央，鲁迅忽然站住对我说：‘史沫特莱告诉我，红军长征已抵达陕北，她建议我们给中共中央拍一份贺电，祝贺胜利。’我也停住脚步道：‘好呀！’鲁迅继续往下走，又说：‘电文不用长，简短的几句就行了。’我点着头，

转念又问道：‘可是电报怎样发出去呢？’鲁迅说：‘交给史沫特莱，她总有办法发出去的。’”

最终，鲁迅和茅盾经过商量，由鲁迅起草，两人共同署名。这封电报委托史沫特莱通过第三国际从法国转发到陕北。电报内容如下：

英雄的红军将领和士兵们，你们的英勇斗争，你们的伟大胜利是中华民族解放史上最光荣的一页！全中国民众期待着你们更大的胜利。在你们身上，寄托着人类和中国的未来。

经历了两年，转战十四个省，历经曲折反复，战胜重重险阻，中共革命的“星星之火”最终成了“燎原之势”，把山沟里的共和国驮到了延安。这一历史壮举不仅使得左翼知识分子及爱国青年们备受鼓舞，也以实际行动改变了自由主义知识分子们对中国共产党的看法。1937 年 5 月，周恩来亲自给胡适写信，阐明中共抗日民族统一战线的主旨，“各党各派各界各军之彻底合作、一致对外，想为先生所赞同也”。对于中共的这一表示，胡适很快做出了积极回应，他在发表讨论文章的编辑后记中说：“周先生那篇文字里有一些主张至今还是值得讨论的……这是周君文中所谓‘陕甘宁苏区改成边区后’我们第一次公开的和平的讨论中国共产党人提出的一个政治主张。我们希望这样开始的争论新风气能得着全国舆论界的同情和赞许。”可见其对共产党看法的明显转变。

其实，透过当时舆论界对红军长征的不同看法甚至交锋，其间思想倾向的分化与衍变，已大致清晰。长征的伟大胜利与抗日民族统一战线的正式提出，促使国统区的知识精英们深刻认识到：中国未来走向独立富强的希望，必须将中国共产党考虑在内。“这部激动人心的远征史诗”以及其背后所蕴含的“长征精神”，早在这一壮举结束的那一刻起，便深深地写进每个中国人的心中。

（作者单位：中央党校文史部、中央党校党史部、中共北京市委办公厅）

守墓“思源人”

童曙泉　孙宏阳　胡宇齐

这可能是中国最小的红军烈士陵园了。

挨着菜园地，建在一个小土坡上，这座仅有3座红军墓和1座解放军墓的烈士陵园，占地不过百余平方米，但山门、楹柱、碑文等一应俱全。

进门登上十几级台阶就是墓区，4座圆形的无名丘冢用青砖围成，上头种满南方五颜六色的花草。移栽过来的核桃树、茶花树，还有四盆鲜红色的天葵竺盆栽，将小小的墓园装扮得充满生机。

“打独裁除剥削保翻身，挺进途中献青春；紧跟党反围剿抗日寇，长征路上洒热血”“青山有幸埋忠骨”“饮水思源，知恩图报”……陵园门口手书的横幅、楹联，落款是“井坝思源人”，一位86岁的老兵杨泽飞。老人第一次见到红军是81年前，修建、守护这处烈士陵园，已经有60多年时间。

井坝，贵州省仁怀市长岗镇的一个小村。

黔西多山，平地极少。山峦连绵、沟深坡陡，从仁怀市一路行至遵义市的平正仡佬民族乡，才能找到高速出口下去，然后顺着山谷往回走几公里山路，辗转回到隶属于仁怀市、当时叫长干山的长岗镇。从长岗镇到井坝村，还需要翻过一座山，盘旋二三十个弯道下到山底。

因为家境贫穷，杨泽飞从小就被寄养在相对富裕的舅舅家。1935 年 3 月，当二渡赤水回到贵州的红军路过这里时，杨泽飞还是一名 5 岁的懵懂孩子。

“杀人如麻，还共产共妻”“比 70 年前的石达开部队还残暴”……在这个贵州西北的小农村，许多人从来没有听说过红军。基于兵患不亚于匪患的经验，听说地主带回来的这些传言后，许多村民一开始选择了躲起来。舅舅也被吓得不轻，苦于没法带着孩子走远，索性把自己打扮成又瞎又哑的残疾人。

一天，当红军战士闻着酒香敲开半敞的门时，“又瞎又哑”的舅舅躲在了一旁，杨泽飞坐在厅堂的地上。红军跟舅舅打招呼。“舅舅后来说，好像是要用酒给伤员疗伤，想买一些酒。”杨泽飞有些害怕，呆呆地看着这些衣衫褴褛、身形消瘦的陌生人。

红军战士小心地自己动手打酒，打一小勺酒就给杨泽飞的口袋里塞进两个铜板。小小衣兜塞满铜板，破旧的布料不堪重负，铜板滚落一地。杨泽飞哇哇大哭。一名战士将他抱起来，轻轻晃着他哄道“不哭不哭”。几名战士麻利地将地上的铜板捡起来，重新整齐叠放在桌子上。

红军走后，看着数倍于市价的酒钱，舅舅对杨泽飞说：长大了要当兵，就当他们这样的兵！

“当时除了赤水、贵阳有不多的地下党活动，仁怀几乎没有地下党员，可以说是零群众基础。”仁怀市文史学会会长刘一民说，“没有想到，红军路过此地，却很快赢得了本地群众的好感”。杨泽飞的亲身经历，是对这个疑问最好的回答。

15 年后，杨泽飞果然参加这支军队，上了抗美援朝战场。抗美援朝胜利后，杨泽飞 1955 年复员回乡，一直教书育人、捐资修路、扶贫济困，还有一件最重要的事情，便是几十年坚持守护零散红军烈士墓。2011 年，他和村民打听到附近还葬有一位牺牲的红军战士，花费一年的时间寻找，2013 年终于将其从十几里外的周家洞村岩坪组迁移到村头的红军墓园，小小的墓园里有了又一座红军墓。墓园新修了大门、台阶，老人亲自撰写纪念对联、文章，亲自刻上了门柱、纪念墙。为此，他几乎用尽了自己的优待金。

“红军不怕远征难，万水千山只等闲。五岭逶迤腾细浪，乌蒙磅礴走泥丸……”杨泽飞家中，一楼正厅的堂前，挂了 6 幅各个时期的毛主席画像、照片；二楼客厅，则挂满了老人手书的《七律·长征》《清平乐·六盘山》等毛主席诗词和名言警句。其中，《长征》是老人最喜欢的一首，裱好装框挂在了上首墙壁的正中央。老人听力不太好，口齿却还清晰，在他的教导下，家里的小孩子们也能跟着一块儿背诵。

和杨泽飞一样，当地有太多老人对红军一见倾服。

“红军好啊！”这句话，是长岗镇文化站原站长邱胜国当年采访不少接触过红军的老人时，听到他们开口的第一句话。“其实，他们大多数是第一次听说、见到红军，一辈子也就见过一次，但到老念念不忘”。

红军在这里的百姓中如鱼得水。在长干山梅子坳宿营没有水源，农妇雷惠英主动带路，带红军找到两里地外的水井。屠工杨子州主动上门帮红军杀猪、煮饭办菜，然后带路到了茅台镇。红军战士邓吟章受伤滞留冠英场，农民方吉祥的母亲将他背到山洞隐藏并每天送饭，躲过了敌人搜查……

1935 年 3 月 16 日、17 日，距离茅台酒厂几百米远的茅台渡口，中央红军成功三渡赤水。一起渡江的，还有数以百计自愿加入这支部队的当地百姓，坛厂的王得全、长岗的杨少云、水塘的刘长华……此时，红军不仅是传说，也是当地人民已血脉相连的队伍。

80 多年后，对红军的守护依然在这里延续着。

在大王寨村，地主王泽光家墙上的红军宣传标语，被村民保留 81 年，房屋破败，标语至今完好。长岗镇上，鲁班场战斗前毛泽东曾停留一晚的民居、救治大量伤员和百姓的红军医院等，都按照原样保存着；聂荣臻向连以上干部传达遵义会议精神的“红一军团干部会议会址”，开始落架大修……

“现在已有许多人跟我一起守护红军墓，有 70 多岁的、40 多岁的，还有年轻人。”杨泽飞说，“对我来说，这是不忘初心！”

沉
思

向着前所未闻的故事深处发掘珍贵细节

近十年来红军长征研究新进展新认识

王毅　燕文堂

80多年前的红军长征是中国历史乃至世界历史上的大事件，影响深远而广泛，自出现起就备受关注，学界对长征的研究也从未中断过。近十年来，长征受到持续关注，在广度和厚度上都取得积极进展，迄今已出版专著100多部，如《红军长征史》《长征档案》《长征回忆录》《历史的决策：长征重要会议》等，发表论文、纪念文章数千篇。

学者对长征出发标志有不同认识

关于中央红军长征的出发地，主要有三种观点：一种认为是瑞金；一种认为是于都；一种认为是有多处，包括瑞金、于都、宁化、长汀等。分歧的焦点在于对长征出发标志的不同认识。刘良认为，必须区别长征出发地、集结地和突围地三个不同的概念，1934年10月10日中革军委发布的第五号命令是中央红军长征出发的显著标志；中央第一、第二纵队的长征出发地是瑞金；各军团撤离战场开始出发的地点分别是兴国和石城；于都是红军长征途经的第二个集结地。黄鹏生从军事出征的共性特征，即集中与出发相统一、整体与部分相区别、时间与地点相一致、以队伍集中后开始行动为出发标志等方面进行分析，论证了中央红军长征出发地是于都，出发的时间是1934年10月17日至20日。

中央红军长征落脚点的选择，主要有“五次说”“六次说”和“八次说”

近十年来，有关中央红军长征落脚点的选择研究成果较多，主要有“五次说”“六次说”和“八次说”。徐占权等人的《准备·密电·落脚点——〈红军长征文献〉编纂札记》考察长征中的电报后指出，中央红军长征落脚点选择有五次：湘西——黎平转兵，创建川黔边苏区——北渡长江，创建川西或川西北苏区——继续北上，创建川陕甘苏区——落脚陕北。但“五次说”并不多见，更多人持“六次说”和“八次说”的观点。

李冰梅、傅广华的《红军长征落脚点的最终确定及其战略意义》、肖居孝的《红军长征落脚点的六次选择》、张国育的《弘扬长征精神履行历史使命——军事科学院军事历史专家学者访谈录》、黄星的《红军六选落脚点——究竟走向何处？》等文都认为红军长征落脚点选择变化依次为：湘西——川黔边——川西或川西北——川陕甘——中蒙、中苏边境（或接近苏联）——陕北。

落脚点“八次说”更为流行。徐世强的《艰难的选择：长征时中央红军曾八次改变落脚点》、马昌法《长征途中中央红军八选根据地内幕》、饶彦久的《中国工农红军长征落脚点的演变》等文则指出红军长征落脚点选择变化次序基本是：湘西——川黔边（或川黔）——川西或川西北（或川滇黔边）——川滇黔边（或黔北）——川西（或川西北）——川陕甘——苏联边界——陕北。

红军最后落脚陕北是多重因素作用的结果，而非完全偶然

红军最后落脚陕北也引起了较大关注。流行的观点是这种选择有一定的偶然性，长征到哈达铺时，中央领导人从一张报纸上得知陕北有红军和根据地，于是决定去陕北。近年来的研究则更强调这种选择是多重因素作用的结果，而非完全偶然。李冰梅、傅广华的《红军长征落脚点的最终确定及其战略意义》分析了红军选择陕北落脚的客观必然性，即陕北有块不小的革命根据地、正规的红军武装及有利的地理环境和良好的群众基础。朱志清的《地理环境与红军长征落脚陕北》指出，西北地区和陕北根据地的地理位置、资源条件及分布结构等因素是中央作出科学决策的重要依据之一，佐证了上文的结论。

长征期间中共中央与共产国际是何时中断电讯联系的

长征期间中共中央与共产国际中断了电讯联系，至于具体什么时候中断的，《中国共产党历史》第一卷说是1934年9月，也有学者认为是1934年6月。王新生的《红军长征前后中共中央与共产国际的电讯联系考述》依托近几年俄罗斯方面公布的档案资料考证指出，从1934年10月7日至10日左右，上海的三部电台全部被破坏，而恰在10月10日晚，中共中央、中革军委机关由瑞金出发，向于都集结，未带原先能够收到共产国际电报的电台。从这时起，中共中央同共产国际和上海中央局同时中断了电讯联系，1934年9月和1934年6月两种说法都不确切。

有学者对“长征”等概念的由来做了新探讨

以往的研究中也涉及“长征”“二万五千里长征”等概念的由来，但随着研究的推进，有些学者对以往既定的认知提出了质疑。

学界较为普遍地认为，1935年5月中共中央长征过四川冕宁一带时发布的《中国工农红军布告》首次使用了“长征”的提法。但张小灵的《红军“长征”称谓使用新说》提出了不同的意见，文章认为，1934年11月，王明在莫斯科向苏联外国工人出版社中国部全体工作人员作报告时，把1934年夏红七军团北上和红六军团西征称为“长征”，这才是目前所知最早的“长征”概念。1935年2月转战遵义时，红军总政治部发布的《告工农劳苦群众书》，第一次明确提出了“长征”这个称谓。

关于“二万五千里长征”的由来，王作化、王晋阳的《红军“二万五千里长征”的说法是怎么来的？》提出，红军二万五千里长征路程只是红一方面军的长征行程，并不是所有红军的长征路程，其他红军部队有的长征路程并没有达到二万五千里，有的红军部队又远远超过了二万五千里。

从红军长征阶段划分切入阐述俄界会议的重要意义

这几年关于俄界会议的研究逐渐增多。现有的研究较为一致地肯定了俄界会议揭批张国焘错误路线的价值，指出俄界会议挽救了危局，对于保证党中央北上方针的贯彻实施有重大意义。

相较于对俄界会议意义的宏观描述，秦生从红军长征阶段划分切入阐述了俄界会议的重要意义。石仲泉曾将红军长征划分为五个阶段，第一阶段为从 1934 年 10 月中央红军长征出发至 1935 年 1 月遵义会议前；第二阶段为从 1935 年 1 月遵义会议至 1935 年 6 月两河口会议前；第三阶段为从 1935 年 6 月两河口会议至 9 月中央红军到达哈达铺前；第四阶段为中央红军从 1935 年 9 月到哈达铺至 12 月瓦窑堡会议前；第五阶段为从 1935 年 12 月中央瓦窑堡会议至 1936 年 10 月红军三大主力在陕甘宁会师。 在第三阶段和第四阶段的划分上，秦生的《关于中央政治局俄界会议定位与长征阶段划分的商榷》一文则认为，石仲泉的划分割裂了事物发展的有机联系，以哈达铺为界划分第三阶段与第四阶段是缺乏代表性的，因为中央红军单独北上后，党中央改变了一、四方面军会师后制定的川陕甘计划，经过了俄界会议提出新的方针、哈达铺明确前进方向、榜罗镇会议确定落脚点的过程，完成了“长征的落脚点”新战略方针的制定，这样一个决策过程是渐进发展、有机联系的整体，因此以俄界会议为界划分更为科学合理。石仲泉和秦生见解出现分歧源于二人对俄界会议的重要性有不同的定位。

通道会议是确定“策略转兵”的开始，黎平会议则是实现“战略转兵”的标志

关于湘江战役后中央红军改变与红二、六军团会合的原定计划，向贵州进军的战略转兵，学术界有两种观点：一种观点是通道转兵，即 1934 年 12 月 12 日在湖南通道召开的中共中央负责人紧急会议，接受了毛泽东提出的放弃同红二、六军团会合，立即转兵向西到敌人力量比较薄弱的贵州去开辟新根据地的主张，命令中央红军西进贵州，实行战略转兵；另一种观点是黎平转兵，认为中央红军从根本上实行战略转兵，是由黎平会议决定的。

曾景忠撰写的《通道会议研究》一文，利用大量文电材料，对通道会议的背景、内容、性质和作用作了全面考证，认为“飞行会议”即为通道会议，是12月11日夜在通道县的流源举行的，会议既不是军委扩大会，也不是中央政治局会议，笼统称为中央临时会议未尝不可，但更像“三人团”扩大会议。文章指出，通道会议没有实现转兵，不仅因为没有最后放弃中央红军去湘西的打算，而且具体进军方向也没有转换变动，而是继续了过湘江后确定的沿湘桂边西进的部署。但会议决定接受毛泽东西进贵州的主张仍有重大意义。上述考证是确凿的，评价是中肯的。曾长秋撰文《长征初期湘桂黔边“转兵”问题之我见》指出：通道会议是确定“策略转兵”的开始，而黎平会议则是实现“战略转兵”的标志，转兵是一个过程，而且是遵义会议召开必不可少的前提。

从社会史和地方史层面扩大了长征研究领域

长征途经十余个省份，给当地社会带来了政治、经济、文化、思想的变迁，因此将视线下移，从社会史和地方史层面考察长征不失为一个好视角。裴恒涛的《社会变迁视阈下的红军长征与贵州社会》从政治、军事、民间信仰、民族关系及思想文化层面考察了红军长征给贵州带来的变化，是运用社会史与地方史研究方法推进长征研究的重要尝试。除此，王映泰的《红军长征在天水》、杨军的《长征·云南》、张红梅的《红军长征在陇原》、庾新顺的《红军长征过广西纪实》、刘广明的《五岭逶迤腾细浪：红军长征在郴州》、崔乾志的《红色记忆：红军长征在四土》、马正文和司玉国的《将台堡会师》、朱惠芳的《红军长征在汝城》、袁泽光的《中央红军过仁怀》、何飙的《红军长征走过的大草原——红原》、周忠瑜和杨发玉的《红军长征在班玛》等论著也将地方史研究方法运用于长征研究中，扩大了研究领域。

长征研究的新特点：新领域、新方法、细节化

近十年长征研究表现出领域有新拓展、运用新方法、更加注重细节等特点，

这也为将来的长征研究提示了方向和可能性空间。

一是研究领域进一步拓展。一些尚未得到重视或重视不够的议题逐渐进入研究视野，比如长征期间的“密电问题”、西路军问题、扩红问题等，但大多研究史料不够充分，新意不多。随着红军回忆录的大量面市与重版，会有更多的人关注这些尚待深入研究的议题，也会产生越来越多优秀的论著。

二是引入新的研究方法彰显了长征研究的广阔空间。近十年来，地方史、社会史、概念史等研究范式逐渐加入长征研究中，民族宗教等问题因为加入了地方元素也呈现出新的生命力。利用逐渐呈现的地方史料等资料，运用社会史、地方史的研究方法，揭示长征对所过之处带来的社会变迁，无疑是将来长征研究一个重要的生长点。

三是细节化研究是长征研究的重要新动向。近十年研究表明，会议、决策、人物的研究仍然是长征研究的重点，相较于以往，这方面研究越来越注重细节的梳理与考证。考察长征落脚点的选择、从领导权力变迁及决策层面去考察遵义会议、还原四渡赤水种种细节等都体现了细节化研究倾向。以往的长征人物研究习惯宏观考察与评述，但近十年学者们更注重微观研究，就某一具体史实入手，推进相关人物研究。相关研究推出了一些新结论，澄清了一些争议，但同时也展现了新的疑点与争论。

（作者分别为中央党校党史部副教授、中央党校研究生院研究生）

踏歌启征程

童曙泉　胡宇齐　孙宏阳

“睡到半夜深，门口在过兵。婆婆坐起来，侧着耳朵听。不要茶水喝，又不扰百姓。只听脚板响，不听人作声。婆婆门缝看，原是贺龙军。媳妇快起来，门口挂盏灯。照在大路上，同志好行军。”

1935 年 11 月 19 日夜，一万七千余名红二方面军将士，从湖南桑植县刘家坪白族自治乡的干田坝组出发。

“这是唯一一支在歌声中踏上长征路的红军部队。”贺龙纪念馆副研究馆员覃章衡告诉记者。

已于 2006 年入选第一批国家级非物质文化遗产名录的桑植民歌，流传民间的 3 万多首，其中近万首和红军相关。《门口挂盏灯》所唱的，正是红二方面军长征出发时的情景。

歌声婉转，情意绵长。歌声里，有对红军的敬，有对子弟兵的爱，有对远征儿郎的依依不舍。

桑植县作为贺龙元帅的故乡，至今口口相传着许多有关红军与贺龙的传说。

刘家坪乡组织委员钟秀丽自小就从奶奶口中知道，贺龙的威名令敌军丧胆。

有次看电视剧，里面的国民党部队正对贺龙的红二军团穷追不舍。“那个团长，是我表哥，也是黄埔军校毕业的呢。”奶奶笑着说，“我听他说过，私底下对贺胡子佩服着啰，不会死命去打！”

刘家坪双溪桥村一位退休教师谷忠政，也从父辈口中听说过贺龙部队的战斗传说。南昌起义之后，贺龙带着 8 个人回到桑植，刚拉起几百人的队伍。有次行疑兵之计，100 多号人转着圈在山坡“循环”行军壮大声势，引来国民党军追击。“部队赶紧撤退，贺胡子就在山头策应，哈哈大笑着喊道‘贺胡子在此！’敌人追击部队竟然放慢了脚步”。

红一方面军从江西于都出发的时候，贺龙的部队就担负起了探路、策应等任务。红二军团与萧克等率领的红六军团于印江县木黄会师之后，主动发起了湘西攻势。

发动湘西攻势之初，要取道四川酉阳。当时守城的是川军独二旅旅长田冠五，贺龙早年的老部下。贺龙修书一封，表示要借道，果然这位川军旅长很快就率部弃城而去。两个军团不费一兵一卒，就通过了酉阳城。

取道四川酉阳，直插湘西北永顺县城，经龙家寨战斗，攻占大庸城、占领桑植城，逐步打开局面……这一年，他们进行大小战斗 30 次，最多时候吸引了敌人 140 个团，直接接触战斗的敌军达 86 个团，其中 76 个团被他们先后击败。

“红二方面军的策应，为红军胜利做出了不可替代的、巨大的贡献。”覃章衡说。

双溪桥村 87 岁的钟德成老人，是周围人都知道的“被贺龙抱过的小孩”。“要不是贺帅，我可能 5 岁时就炸死啦！”老人家说。当时，贺龙部队驻扎在他家附近，有次敌机来袭时，他被贺龙元帅抱着躲进了山上的天然山洞，躲过了一劫。

“贺老总胳膊力气特别大，但从来不欺负比他弱的人。”谷忠政说，这是当地百姓对贺龙的印象。不仅如此，贺龙从地主家、敌军手中取得粮食、盐等重要物资时，也常常会分给当地百姓。长征出发前，贺龙攻打隔壁武陵县城，一下获得了“装满一屋子”的银元，不得不动用他本人的坐骑去运输。贺龙毫不犹豫拿出其中几百斤银元分给了当地穷苦百姓。

难怪，贺龙带着 8 个参加南昌起义的部下回到桑植，仅用一个月就拉起了 3000 人的队伍。“大家相信他，能给老百姓带来好日子”。

队伍走的时候，当地百姓唱着歌依依相送。那些传唱的民歌，如今就刻在贺龙故居门前的“贺龙桥”桥头护栏围板上。路过时，正在桥上乘凉的老人嘴里哼的，也正是这些曲子。

“写封的书信与（也）郎带（哟），你一年不来我一（呀）年等（啦）。你两年不来我两年挨（哟），钥匙的不到锁（也）不开（哟）……”

儿郎们此去或许是生离死别，但父老乡亲依然用歌声鼓舞从家门口走过的战士。“《马桑树儿搭灯台》唱的是最让年轻战士激动的爱情，爱人信誓旦旦告诉他们，放心去战斗，自己会一直坚持等候他们回来。”虽然战争已远，钟秀丽依然为这种乐观与坚贞动容。

从刀劈芭茅溪盐税局到1927年南昌起义，再到创建湘鄂边根据地，组建红二军团，这已经是贺龙第三次在桑植拉起革命队伍。“桑植人能打仗，但牺牲确实够大。”覃章衡告诉记者，“整个大革命时期，10万人口规模的桑植，先后有5万人参加了革命。跟随贺龙出征的桑植籍红军战士，解放后回到故乡的只有不到50人。”

当年，一拨又一拨桑植子弟跟随贺龙出征，用生命追求建设美好国家、美好生活的理想；80多年过去，这片歌声萦绕的山水，也如先烈们所愿，发生了翻天覆地的变化。

张家界到桑植的高速公路穿越莽莽大山，2017年就要通车了，到张家界的时间将从现在的1.5小时缩短到0.5小时。黔张常高铁，也已经开始动工，将打开通往外面的大通道。结合白族特点的红军街、红色旅游风情小镇规划已初步完成，国家森林公园、天子山景区的游客，将被引到这片纯净的山水间。

“都是绿色经济！”刘家坪乡关溪涧村的村支书陈明说，“两年之后，这里就了不得啦。”

信仰

万水千山，他们这样走过

八旬老演员追忆1954年排演新中国第一部长征题材话剧

李红艳

白慧雯（左）和许大伟

那年，她23岁，他22岁。

如今，她85岁，他84岁。

一部话剧《万水千山》，跨越六十二载风霜，也跨越他们人生的万水千山。

她叫白慧雯，是当年剧中的宣传员李凤莲；他叫许大伟，是当年剧中的一名通讯员。

这两位原总政话剧团的老艺术家，过着平静而普通的离休生活。听闻“采访”二字，他们本能地拒绝，然而当得知是为弘扬长征精神时，又欣然应允，于是有了这次在炎炎暑夏的长谈。

记忆中的那部剧、那些事、那群人，以及那份源于艺术的精神力量，历经时光磨洗，未曾褪色，依旧闪亮。

体验生活，像红军战士一样行军

“这是1964年毛泽东主席观看演出后和演员合影……”

白慧雯、许大伟小心翼翼地翻看着珍藏的一张张《万水千山》老照片。照片里，她是宣传员李凤莲，他是一名通讯员。

《万水千山》是新中国成立后第一部反映中国工农红军长征的历史话剧，描写和歌颂了红军在以毛泽东同志为首的党中央的正确路线领导下，克服艰难险阻，在二万五千里长征中所创建的英雄业绩。

该剧作者、导演陈其通是一名“老红军”。1931 年，15 岁的他参加了中国工农红军。可以说，一部《万水千山》，是他个人经历的积累与沉淀。

《万水千山》正式排练前，陈其通做了两件事：一是讲长征，二是悟长征。

“长征真的特别艰难，没东西吃的时候，战士们只能吃草，吃树皮，吃皮带，大便干燥，只能用树枝往外掏……红军过草地，是最艰难的时刻，也是牺牲最多的时候，很多人陷进沼泽里拉都拉不出来……”陈其通的讲述深深震撼着演员们的心灵，至今仍深深印刻在白慧雯的脑海之中。

到京郊体验生活也令白慧雯至今难忘，“‘老红军’希望我们能感受到当年红军不怕艰难困苦，一心为党、为革命的战斗意志。”她记得，当时演员们都背包扛枪，像真正的战士一样行军，在夜里紧急集合……他们住的附近有一座小山坡，每天爬山越岭也是必修课，“当时我们这些演员都比较年轻，很多都还是学生模样，说话带着学生腔。经过这样的体验，我们真切感受到了红军长征时经历的磨难，这对角色的塑造特别有帮助。”

仓库里排练，一碗面汤便是夜宵

进入排练阶段，“长征”二字蕴含的意义，让演员们有了更深的感悟。

当时条件不好，没剧场，也没排练厅，《万水千山》的排练场地是位于新街口北大街小七条的一个仓库。当时这个仓库是总政文工团放置演出道具、布景的地方。

“仓库的顶是铁皮制的，冬冷夏热。排练是在冬天，我们生了三四个炉子，但还是感觉特别冷。不过，大家伙儿一点儿不觉得苦，不觉得累，其实这点儿苦和红军长征受的苦根本就没法儿比！大家都认真而充满激情地排练着。那会儿实行供给制，吃大锅饭，排练到了晚上，一碗面汤就是很不错的夜宵了。”忆当年，

白慧雯（右二）在剧中饰演宣传员李凤莲。

一幕幕场景在白慧雯、许大伟脑海中放电影，“人人为我，我为人人，当时大家心里真的都是秉持这样的想法，集体主义特别强，谁也不会去想什么功啊、名啊，只是一心想着怎么把这部剧排好。”

排练期间，大家最怕“老红军”。“他性格倔强耿直，说话不留情面。你哪儿演得不对，几次提醒都改不过来，他就会在你表演时突然冲你大喊一声。有一回我就被他喊了一回，吓得我都尿裤子了！”白慧雯哈哈大笑起来，“跟他一起排练真的很紧张，生怕出错。但说实话，他教会了我们很多东西，我们也都知道他是对事不对人。”

在许大伟眼中，这位“老红军”是典型的“部队工农干部作风”。很多时候，他的这种性格还给大家增添了不少乐趣。许大伟记得，有一回排练，一位演员不小心把一个角落里的道具弄到了地上，发出很大声响，“这位演员见势不妙，意图‘逃跑’，这时只听‘老红军’用四川话大喝一声‘把他抓回来’！瞬间全场爆笑。”

朝鲜突遇停电，蜡烛和手电筒照明

经过约三个月排练，1954 年 6 月，《万水千山》在总政排练场（注：解放军歌剧院前身）首演。后来，该剧又陆续在劳动人民文化宫广场等场所演出过。“演出非常火爆，观众都是连夜排队买票。”许大伟说。当时，很多省市的剧团都专门派人来京观摩取经，然后回去搬演该剧。

在主要为部队官兵演出之余，该剧还陆续奔赴上海、天津等地演出。白慧雯印象最深的一次是在天津的中国大剧院，“那会儿没有招待所住，演出完我们就睡在后台或舞台上，有的把道具箱子拼在一起，铺上随身背的被褥，有的干脆直接打地铺……”

1958 年，中国人民志愿军从朝鲜撤军，《万水千山》剧组跟随第五届慰问团赴朝为志愿军战士演出。白慧雯和许大伟记得，演出是在部队驻地的操场上，战士们以随身背的行军铺盖为“凳子”，坐得整整齐齐，看得全神贯注。全剧演出过半时，突然停电，一片漆黑，“现场安静极了，经过一段时间等待，依然没来电，于是我们就在临时搭建的舞台前沿点起了蜡烛。”与此同时，台下战士们纷纷打亮手中的手电筒，齐刷刷照向舞台，一道光、两道光、三道光……光束汇聚于舞台之上。在这片特别的“光明”之中，《万水千山》继续演出，直至剧终。

一场将近两个半小时的话剧演出，前半程是电灯照明，后半程是手电筒照明，后者的光线略显暗淡，但却给了白慧雯一种特别的温暖，“演员和战士们都很激动，我们觉得彼此的心离得那么近……”

靠演员换景，速度震惊日本观摩团

1956 年，《万水千山》在第一届全国话剧观摩演出会中摘得一等奖。

“编剧、导演、演员、舞美设计、舞台管理几个方面，我们这部剧都是一等奖！就连在剧中只有一两分钟戏份的‘俘虏’，都得了演员三等奖！”许大伟语气中透着无比的自豪。在他看来，除了艺术本体的评价，《万水千山》舞台管理最值得称道。那个年代，没有现如今舞台艺术表演所使用的各种先进机械设备，所有道具和布景的放置、移动、换景，只有一个办法——靠人。

“这部剧的绝大部分场景都是户外，这一场是古树山坡，下一场是波涛滚滚，再下一场就是皑皑雪山或茫茫草地，还有彝族风光……每一幕结束，场灯一黑，演员们立刻化身舞台工作人员，动手搬道具、撤布景，然后再换道具、换布景……”许大伟说。

别看是“土办法”，效率却很高。“我们的换景速度很快，一幕演完，过一会儿，另一幕就开启了。面对台上的全新布景，台下观众经常发出惊呼声，然后就是热烈的鼓掌声。”《万水千山》的换景速度，不仅令观众称奇，也震惊了当时观看演出的一个日本观摩团，“在他们的强烈要求下，我们还专门为他们表演了一次如何换景！”

“几乎每位演员，除了在台上表演，都要负责干这些活。那会儿根本没什么大腕演员之说，大家人人平等。”白慧雯说。

皎平渡喜报

和冠欣　李继辉

8月的云贵高原，天空通透清朗，人的心情也随之畅快轻松。红军长征路上的重要节点皎平渡，就位于高原之上——云南省禄劝彝族苗族自治县。“金沙水拍云崖暖”，毛泽东这句诗，写的正是皎平渡。而在我们还未到这里之前，就听到了当地的喜报——2016年，禄劝要在全昆明市实现脱贫摘帽。这个令人欣喜的消息让这一段重走的长征路有了新的意义。

据禄劝县党史研究室史料记载：1935年5月1日，红军一军团攻下禄劝县城，之后马不停蹄继续西进，贫苦百姓扶老携幼站在路口，依依惜别，盼望红军早日归来。81年过去了，禄劝县城繁华热闹，新的楼房平地而起，宽阔的马路上车流不息，街头店铺林立，来来往往的人们表情平静祥和。

从禄劝县城沿禄大路一路向北，道路逐渐陡峭，直至没入山林，金沙江皎平渡口，就在这条路的尽头。

皎平渡镇以北约12公里的山头上，有一处村落名为“杉乐树村”，因村口的一株古杉乐树得名，村民们念念不忘的是，当年红一方面军军委干部团、中央纵队和五军团向金沙江推进，中途休息的时候，朱德就在这棵树下拴过马。

从皎平镇前往皎平渡的山路上，一位彝族少年骑在牛背上玩耍。他的家就在山谷的对面，是红军长征曾经路过的地方。

我们到达杉乐树村时，将军树周边正在进行场地清理和拆迁。地方政府计划在此建起一个纪念广场。

家住杉乐树旁边的村民李付志，正在邻居们的帮助下收拾旧房子里的杂物。近几年，李付志从事个体运输业，养活一家老小衣食无忧。现在因为建纪念广场，自己的住所受到影响，他却二话没说抬腿就搬，“红军从我家门口过，留下来的是艰苦奋斗的精神，我就是靠着这股劲儿站稳了脚跟。现在要建长征广场，我无条件支持！”

车辆从杉乐树村一路盘旋向下，公路悬在半山腰上，狭窄得只容两辆汽车擦身而过。这条通往皎平渡的山间公路，据当地人回忆，以前只是一条马帮古道，两侧植被茂盛，行走艰难。当年红军为对付敌机轰炸，便于隐蔽，尽量走小路，更多时候还选择夜间行军，更是危险重重。从山顶到山脚下的皎平渡口，山路绵延近 30 公里，而直线距离其实仅有十几公里，山高坡陡，落差上千米。

终于看到金沙江了！此时正是江水最大的时节，皎平渡口下游水流湍急，在乱石之中滔滔奔驰，飞溅着雪白浪花向东而去。江水之上，长 280 多米的皎平渡大桥凌空飞架，连接两岸的云南省禄劝县与四川凉山彝族自治州会理县。

81 年前，这里是一道天堑，江水湍急，两岸崇山峻岭、悬崖峭壁，飞鸟插翅

从近百米的高空俯瞰皎平渡，江水湍急，可见当年渡江的难度。皎平渡大桥横跨两岸，连接了云南和四川，是当地的一条交通要道。

方能横越。1935 年 5 月 1 日至 9 日，红一方面军 3 万多人仅靠 6 条船，在 37 位船工 9 天 9 夜的奋力摆渡下，渡过金沙江，胜利甩掉了几十万敌军的围追堵截，跳出了敌人的包围圈，自此皎平渡写入了中国革命的历史。

1991 年，渡江遗址上的皎平渡大桥建成通车，天堑变通途，大桥成为连接川滇的咽喉。如今 25 年过去了，这座桥即将完成自己的历史使命，原因是下游在建的乌东德水电站水坝即将蓄水。该水电站是金沙江水电基地下游河段四大世界级巨型水电站的第一梯级，预计 2020 年投产发电。江岸边的悬崖之上，白色的 975 米淹水线牌十分醒目，提醒着这道线以下的一切，未来都会没入水中。

皎平渡大桥桥头有一家小卖部，看店的大姐说，她的家公是老船工李正芳，当年 37 位帮红军渡江的船工之一，已去世多年。大姐和老公曾在桥边开了一家“老船工餐馆”，前几年因客人太少关了门，只留一家小卖部过活。

将与大桥、小卖部一起被淹没的还有当年的红军长征渡口，以及岸边的红军渡江纪念碑、红军渡江纪念馆。住在渡江纪念馆的张笑学今年 55 岁，20 多年来一直是这里唯一的看门人。老张不是皎平渡镇人，却常年驻守，少有回家的机会。除了看守纪念馆，他时常走访周边群众，故而得知很多有关长征的轶事传闻。闲暇时间，他喜欢躺在竹椅上，点上一筒水烟，闭目养神。在他身后的墙壁上，挂着一幅 5 米多长的巨幅油画——毛泽东、周恩来、朱德坐在皎平渡口山坡之上，手捧地图运筹帷幄。

与红军渡江纪念馆一路之隔，渡江纪念碑向北伫立，高举船桨的红军战士孔武轩昂，日夜守护着渡口，与金沙江彼岸遥遥相望。站在纪念碑下，不由得让人心中荡气回肠，似乎听到当年铿锵的船号橹桨交错之声。

水库蓄水之后，淹没的皎平渡大桥、渡江纪念馆及纪念碑，都会在原址上面的山坡高处进行重建。

跨过皎平渡大桥，金沙江北岸的云崖之上，毛泽东及干部团曾经住宿办公的岩洞仍在，洞口距离江面不过数十米，暖意随水汽上升，江边人很快就汗流浃背，但岩洞内却依旧阴凉。

毛泽东住过的那座岩洞天然形成一前一后两室，如今洞内空空如也，地面平整洁净，看上去有人常来清理。令人惊奇的是，不足两米高的岩洞顶上，密密麻麻的石缝当中，插满了香烟，有新的，也有燃了一半的，数量足以千计——这是来此凭吊的当地群众和外地游客祭奠毛主席的一种特别方式——众所周知，他的一大嗜好就是抽烟。

当我们满怀追思从岩洞之中走出，正是午后天气最热之时，嘹亮的蝉鸣如同激昂的合唱，金沙江两岸的绿意葱葱，各色野花蓬勃绽放。眼前的壮观美景，未来都将成为“高峡平湖”的一部分。

正准备拾级而上，忽见一只彩蝶自花丛中翩然而起，在山风之中振翅向前，向着江水的彼岸飘然而去。

蝴蝶破茧后方能一飞冲天，这片红军长征故土，历经 80 多年风雨沧桑之后，也要有这样一个 “破茧”，进而能以坚定的决心、坚实的步伐向着富有、和谐的小康生活大踏步前行！

留下《湘江之战》，他却被遗忘

黎汝清创作40万字长篇小说，探究红军长征中的一大悲剧

路艳霞

黎汝清生前照片（左）

“《湘江之战》是历史长篇小说，本着历史唯物主义和实事求是的精神，写了在王明错误路线下，中央红军撤退苏区进行长征，造成‘湘江一战，红军损失过半’的恶果。”

——《湘江之战》作者黎汝清

黎汝清2015年2月25日去世，享年88岁。很多人听说这个消息竟是半年以后了，他默默地离开这个世界，没有一点儿声息。他留下了《湘江之战》等经典文学作品，带走的却是珍贵的文学创作故事，人们更愕然发现如今红红火火的非虚构写作，黎汝清早在30多年前就已经展开。

一本杂志追时尚，为《湘江之战》发专号

《湘江之战》首任编辑马成翼今年64岁，他有个牛皮纸

《湘江之战》首版封面图

袋，里面珍藏着《湘江之战》的相关资料，当他小心地拿出《长河》杂志1989年3月刊时，那个年代特有的质朴感扑面而来。这期杂志是《湘江之战》的专号，翻开来，杂志封面的黑白版画《湘江之战》画风刚健，其上方是黎汝清的黑白照片，他穿了一件浅色风衣，戴着眼镜，揣着兜儿，眺望远方，文气中带着军人特有的干练和坚毅。

在上世纪80年代末，杂志为作家出专号还属罕见。马成翼说，这在当年是个时尚，解放军文艺出版社的《昆仑》杂志首发作家专号，以吸引著名作家投稿，而《长河》登《湘江之战》实属追赶潮流。

《长河》由解放军出版社推出，在那个热火朝天的时代，马成翼和他的三位同事，不仅每年要出30本文学类图书，还要耕耘这本杂志。他回忆，从发现《湘江之战》书稿，到其首次公开发表，总共算下来不到一年的时间。

1988年5月19日，马成翼到南京军区政治部创作室组稿，他是冲着军旅作家朱苏进去的。但在和朱苏进同在一个创作室的作家黎汝清闲聊时，黎汝清提及正创作一部小说《湘江之战》，还表示欲将中共历史上的三大悲剧都写出来。当时黎汝清已出版了影响巨大的《皖南事变》，《湘江之战》也有了雏形，接下来他还想写西路军蒙难。马成翼曾为《皖南事变》所震撼，当他耳闻“湘江之战”这几个字时，再也坐不住了，脱口而出：“书稿给我们吧！”而黎汝清说，上海文艺出版社、人民文学出版社、解放军文艺出版社等五家出版社都想要书稿，排到解放军出版社已是第六家了。但他还是答应到八一电影制片厂谈《皖南事变》电影剧本改编时，再见面详谈。

5月28日，黎汝清来到解放军出版社，和大家谈起了他的创作计划，“写起来比《皖南事变》还要有风险，主要是写中共高层，有毛泽东、周恩来、博古、张闻天、林彪等人。”他坦言自己起先很担心，但时任南京军区政治部创作室主任的胡石言鼓励他大胆写。

黎汝清最终选择了解放军出版社，1988年秋天就正式签订了出版合同。此后，《湘江之战》继在《长河》杂志首刊后，又于1989年8月推出图书。

一纸说明
对“悲剧”有意见，这是误解

在那个牛皮纸袋里，马成翼还抽出一个复印件——“关于《湘江之战》的说明”，字迹清秀、儒雅，这正是黎汝清的手笔。

《湘江之战》面世后，很快有人对书中所指“湘江之战是中共历史上的一大悲剧”有意见。在这份说明中，黎汝清写到，有人对“悲剧”二字有意见，这是一种误解。这里所说的悲剧，是指王明左倾路线造成的悲剧，湘江之战造成如此重大的损失，还不能称为悲剧吗？说明还提到，小说中写了毛泽东晚年所犯的错误和生活中的不修边幅，如吃辣子、捉虱子等，这只能使他的形象丰满，并不损害他的伟大。黎汝清还明确表态，“没有争议的作品往往是平庸的作品，文艺作品需要写矛盾冲突，不能再回到造神、画鬼的老路上去。”

黎汝清曾在与编者的对话中说，过去写领袖人物，总是跪着写、仰着写，望之弥高。而《湘江之战》写领袖人物有了不同的视角，“他们既是伟大的，同时又是带着各种历史局限和性格缺陷的大功大是、大过大非的人物。”而黎汝清之所以这样处理，正如其所说：“作家真正的上帝是自己的艺术良心。”

小说里面的时间点结束于1978年10月，地下党员万世送经历过“文化大革命”的九死一生之后，送别老战友何文干，重返起义旧地宁都……马成翼回忆，当年他拿到书稿时心情特别沉重，8万红军开始长征，湘江一役后仅剩3万余人，“一个连一会儿就没有了。”他感到震撼的是，黎汝清从历史角度、从指挥上的失误、从党内存在的矛盾和斗争，从人的思维等方方面面的原因，深入揭示了湘江之战为什么失败。而且，这部作品的结构突破了传统小说的写法，时空交错、前延后伸，非常符合现代人的阅读喜好，为纪实小说写作带来了新鲜感。

但《湘江之战》还是来来回回修改了三次，尤其在人物基调上，马成翼提出了一些意见，“既要还原当年的历史情境，也要考虑到其现在的影响。”他认为，在湘江之战时，毛泽东还不是党内负责人，但也应该更明朗、更实在一些，要突出毛泽东的隐忍不发和雄才大略。而林彪当时已初露锋芒，要把他还原到历史环境中，也要更生动形象一些。马成翼还提到，不能把敌人写成软蛋，把红军写得太勇猛，否则红军也不可能失败。

为了修改书稿，黎汝清住进了解放军出版社招待所，房间在半地下。那一个月，没人知道他度过了怎样的一段日子，只知道他没日没夜地埋头写呀写，哪儿也不去。“从不追求吃、也不抽烟喝酒，一直跟我们一起吃食堂。”马成翼说，他真是特别好的一个人，一个真正的山东汉子。

多年后，人民文学出版社编辑、文学博士付如初读完《湘江之战》时，甚至惊呼黎汝清为“被遗忘的大师”，“我们之前接受的有关长征的教育，都是说面对追兵，一直在进行战略转移，一直在与敌人作斗争，在与恶劣自然作斗争，与各路地方军阀作斗争，但从来没有了解党内路线的斗争也是非常激烈的。”

一双瘦手
如何写就全书，家人也不清楚

在付如初的博客里，有一张黎汝清与人民文学出版社签订“战争悲剧系列三部曲”（《皖南事变》《湘江之战》《碧血黄沙》）出版合同时的照片。和1989年杂志上那张照片相比，他老了不少，头发白了，瘦了许多，他扭身坐在藤椅上，在合同上正签着自己的名字，看不清他的脸，但他的开心却通过一双瘦削的手传达了出来。

这份出版合同于2011年签订，彼时黎汝清已患有老年痴呆症，有时清醒有时糊涂。付如初说：“我见老人家时，他特别高兴，一直在笑。”而黎汝清的夫人邓德云说，“战争悲剧三部曲”一直由某家出版社在出，但丈夫多年来从未收到过稿费。“他说我是党的人，我是南京军区政治部的人，所有的创作成绩都属于党、属于组织，我有工资，稿费愿意给我，我很高兴，如果不给我，也没什么可争可抢的。”

靠那双瘦削的手，黎汝清完成了千万字，其中包括17部长篇小说。但这双手是到底如何写成40万字的《湘江之战》的，就连他的家人和昔日的晚辈同事都说不清楚。邓德云说，“他常常是在外面采访七八个月，一回到家就关起门来写，关于他写书的事，我们谈得很少。”

黎汝清如何搜集和利用史料，我们已无法听他亲口讲述，但邓德云讲述的细节，或许能提供一个答案。黎汝清1987年推出《皖南事变》一书后，因书中涉及了项英和叶挺的矛盾，第一次将党的高级领导之间性格不合，无法搭班子工作呈现了出来。叶挺和项英的老部下很气愤，不停地给有关部门写信告状，用邓德云的话说，“生吞活剥黎汝清的心都有了”。但黎汝清没被吓倒，他拿着自己多年搜集的党史档案材料和相关史料，把一书包资料背到了上海，和对方展开史料对质，面对他扎实的史料，责难他的人只得偃旗息鼓。

“文学史往往会忽略这样的作家。”付如初甚至为此感到悲愤。她说，中国最著名的两部当代文学史——洪子诚和陈思和的文学史，对黎汝清的记录文字屈指可数，尤其是对于真正奠定他文学地位的“战争悲剧三部曲”，几乎没有阐述。

在付如初看来，黎汝清的“战争悲剧三部曲”至今都是党史小说不可逾越的高峰。多年之后，部队作家王树增和金一南的党史和军史的“非虚构”写作进入了读者的视野，并且获得了巨大的成功。而他作为先行者，早已被边缘化，甚至被遗忘了。

“活着没有意思了，再也不能写作了。”邓德云一直忘不掉黎汝清去世前说的这句话。

香格里拉的火种

和冠欣　李继辉

不到香格里拉，无法亲身体会当年红军长征路上还有这样美丽和残酷共生的地方！

“大雁落脚的地方，草美花又香，春风轻轻吹得那冰雪化，溪水淙淙淌。为什么山青水又绿？一片好风光……红军走过的地方，红旗处处扬。”——《红军走过的地方》

“雪皑皑，夜茫茫，高原寒，炊断粮。红军都是钢铁汉，千锤百炼不怕难。雪山低头迎远客，草毯泥毡扎营盘。”——《过雪山草地》

这两首歌中所唱的情形，都出现在香格里拉（原云南省中甸县）。这里山脉交错，三江纵横，雪山为城，金沙为池，平均海拔3459米，可以说处处是天险，一步一绝境。而从1936年4月25日巧渡金沙江进入迪庆，至5月13日全军离开中甸，红二、六军团主力路经中甸7个乡、22个行政村、114个村庄。在迪庆境内19天，历程400公里，翻越3座大雪山，经历了与敌人的2次战斗，160多名指战员长眠在中

香格里拉革命烈士陵园修建于2014年8月，将分散在全县各区域的烈士墓统一迁到了县城，两年过去了，园中草木葱郁，数百块墓碑排列整齐，两位当地男子正在墓园中徘徊，沉思追忆先人。

甸高原。

这个八月，我们到达香格里拉独克宗古城时，距离2014年1月11日这里发生的火灾已经过去两年零7个月。大火中，古城的三分之二被烧毁，烧毁房屋242栋，335户群众受灾，“月光之城”几乎毁于一旦。而如今，有着1300多年历史的独克宗正从废墟之中重新站起，藏式风格的房屋重新建起，当地人陆续回到古城居住。而古城旁，月光广场上的红军长征纪念馆、龟山公园山顶的寺院灯火依然辉煌。

我们到达的3天前，这里刚刚举行了“重走长征路”的活动，150余名当地各界群众代表，从月光广场整装出发，沿着先辈的足迹，高举红旗，路过松赞林寺的辉煌金顶和荒无人烟的高山草甸，路过美丽明艳的纳帕海和危岩耸峙的岗曲河峡谷，路过一座座热情的藏寨，最后到达尼西乡幸福村（原上桥头村）的红军桥。当年红军就在此跨过奔腾的岗曲河，离开迪庆，继续北上，进入四川境内。

我们从独克宗驱车两个多小时，来到40公里之外的达尼西乡幸福村时，一户人家刚刚有老人去世，墓地安置在村子对面的山腰上，远远望去，藏式的经幡与汉式的丧服夹杂在送葬队伍中。而村中民众聚会的小广场上，正在准备葬礼之后的流水席，几十张小方桌摆放整齐，平时散居在各处的亲朋和同乡都来了，妇女们在山坡上忙碌着烧火做饭，男人则在河边聚在一起，或蹲或坐，晒着太阳聊家常。广场的大门口燃起当地出产的香木和香料，准备为从墓地回来的亲人熏衣驱邪，数千年来风俗都是如此。

距离广场百米左右，岗曲河水轰鸣而下，红军桥就架设其上，是一座不到两米宽的吊桥。当年红军长征时，这里只是一座独木桥。1936 年 5 月 7 日，红二军团前卫部队到资纳腊山口时，遭德钦、得荣僧俗民团武装阻击，战斗中，五师参谋长汤福林、连长肖学志和数名战士牺牲，红军最终占领上桥头村背后的峦巴独山头，火力掩护部队渡过岗曲河。

如今，桥一侧的资纳腊山上，立着一座红军烈士纪念碑，还有保留下的半人高的石砌掩体遗迹。曾经住在桥边的村民孙囊奇里（音）回忆，幼时在山上玩耍还曾捡到过子弹壳。上世纪八十年代，这里改建为吊桥，一直是当地村民来往岗曲河两岸的重要通道。今年，香格里拉市政府决定投资 100 多万对吊桥进行再次大修，让这座红色桥梁成为迪庆军民对长征精神的永远记忆。

在迪庆州红军长征博物馆里，有一座几乎与实物同等大小的红军桥复制模型，从 2007 年博物馆建立以来，已经有数十万人来此感受长征历史。41 岁的红军后代王军在博物馆里为我们找到了自己祖父的照片。

1936 年，祖籍湖南龙山的红军战士王保才同战友一起历经艰辛穿越香格里拉，翻过雪山进军四川甘孜藏族自治州理塘县。尚未成年的王保才病饿交加，逐渐落队，最终与战友失散，被当地土匪抓走后做了两年苦工，最后拼死逃出，沿着来时的路回到香格里拉，并最终在此安家落户。多年后他凭借自己从小学会的裁缝手艺，成了香格里拉一带有名的大师傅。

长征路上失散红军在当地安家的有很多，大都像王保才这样靠着自己的辛勤劳动和坚强品格，在异乡站住脚跟。据王军回忆，祖父偶尔会讲起长征，总是捡一些有趣的故事来说，比如长征时香格里拉妇女向红军赠送自做的布鞋，有些是女式绣花鞋，战士们穿不上，王保才当时是“红小鬼”，脚小，正好“独享”这个“待遇”。而对于艰苦的行军、残酷的战事，王保才总是一语带过，不愿多说。

王军的父亲王晓松，被王保才全力培养，送到北京的中央民族大学读书。然而他毕业后毅然回到云南，成为当地著名的藏学家。15 年前，王军在父亲陪伴下，开车重走了祖父走过的长征路，“那些路又高又险，车都爬不上去，别说是人！”这次经历让他对已逝的祖父更加敬重。

如今，王军自己的儿子也三岁了，他时常盼望着孩子更快长大，好把祖父长征的故事讲给儿子听，“一定要记得历史！”他坚定地说，“忘记历史就等于背叛！”

博物馆中挂着一幅藏族红小鬼的照片，红军带他们走上革命之路；而王军一家四代，则是红军留在香格里拉的一粒火种，扎根当地，自食其力。

香格里拉的夜幕降临之时，万道金光洒在原红二、六军团临时指挥部“藏经房”上面，灿烂夺目。此刻月光广场之上响起了红歌，“红军有一天要回到这里，就像雄鹰牵挂着雪山，就像骏马牵挂着草原”，嘹亮的歌声之中，数百名藏汉同胞一起舞动开来，跳起了热情的锅庄！

课本里的长征，薪火仍相传

王愿坚离世二十五载，《党费》《七根火柴》经典依旧

徐颢哲

王愿坚

1981年出生的王燕弓，至今保存着小学时的一份作文手稿。这篇名为《一个给我印象深刻的人》的作文，开篇即是“我很尊敬五爷爷王愿坚，他给我的印象很深刻”。稚嫩的笔迹中，还有这样一句话：“《三人行》编入了我们小学的语文教科书。”

王愿坚，这位在中国当代文学史上占有重要地位的军旅作家，已经离开我们25年了。然而，他的《党费》《七根火柴》《三人行》等与长征有关的作品，依旧静静躺在中小学课本里，深深地影响了几代人。

记者几经辗转，联系上了王愿坚的两位侄子王伟、王和以及侄孙王燕弓，从他们口中了解到有关王愿坚创作的往事。在王家不定期出版的家报中，有关王愿坚的回忆文章随处可见。他和他一生致力撰写的长征故事，成为整个家族的荣耀。

从左至右：高玉兰（王伟妻子）、翁亚妮、王愿坚、王燕弓（王伟之子）、王伟。

《党费》主人公原型是大姐

1954 年，25 岁的王愿坚发表第一篇小说《党费》，由此开始了文学创作生涯。这部流传极广的短篇小说，背景为长征前期，讲述了女地下共产党员黄新在极端困难的情况下，仍然不忘缴纳党费的故事。文中描述的场景：“我收拾了咸菜，从砂罐里菜窝窝底下找到了黄新同志的党证和那一块银洋，然后，把孩子也放到一个箩筐里，一头是菜一头是孩子，挑着上山了”，感动了几代读者。

王愿坚的侄子、国家行政学院教授王伟，是在中学课本上第一次读到《党费》的。他透露，黄新这个形象的原型，其实是王愿坚的大姐王辩。1917 年，王辩到济南读书，随后在“五四”新潮流的影响下，积极参加反帝反封建的革命活动，思想更为开阔。1924 年秋，她正式加入中国共产党，成为山东最早的女共产党员之一。

“王辩曾化名黄秀珍，从事党的工作，因此《党费》的主人公也姓黄，黄新的身上有不少我大姑的影子。”在王伟看来，《党费》中的黄新，就是那个年代

王愿坚小说《党费》的封面

共产党员的形象，对党极其忠诚。“大姑也确实从事过多年的地下工作，其实她的经历比小说中的黄新更精彩。”

1925 年 11 月，王辩受党组织的委派，赴苏联莫斯科中山大学学习，与邓小平是同班同学。1927 年她回国后，曾经被捕，在狱中掩护了组织，保护了同志，健康却也因此遭受不可逆的损害。王伟回忆，新中国成立后，有关部门曾希望大姑出任高级干部，但她坦陈自己的身体状况不足以承担如此重要的工作，主动要求前往北京图书馆，在俄文编辑室工作。

王愿坚去世多年后，他的夫人翁亚妮曾向晚辈们讲述丈夫写作《党费》时的感人一幕。《党费》只花了两个晚上就写完了，结尾时正是深夜，王愿坚抑制不住内心的激动，哀叹一声“黄新同志牺牲了”，随后忍不住号啕大哭，惊醒了熟睡的妻子。“五叔写《党费》如此动情，与他跟大姐王辩的深厚感情有直接关系。”王伟说。

《七根火柴》源于真实故事

对于王愿坚的另一位侄子王和来说，叔叔给自己印象最深的作品莫过于《七根火柴》。

《七根火柴》情节不复杂，描述的是长征途中，冷风、大雨、冰雹倾泻的茫茫草地上，已经饥寒交迫的掉队战士卢进勇奢望“要是有堆火烤烤该多好啊”的时候，路遇一个生命垂危的无名红军战士，他把藏在腋窝下的党证和夹在党证里的七根焦干的火柴交与卢进勇，请他转交给党组织，言毕，安然地闭上了眼睛。卢进勇追上队伍，用一根火柴点燃了能够拯救更多战友生命的篝火，然后将余下的六根火柴和党证交给了指导员。

王和最早是在小学语文课本中读到《七根火柴》的，儿时他曾这样问叔叔："您参加过长征吧，七根火柴是真人真事吗？"当时王愿坚哈哈一笑，"我1929年出生，红军长征时才六七岁，都是后来采访老一辈革命家了解到他们经历过的故事。"

后来王和才知道，1956年杨成武将军在回忆录《毛主席指示我们过草地》中，用两千余字详细记录了一个普通红军战士贴身藏好火柴的情节。基于这一真实故事，王愿坚创作出了《七根火柴》，后入选全国中小学课本。

"文化大革命"时期，中学课本依然收录有《七根火柴》，却作为"大毒草"被批判。彼时，王伟在天津担任中学老师，并被迫在一堂观摩课上，担任主讲，对《七根火柴》进行"批判"。结果，课后有不少学生提出疑问："老师，这篇课文写得非常感人，看不出是什么'大毒草'啊！"现在谈及这段经历，王伟笑言："学生们看不出就对了。"

王和提到，叔叔曾想把《七根火柴》的故事背景放在红军翻越大雪山时，但因为雪山的环境不好在小说中表现，于是就换成了草地。"愿坚叔又想到，不少老同志在讲述中多次提到'火'在长征中对部队的重大作用，便把七根火柴夹进无名红军战士的党证里。"

在构思《七根火柴》的过程中，王愿坚曾向多位长征亲历者问过这样一个问题："在长征无比艰苦的环境中，要求红军战士有更大的毅力和坚韧的力量，这种力量从何而来？"红军战士的回答是："对革命事业、革命集体的无限忠心，为了集体、为了战友，我们可以付出一切，以至自己的生命。"

终身遗憾！未完成长征三部曲

1944年，王愿坚参加八路军时只有15岁，虽未参加长征，但通过接触身边众多参加过长征的战友，让他始终坚定着"写尽红军英雄志"的志向，并践行在自己的行动中。为了写红军，他多次重走长征路，深入到第二次国内革命战争时期的老革命根据地，并沿着雪山、草地、大渡河等长征路线，追寻革命前辈们艰辛崎岖的革命历程。

按照中央的指示精神和有关部门的安排，20 世纪 50 年代后期王愿坚采访过 9 位元帅和 100 多位将军，甚至同一些老帅、老将军共同生活过一段时间，掌握了非常丰富的素材。他曾在北戴河与贺龙元帅一边下棋一边采访；也曾与刘伯承元帅同吃同住，并为之撰写《回顾长征》。

王愿坚生前，常把一句话挂在嘴边，“小说要想打动别人，首先要打动自己。”在王伟看来，正是叔叔大量的采访，让他笔下的长征作品既饱含深情，又言之有物。

除了《党费》《七根火柴》等反映普通党员的长征小说广为人知，1976 年 12 月至 1977 年 7 月间，王愿坚还创作了 10 部以毛泽东、周恩来、朱德等领袖人物为主人公的短篇小说，这在中国文学史上，可谓开了先河。其中，以周恩来为主人公的《草》就被收录进江苏教育出版社出版的语文教材。

短篇小说为王愿坚带来了巨大声誉，不过，完成长篇的长征小说始终是他的愿望。王伟回忆，不再满足于写短篇小说的王愿坚，上世纪 80 年代中期，在解放军艺术学院担任文学系主任期间，甚至已经形成了描写长征的多卷本长篇小说的思路。

1985 年，《纽约时报》著名记者哈里森·索尔兹伯里出版《长征：前所未闻的故事》一书。王愿坚在称赞该书之余，也不无遗憾地感慨：“这样的题材，中国作家没写，而让一个美国人抢了先。”在这部长征名作中，王愿坚多次以“中国长征问题专家”的身份出现。

1991 年，62 岁的王愿坚因肺癌去世。中国作协会员王贤根曾在王愿坚病重期间数次探望他。当时王愿坚的癌细胞已经转移到颈部，颈部鼓的包像核桃那样，面部红红的，他吸着氧，可话语依然富有激情。临终前，王愿坚说：“马克思已经给我下了召集令，可惜我没把红军长征三部曲写出来，这是我终身的遗憾！”

经典记忆：写感受到的和相信的

王愿坚文化程度只有高小，参军后作为文化干事，一直笔耕不辍。上世纪 80

年代中期，他从八一电影制片厂调任解放军艺术学院任文学系主任后，参评教授职称。当时作为评阅专家的北京大学教授袁行霈说：“王愿坚的多部作品被收录进中小学课本与大学文学系教科书中，他早已达到了教授水平。”

写自己感受到的和相信的，贯穿了王愿坚的整个创作生涯。1978 年，他创作的《足迹》，写的是周恩来在长征时翻越雪山的一个生活片段，获得了全国优秀短篇小说奖。这部作品的成功，既有他到雪山实地考察的积累，也有他亲历周总理关心年轻同志后生发的感悟。

“文如其人。”王愿坚的作品，就像他的经历一样，没有过多修饰，质朴而又感人。而课本里的长征，还会继续传承下去，正如他曾对侄孙王燕弓所说的：“向今天的少年儿童介绍革命的过去，讲讲艰苦岁月里孩子与革命、革命与孩子，这是一件有意义且非常迷人的工作。”

会理鱼水情

赖　薇　孙　杰

从中武山村俯瞰金沙江，滚滚浊浪，奔腾不息。

村子位于金沙江北岸，隶属于四川省会理县通安镇。江的南岸，经皎平渡相连，是云南省禄劝县。81年前，数万红军人马七天七夜巧渡金沙江，成功入川的第一站就是中武山村。

然而，红军将士还来不及用冰冷的江水为自己洗尘，就听见嘹亮的紧急集合号声。驻防会理的国民党二十四军第一旅准备堵截红军。刘伯承发出动员令，要不惜牺牲，坚决把通安拿下来！

中武山村至通安有40余里，途经险要的中武山、狮子山。山路蜿蜒曲折，一边是万仞绝壁，另一边是万丈悬崖，多数地方只能容一人通过。

敌军正在狮子山等着红军，红军刚到，山岩上便枪声大作，子弹像飞蝗、滚石像瀑布从天而降。红军用迫击炮、重机枪压制敌人火力。发发迫击炮弹在敌人阵地上开花，经过一个多钟头的血战，终于击垮敌人，夺取隘口。接着，又在通安以北的一把伞梁子击溃敌军赶来增援的两个营，直扑会理城。

1935年5月8日至15日，红军围攻会理城，虽未攻克，但确保了会理会议的

本文作者孙杰（左一）、赖薇（左二）与会理的同志在皎平渡大桥合影。

成功召开及全军的休整。

这期间，红军将士走遍了会理 31 个乡镇。

在通安镇四方街旁边的一处川南小院，住着 91 岁高龄的康秉琦老人，她是如今会理县唯一健在的见过红军的人。81 年前，红军到通安时，她还是年仅 10 岁的小姑娘。

老人身板硬朗，对当年的事记忆犹新。“敌人拼命造谣，说红军杀人如麻，要把女人抢去垫脚上马，所以听说红军来了我们都很害怕，跑到山上树林里躲了起来。”黄昏时分，村长让她下山查探，“遇到一个小红军，拿给我一碗装着三块肥肉的米饭，说‘阿乖不怕，我们是好人’。”回到家中，小秉琦看见红军秩序井然地睡在房檐下，院中堆着新劈好的柴火。

她回到山上，把所闻所见告诉村民们，大家半信半疑地下山回家，果然发现红军一点儿都不可怕。

在会理，留下了很多红军亲近百姓的故事，老乡们随口就能说上来。有位刘大妈跳出城墙逃难，不小心摔了一跤，一抬头，看见满路上都是红军，吓得直抖。不料，红军过来轻言细语地劝她：“老乡，起来慢慢走，不要怕，我们是来救你们的。”刘大妈见状，才敢往前走。战士们看见她来了，自动让出中间的路。兵给老百姓让路，真是闻所未闻、见所未见。

外北乡王开富回忆，红军在他们乡住了三四天，一到开饭，战士就大声喊：“干人（会理贫苦百姓自称‘干人’，意思是被地主老财压榨干了的穷人）都可以来吃！”很快，会理便传唱开了一句歌谣：“红军到，干人笑，粮绅叫；白军到，粮绅笑，干人叫。要使干人天天笑，白军不到红军到。”

“帮助红军打天下，工人农民一齐出头，白军士兵都得解放。”“四川的工农群众团结起来，组织抗捐军，不交一切苛捐杂税。”“红军不损害人民的利益”……墙壁上、石头上、门框上，红军写下无数鼓舞人心的标语。一条条标语如同一粒粒革命的种子，在百姓们心中萌芽。

上世纪70年代，会理为筹建红军长征纪念馆征集文物。一时间，百姓纷纷送来自家的珍藏。红军战士给邬婆婆送米的竹提篼，红军从村民那里借用的木盆、瓷缸，红军临走前送给村民的剪刀，写着宣传标语的门板……一件件朴实简单的物件，饱含了红军与百姓间最真最深的感情。

正如《红军从咱会理过》这首歌所唱：“千军万马入川来，铁流滚滚震山河。红军播下星星火，世世代代有传说。”多少年后，军民的深情仍在川西南最南端的这片土地上回荡，红军不畏艰难、积极乐观的精神更融入了当地人的血脉。

当年红军从中武山村到通安所走40里老路，多年来一直是中武山村民走出大山的必经之路。没通公路前，村民们就沿着这条路，靠人力把甘蔗一捆一捆地背到小作坊里熬糖。几年前，S213省道修通到村口，让村民们的出行方便起来。但是每到雨季，这条路经常被山体塌方、泥石流阻断。为了保护这条珍贵的生命线，村民们总是自发地搬石头、清障碍，帮助来往车辆。

“自然条件不好怎么办？靠天靠地不如靠自己呗。”40岁出头的村长龙桂权说，“会理石榴甲天下，通安石榴半会理。不过石榴适宜生长在海拔1100米到1800米的地方，我们很多村民家的果园不是海拔太低就是太高，种不了石榴。”于是2000年，龙桂权跑外地考察学习后，回来破天荒地种下了中武山村第一棵芒果树。芒果经济效益比石榴还高，许多村民开始跟着他种芒果，每年收成都不错。

去年，龙桂权又带领几个年轻党员，把1万多株藤椒引进到中武山村，明年就能挂果。如今，沿着从村子到通安镇的S213省道，漫山遍野的果树长势喜人。

战胜了恶劣的自然条件，大伙儿日子越过越红火。

龙桂权的儿子现在通安中学念初二。这所凉山州第一个以红色文化为主题的学校，每年 5 月都会组织特殊的春游“红色拉练”——全校 1800 多名学生重走红军从中武山村到通安的老路。同学们奔行在山路上，眼前是万仞悬崖下“金沙水拍云崖暖”的壮阔景色，耳畔响起代代相传的红军故事，心中更激荡着“红军不怕远征难，万水千山只等闲”的长征豪情。

往日的危难已经走过，未来的坎坷也必然能够跨越，这已成为一代代会理人坚如磐石的信念。

信仰

两走长征路，书写心中史诗

《地球的红飘带》为长征留下经典命名，魏巍的创作故事鲜为人知

周南焱

"我从《当代长篇小说》杂志上看到了魏巍同志的新作《地球的红飘带》，兴奋不已，接连十几天，一口气把它读完了。《地球的红飘带》是用文学语言叙述长征的第一部长篇巨著，写得真实，生动，有味道，寓意深刻，催人奋进，文字简洁精练，读来非常爽口。读完全书，我仿佛又进行了一次长征。"这是聂荣臻元帅为《地球的红飘带》写的一段序言，其中洋溢着他读完小说后的激动之情。

《地球的红飘带》是第一部长征题材的长篇小说，书名也成为长征这一壮举的一个经典命名。当年魏巍为创作这部小说，两次重走长征路，漫漫路途，曾经受过伤，也曾经多次历险，最终完成了"心中的史诗"。魏巍已经去世8年了，但他留下的这部作品，今天仍然具有不可替代的意义。

一赴长征：严重崴伤脚，拄拐坚持寻访

"长征是我心中的诗。自我投身这支军队之日起，就一直倾慕着它，向往着它。可是由于它本身非凡的壮丽，一想到从文学上反映它，就自愧才疏学浅，因而却步。现在随着岁月过多地流逝，不得不提笔了。"魏巍生前如此写道。

作为一位代表性的军旅作家，魏巍最为读者熟知的是《谁是最可爱的人》。他早年写过很多抗战题材的诗歌，是从抗日烽火中成长起来的作家。后来，他写过不少抗美援朝题材的作品，如《谁是最可爱的人》《东方》。年过花甲，他才开始触碰长征题材。

"当时，中央决定撰写九大元帅传记，魏巍担任聂荣臻传记组组长。他原来是从晋察冀根据地出来的，一次面见老首长杨成武，杨成武时任福州军区司令员，就鼓励他写长征。"

魏巍的儿子魏猛回忆，父亲早年接触过很多从长征走过来的老战士，对长征的感情很深，听了杨成武的鼓励，更感觉有责任来写长征。

但魏巍毕竟没有参加过长征，又不能完全凭史料来创作，于是决定自己沿长征路走一遍。刚开始他去了福州，从福建到江西境内，参访红军在这一带活动的旧迹。因忙于撰写聂帅传记，中间又耽搁了下来。直到1983年再出发，魏巍算是正式重走长征路，计划先去四川，再往北走。他当时身患心脏病，聂帅对他也颇为关心，特意嘱咐带上氧气袋。

1983年，魏巍、刘秋华夫妇重走长路上合影，当时魏巍受了脚伤。（肖义泉 / 摄）

这年夏天，魏巍夫妇到达大渡河一带实地走访。在四川天全县有一个红军祠堂，当年红四方面军在此牺牲惨烈，有200多名战士的遗骨埋在这里。当时下着大雨，魏巍硬要去看一看。魏猛回忆，因田埂狭窄而泥泞，父亲一脚踩滑，摔倒在田里，一只脚被崴得翻了个方向。附近的农民立即赶来相助，他们把魏巍背出田地，护送上车，到中医院治疗。

宝兴至跷碛途中红军走过的栈道。（摄于1983年6月30日）

真是万幸，在川西一个偏僻的小城中，魏巍遇上了妙手回春的陈怀炯大夫，及时将脚伤进行了处理。由于伤势较重，魏巍整整18天只能卧床休息，而当伤情略有好转，就急着要赶路，当时成都军区特意为他赶制了一副拐杖。忍着脚伤之苦，他前往离天全县100多公里的硗碛，看到了红军攀登的一座雪山——夹金山。魏巍拄着双拐走访老乡，详细了解红军过雪山的情况。

带着伤坚持一个月后，魏巍才不得已返回北京进行治疗，中断了此次长征旅途。令人感慨的是，之后魏巍和陈大夫保持了长达十多年的通信，堪称作家和医生之间友谊的一段佳话。《地球的红飘带》问世后，他亲笔在扉页上题写感谢和祝愿之语，把书寄给了陈大夫。

再赴长征：差点出车祸，为烈士流热泪

在北京休养了一年，魏巍于1984年7月又踏上了寻访长征的征途。这次，他们取道兰州走甘南进入天险腊子口，然后向南向东，历经甘肃、四川、云南、贵州、广西、湖南等省自治区，按当年长征的路线逆向而行。此次历时共4个月，详细考察了红军当初经过的艰苦路程和险关要隘。

出发前夕，聂帅请魏巍吃饭，一再叮嘱："你不要脱离公路！你要小心！"不过，这次寻访长征途中，又充满了惊险。当时恰逢暑假，魏猛也跟随父母走了一段，忆当年路途艰险，他至今记忆犹新，"我们坐的是越野吉普车，一出兰州就差点出车祸。当地农民挖沟放水浇庄稼，路上都是泥，结果车轮打滑，差点翻车。"

到了四川、贵州境内，由于当地山路崎岖、狭窄，更是多次遇险。"有一次在四川小金县遇到泥石流，山上滚下大石头，车子根本过不去。在四川王朗，又遇到堵车，净是泥坑，当地人用竹子铺路，吉普车半抬半推才过去。"魏猛说。此外，在贵州桐梓盘山公路上，又差点出车祸，迎面开来一辆大卡车，把魏巍乘坐的吉普车车头撞坏，在前不着村后不着店的山路上滞留了六七个钟头。

魏巍有写日记的习惯，日记中也多次提到路途遇阻的情况，不过，一想起红军当年的艰难，他又觉得这不算什么，过草地、爬雪山时，情绪相当振奋。在草地上，魏巍看到了这个死亡之国的面貌，感叹许多红军就长眠在沼泽之中。虽有心脏病，但他还是翻越了四座雪山，包括头一年没能上去的夹金山。他在日记中写道："我想象着红军当年是如何从那峻拔的奇峰中走过来的，那些雪峰在我心目中更显得圣洁了。"

1984 年寻访长征路，魏猛（右二）陪父亲魏巍（中）走了一段。

“父亲愿意找到当事人采访，比如当地的老同志、当年给红军带过路或家里住过红军的老百姓。对当地的风俗人情，他也会详细了解，随身带着小本子，每天都做笔记。他在四川藏区跟当地藏民喝青稞酒，一大坛青稞酒，烤在火塘边，坛中插两根芦苇，一圈人围着坐在一起，轮流吸这两根芦苇秆喝酒。”魏猛回忆，当时他很诧异,就这么喝青稞酒啊?但父亲不以为然,和藏民打成一片。

此行最后一站是桂北的兴安、全州，魏巍来到当年红军过湘江的界首、凤凰嘴等渡口，以及聂帅当年领导的红一军团阻击敌人的脚山铺。在脚山铺，他察看了红军与国民党军激战的山岭，美女梳头岭、冲天凤凰岭、怀中抱子岭……这些奇特的山名引起他的兴趣。但当他

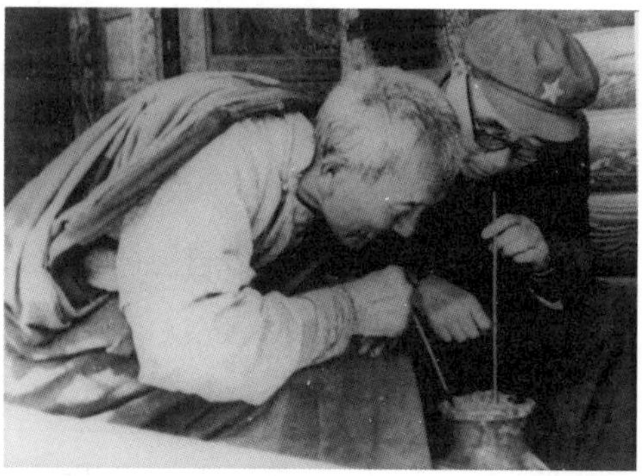

1984 年 8 月 27 日，魏巍在四川脚木足同藏族老人同饮青稞酒。

寻访长征路，魏巍在雪山下留影。

得知，解放30多年了，每逢暴雨，山中烈士的遗骸仍被冲刷出来。听到这些，他感到非常悲伤，禁不住热泪横流。

返京后，魏巍带给聂帅两株脚山铺的桂花，并汇报了情况。之后，聂帅和魏巍向国务院建议修建红军长征突破湘江纪念碑园。1996年，湘江战役纪念碑园在兴安落成。

三年写作：
散步得书名，遗憾未改编影视

两次重走长征路后，魏巍开始着手创作小说。

写长征最难的是结构，有人建议他写成多卷本。为此，他曾征求过丁玲的意见，丁玲认为"三十万字足矣！"魏巍认真总结了此前《东方》的创作得失，于是决定采用浓缩式写法。小说并没有从五次反"围剿"开始，而是从兵败湘江开始写起，从湘江之战到遵义会议、强渡大渡河、与张国焘的斗争及过草地，是小说的三大重点。魏巍在重走长路上记下的当地民谣、传说等素材，也有机融入了小说中。

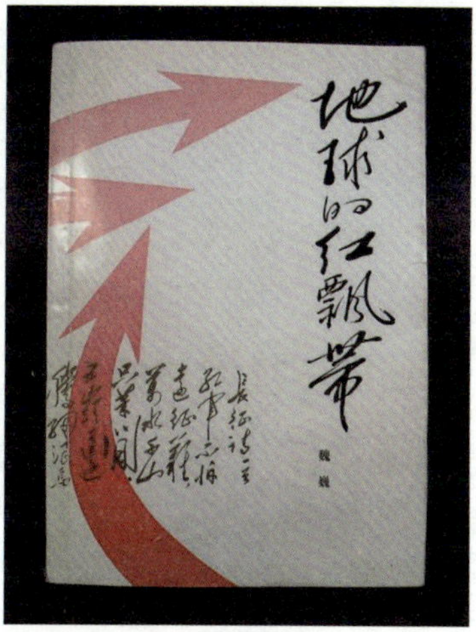

初版《地球的红飘带》

“父亲年纪比较大了，精力跟不上，一般每天上午写三四个小时，下午再写两个小时。”魏猛说，父亲也会征求家人的意见，要求全家一起动脑子帮忙想书名。

魏巍的生活很简单，不打牌，也很少下棋，但每天都要在家附近散步。小说基本完成后，他就一边散步一边想书名。“因为红军是穿灰军装的，我当时贡献书名‘灰龙’，但他没有采用。他想了很多书名，最后才想到‘地球的红飘带’，一听到这个名字，我妈、我爱人都说好。”魏猛说，父亲以前是诗人，很有想象力，这个书名就挺有诗意。

小说完稿后，聂帅看了非常高兴，遂提笔写下序言，评价其为“史诗般的作品”。他写道：“过去一写长征，就是雪山草地，这次则写了内部斗争，更充分地显示了党的力量，使读者得以全面地了解长征。作品中出现的毛泽东、周恩来、朱德，以及王稼祥、彭德怀、刘伯承、叶剑英等的形象，写得很像，很活，这些都是我非常熟悉的领导和战友，差不多就是那个样子。”聂帅还称赞，书中对蒋介石、王家烈、杨森等敌方人物，同样写得有血有肉、性格鲜明。

小说于 1988 年出版后，备受读者喜爱。长征题材创作中，以往总是一味突出红军英勇，极少有人提到党内路线斗争，而魏巍的小说则以两条路线斗争作为一条故事主线，无疑是一大突破。小说中既写到当时中央领导人执行王明的左倾错误路线，但并没有将他进行丑化，也肯定了他的优点。这位领导的子女还写信给魏巍，表示书中对他们父亲形象的塑造是公正的，符合历史真实性。

“《地球的红飘带》写完后，父亲很开心，觉得有了一个交代，可以告慰牺牲的红军烈士。”魏猛说，父亲买了很多书，送给采访过的老红军战士、长征路上接待过他的群众，后来还把手稿捐给了一个文学纪念馆。

当年有一家出版社曾想把小说改编成电视剧，结果中途项目夭折。作品没能拍成影视剧，这也是魏巍生前留下的一个遗憾。

大渡战天险

王东亮　曹　斌

黑沙、白石、浊浪，湍急的雪山融水裹挟着果洛山千万年的寒意，大渡河咆哮着在石棉县安顺场转过一个弯。

在曾经杀声震天的古战场，一位聋哑老人，向河心猛地甩出钓竿，然后冲我们比划了一个端枪的姿势，似乎是在提醒我们：81 年前那个雨过天晴的早晨，就是在这里，十七位勇士用刀枪写就了一段光辉历史。

大渡河，是渡过金沙江后红军北上必由之天险。蒋介石一边电令四川军阀刘湘、刘文辉、杨森等沿大渡河北岸布防，扼守各个渡口；一边调遣薛岳、周浑元、吴奇伟等中央军尾随红军追击，妄图把红军困死在大渡河南岸的安顺场，“要朱毛成为第二个石达开”。

然而，军阀却并不完全与蒋介石同心。红军战士靠着 99 分的坚韧和 1 分的幸运，顺利渡过大渡河，改写了安顺场败兵之地的历史。

“这里是渡口，向下游方向不到 1 华里，红军夺到了第一艘渡河船。”烈日下，中国工农红军强渡大渡河纪念馆副馆长宋福刚一手搭凉棚，一手指向水流的方向。

彼时的大渡河，水面宽阔、波涛汹涌，加之河水是雪山融水，冰冷刺骨，泅

解放后，为确保安全，大渡河上的渡口逐渐被桥梁取代，原安顺场渡口西岸如今已建起了中国工农红军强渡大渡河纪念馆。（邓伟 / 摄）

渡是不可能完成的。找到渡船是渡河的首要任务。

“本来红军是夺不到渡船的。”当年的老船工帅士高，生前曾向孙子帅飞讲述了这样一个鲜为人知的故事。

原来，在红军到来的前几天，安顺场守敌已经强令老百姓全部迁往对岸的安靖坝，准备放火烧掉安顺场，把全部渡船撤到北岸。但安顺场的房屋，一大半都是宁属靖边部营长赖执中的产业，一旦烧街，他的万贯家财也就灰飞烟灭了。几经争执，赖执中向扼守渡口的川军团长余如伟“具结”担保在红军到来前一定烧街。交涉完后，过河返回安顺场，天色已晚，渡船也就留在了南岸。

赖执中做梦也没有想到，红军急行军 140 华里，当晚就赶到了安顺场，并且凭借他留在南岸的渡船，在第二天成功强渡大渡河。

夜半漆黑，红军冒雨疾行至安顺场，只用 30 分钟就打垮了赖执中的民团，抓住俘虏带路，轻而易举把渡船夺到手连夜找到十几名船工准备渡河。

由于上游开发水电，如今的大渡河早已不如当年水势，记者沿着裸露的河滩走向夺船地，一旁河水滔滔，似是当年红军呐喊声犹在耳。

“渡河，就更传奇啦！”宋福刚带着记者来到纪念馆一组玻璃柜前：“你看，首批渡河的十七勇士，每人都配有这样的一把大刀、一支冲锋枪、一支短枪和五六个手榴弹。”

红军夺船后第二天早晨，雨过天晴，瓦蓝的天空缀着朵朵白云。刘伯承、聂荣臻亲临前沿阵地指挥，红一团第一营营长孙继先从第2连挑选了17名勇士组成渡河突击队，连长熊尚林任队长，由帅士高等当地船工摆渡。

7时许，十七位勇士踏船劈浪渡河。

对岸敌人胆战心惊，向渡船开火。南岸红军一声令下，神炮手赵章成瞄准对岸敌人工事“通”“通”两炮，就把敌碉堡轰上了天。红军机枪、步枪一起开火，子弹暴雨般射向对岸。

“强渡大渡河的渡船，并不是直线驶向对岸。”帅士高生前回忆，当年河水汹涌湍急，行船仅靠人力划桨，只能顺水斜向横渡。

即使这样，北岸也不是那么容易到达。船工们想把船停靠在对面尖石包，以便躲过敌人火力，但河水将船冲向礁石，再顺势冲向桃子湾。紧要时刻，四名船工跳下船，在急流中拼命用背抵住渡船，另外四名船工用竹竿使劲撑船，驶向北岸。

距岸六七米时，十七勇士跳船上岸，敌方枪声大作，手榴弹滚雪般往下扔，想把渡河勇士消灭在岸边。南岸红军则以猛烈火力掩护。硝烟迷雾中，十七勇士手执寒光闪闪的大刀冲向守敌阵地，敌军丧失斗志，四散而逃。红军一举击溃川军1个营，牢牢控制了渡口。

随后的七天七夜里，80多名船工奋力挥桨，红一军团第一师和干部团渡过了天险大渡河，北上继续前行。

安顺场边孤舟勇，踩波踏浪歼敌兵。

后来，已经成为我军高级将领的孙继先撰文感慨：渡河上岸，我把驳壳枪往皮带上一插，深深地吸了一口气。让蒋介石继续做他的消灭红军的美梦去吧！中国共产党领导的工农红军永远不会做石达开第二，我们胜利了！

81载转瞬即逝。就在昔日红军渡河指挥楼的后身，一所“八一爱民学校”矗立在小村之中。在这所小学，加入“十七勇士中队”，与当年执行强渡任务、如今驻在香港的“大渡河连”通信，是600多名小学生的最高荣誉。

“每年 5 月 25 日，红军强渡大渡河纪念日，‘十七勇士中队’都会在纪念馆广场红军雕像前举行换届仪式，一代代传承红军精神。”辅导员神兴国说。点名时，老师依次念出十七勇士的名字，全体队员齐声喊“到”，很多孩子都激动得热泪盈眶。

当年的渡口，如今有两棵参天梧桐，为前来追忆往昔的游人遮阳挡雨。站在树下，遥望南方，红军走过的马鞍山垭口郁郁葱葱。更远处，营盘山开荒植绿，种上了让村里人致富的黄果柑。黄果柑园里，不断闪过勤劳的身影。在他们身上，保留着当年红军战士的乐观、坚毅和勇敢。在他们脚下，绿色田野铺就一条通向美好明天的黄金大道。

信仰

交响曲中的长征，世界仍流传

《三大纪律八项注意》与民歌交织，丁善德创作首部长征题材交响乐

韩　轩

"《长征交响曲》对我有特殊的意义，它不仅是我外祖父丁善德的作品，它的总谱诞生的那年，也是我出生的那年。"著名指挥家余隆翻开1964年出版的《长征交响曲》总谱，感慨万千。

《长征交响曲》是我国第一部以长征为题材的大型管弦乐作品，记录了长征的万里征途、红军的英雄气概；这部作品用朗朗上口的《三大纪律八项注意》贯穿五大乐章，交织着西南民歌，成为新中国交响乐史上的里程碑之作；这部作品创作50多年来，不仅在中国大地上流传，还多次在海外的音乐厅响起，所录制的唱片一度成为欧洲最畅销的唱片之一。

缘起：陈毅副总理"点题"谱写长征

说到《长征交响曲》的创作缘起，业界还流传着一段佳话：这是陈毅副总理亲自点的题。

丁善德女儿丁芷诺记得，那是1958年的一天，开完创作会议回来的父亲非常兴奋："你们知道吗？陈毅副总理很喜爱古典音乐，他说交响乐是有世界意义的！虽然现在中国听交响乐的人不多，但世界上起码有九亿人听交响乐，中国历史很多事都可以写成交响乐！"原来，陈毅号召文艺工作者写中国自己的交响乐，"人民英雄纪念碑上八块浮雕的故事都可以写。"

其实，在世界经典的音乐作品中，以战争和革命为题材的并不少。俄法战争胜利时，柴可夫斯基写下了《1812序曲》，贝多芬也创作了《英雄交响曲》。"中国应该有自己的革命历史题材交响乐！"这也是时年47岁的丁善德的愿望。

早在新中国成立时，身在法国的丁善德奔赴回国，他的

行囊里就夹着一份《新中国交响组曲》的曲谱。这是他在新中国成立前夕，专门为人民政权的诞生创作的交响乐作品。“新中国一成立，父亲就带着谱子回来了。组曲里还用了秧歌调，融入中国特色的交响乐。”丁芷诺说，可惜这部作品后来也没怎么演出。

在她的印象里，直到上世纪50年代，中国乐团排演的交响乐几乎都是外国作品，“中国的作品太少了！”中国人的乐团始终演外国的作品，总归缺少了点儿味道。因此，当丁善德接到创作长征主题交响曲的号召时，甭提多激动了！

采风：
把红军冲锋号写进交响乐

挑起了创作长征主题交响曲的重担，丁善德就开始了采风的征程——重走长征路。1958 年 10 月，丁善德和施咏康、黎英海两位音乐家出发，先后去了江西瑞金、井冈山、贵州遵义与四川、陕西等地，为交响曲创作积累素材。

采风时的丁善德非常细心，有长征遗迹的地方，他一定到访；和老红军有关的故事，他一定追问。从瑞金走到井冈山时，三年大饥荒已经开始，丁善德在笔记中这样写着：“井冈山的经济情况比较困难。每天只吃两餐，商店里也买不到饼干之类的食品。”即便这样，他还把当年毛主席工作、挑水的地方全部走遍，还找到了井冈山附近永新县的“老红军钢铁厂”。“这里有很多参加过长征的老同志！有的担任过连长，有的担任过侦察兵、司号员。”丁善德的笔端透露出他激动的心情，“我们访问了好几位同志，听他们讲怎样飞夺泸定桥，怎样艰难地爬雪山、过草地，怎样指挥战斗，怎样进行侦察。”

丁善德

"除了听故事，父亲还找到当年做司号员的老红军，给他唱冲锋号的音调。听到冲锋号好像是'哆咪嗦'，他就赶紧用简谱记下来，集合号又是别的音调，他再记下来……"丁芷诺说，采风归来，父亲兴奋地跟她讲老红军司号员教给他的"知识"，再把这"知识"融入到了《长征交响曲》第一乐章《踏上征途》的乐句中。

丁善德前后采风多次，当时正读大学的丁芷诺记得，父亲每次采风回来都会专心创作。当时，丁善德还担任上海音乐学院副院长和作曲系主任，白天要工作，晚上下班回家，坐在钢琴前，把采风时积累的素材摊开，看一会儿，弹上几句，看一会儿，再弹上几句……

在丁芷诺的记忆里，父亲的创作状态是典型的"理性派"，情绪不会大起大落，而是坐在钢琴前，沉住气慢慢琢磨。偶尔，他也和女儿讨论交响曲的内容。"长征路上重要的故事太多了，他本来还想加一章《遵义会议》。可想了又想，最终还是没有加。父亲说，遵义会议的内容太过抽象，不适合用音乐语言来表达，会影响交响乐的效果。"

这些经历丰富的采风，还让丁善德在创作中下决心突破交响曲的一般形制。交响乐通常由固定的四个乐章组成，但丁善德决定用五个乐章来表现长征，分别是《踏上征途》《红军，各族人民的亲人》《飞夺泸定桥》《翻雪山，过草地》和《胜利会师》，也对应了长征途中最典型的五段史实。

首演：
老红军来信直呼"听得懂"

从踏出采风的第一步，到完成《长征交响曲》第五乐章的最后一个音符，丁善德用了3年时间。其中，前三个乐章在1960年底完成，并在1961年的第二届《上海之春》音乐会上首演，一下就震惊了中国。

"在'上海之春'首演后，父亲收到一位老红军的来信。老红军说，他本来以为交响乐很难懂，但听了《长征交响曲》，感觉很好听，也不是那么难懂，就好像回到了当年！"来信中那质朴的语言，不仅让丁善德兴奋万分，也让丁芷诺记忆犹新。

其实，丁善德在创作时就一直绷着一根弦儿：写出来的交响乐一定要让大家听懂。采风时，他格外留意当地的民歌和长征时流传的歌曲。随着长征的深入，江西的山歌也辗转南北，传遍各地，具有很高的音乐辨识度。丁善德最早将赣南闽西民歌《风吹竹叶》作为《长征交响曲》第二乐章的音乐主题形象，让历史悠久的客家山歌音调融进现代交响乐曲。“在第四乐章《翻雪山，过草地》中，父亲还用了当时老红军们常唱的《吃牛肉歌》，当时翻雪山根本没东西吃，老红军就唱这首歌鼓舞斗志。”丁芷诺回忆。

让更多人感到熟悉而亲切的，是贯穿交响曲始终的《三大纪律八项注意》的旋律。对于那个年代的中国人来说，这首表现长征路上红军战士“不拿群众一针一线”的曲子太熟了：长征时战士们唱，采风时乡亲们唱，全国人民也都能哼上两句。丁善德就把这首曲子加了进去。第一乐章中，红军在压抑的气氛中踏上征途，《三大纪律八项注意》的主题曲和各种变奏时时响起，象征红军行进的组织性和纪律性。而在第二乐章《红军，各族人民的亲人》中，红军来到西南少数民族地区，当地的民歌调子此起彼伏，仔细一听，前面出现过的《三大纪律八项注意》也交织其中，恰好形成音乐上的“复调”关系。

“这感觉就像红军战士到达少数民族地区，当地老百姓在欢迎红军，音乐一下就形象了，所以老百姓才说他们能听懂。”丁芷诺说。

流传：
不同版本唱片曾畅销欧洲

“不要以为把一个旋律贯穿整部作品很简单，用《三大纪律八项注意》贯穿始终体现极大的作曲功力，再把少数民族的旋律和这个主题交织在一起，在技法上又达到了极高的水准，今天看来都让人叹为观止。”说到这部与自己“同岁”的交响曲，余隆脸上充满骄傲。

《长征交响曲》绝不是一部“应景之作”，从它诞生至今，许多国内外的优秀音乐家、乐团、唱片公司都曾演奏和录制这部作品。作为丁善德的外孙，余隆早在1994年就曾指挥捷克广播交响乐团录制了立体声唱片。

先后有6个乐团和5个版本的唱片在海内外发行《长征交响曲》。其中，澳籍华人林克昌指挥名古屋交响乐团在日本演出、并由香港唱片公司发行演出实况录制的唱片和磁带，在1981年销售超过一万张，一度成为欧洲最畅销的15张唱片之一。这部早已成功走向世界的音乐作品，正如余隆所说："它的配器、复调、结构，到今天为止都是范本。"

2016年恰逢长征胜利80周年，《长征交响曲》数次在祖国大地上响起，余隆也不止一次拿起指挥棒，向外公、也向长征精神致敬。"《长征交响曲》是能代表中国一个时代的音乐作品。然而，它并不仅仅属于那个时代。这部作品最感人的地方，正是那个时代最宝贵的东西——英雄主义情结。"言辞间，余隆十分严肃，"不是说大话，我就是喜欢它的英雄主义情结和革命浪漫主义气息，老一辈人对长征的憧憬和敬意不是今天的人能够理解的。难道英雄主义在这个时代就不再需要了吗？任何一个时代都需要英雄指引人们的灵魂，引领一个时代不断向上。"

泸定决分晓

王东亮　曹　斌

越过巍峨险峻的二郎山，茶马古道上，由 13 条铁索牢牢拉住的“西出盐关第一桥”——泸定桥，稳稳横跨在滔滔大渡河之上。

暮霭低垂，群山环抱的泸定桥东桥头广场上，市民伴着欢快的乐曲跳起广场舞，一派祥和。摇摇晃晃的泸定桥上，几位红军“有缘人”的讲述，给我们勾勒了 81 年前那场关系红军命运和中国前途的泸定夺桥激战。

已经退休十几年的邓明前，对红军长征到达泸定的那段历史刻骨铭心，经过多年的走访调查，还原了不少模糊的历史细节。

“从安顺场过来的红四团，是全军的开路先锋。”邓明前说。他是土生土长的泸定人，81 年前，他的父亲邓元斌早起给稻田放水时，有幸目睹了红军到达泸定的情景。“到处都是军队，一眼望不到头。”由于军阀混战多年，邓元斌当时对突如其来的军队只有一个感觉——害怕。

后来才知道，他遭遇的正是刚完成一昼夜急行军，从 240 华里外的什月坪飞奔而来的红军。“急行军路上，红军还‘顺手’打了两个胜仗。”红军飞夺泸定桥纪念馆副馆长夏芸说，在石棉到泸定的最后一个关口——猛虎岗，红军击溃川

军一个营；在磨岗岭又打了个胜仗。

红军赶到泸定桥西桥头时，天还没有亮。守桥的川军“老爷兵”还在梦乡中就被“拿下”，红四团不费一枪一弹便夺得泸定桥西桥头。

“夺取西桥头后，指挥部队的红四团政委杨成武没有马上下令向桥东发起攻击。”邓明前根据多年搜集的资料判断，红军当时是在等后续部队将机枪等武器

横跨在大渡河上的泸定桥，将东岸的泸定县城和西岸的海子山连接起来。

辎重运来。

红军抵达泸定桥的几个钟头前，敌24军第4旅38团的两个营已经进驻泸定桥。敌人一到泸定桥，立即动手拆除桥板，强迫老乡拿出麻袋填装河沙、石头以构筑工事。

“因为大雨，加上很多川军官兵犯烟瘾，拆除桥板的进度非常缓慢。”邓明前说。桥板还没拆完，红军就突然出现在西桥头。敌人仓皇隔河射击，阻止红军前进。

此时的泸定桥，部分桥板已被拆除，尤其是靠西岸的一段连一块桥板也没有，13 条光溜溜的铁索在风中摇摆，寒气森森。而桥下，大渡河宛如张牙舞爪的巨龙，疾风不断地掀起一个个漩涡，翻滚着向下游奔腾而去。

仗着天堑相隔，敌军集中火力封锁桥面，还不断喊话：

> “你们飞过来呀，我们缴枪啦！”
>
> “有种的飞过来呀！”

敌人的挑衅，更激发了红军将士的斗志。

中午，红四团在泸定天主教堂开会进行战斗动员。会议刚一开始，敌人就从对岸打来一排迫击炮弹，其中一发恰巧落在教堂屋顶，开了“天窗”。杨成武拍案而起：“这是敌人给我们做动员，必须打过去，刻不容缓！”

矮小结实的二连连长廖大珠夺得首攻突击任务，让其他连长羡慕不已。突击队员确定了 22 名，可惜因为年代久远，如今只有 5 人能确定姓名。不过，无名留世无碍勇士成为后人心中的英雄。

下午 4 时，经过周密部署后，总攻开始了。

22 名突击队员匍匐在铁索上，顶着对岸射来的枪弹艰难前行。藏在桥西海子山上的百余挺机枪发挥了大作用！ 100 多挺机枪居高临下猛烈射击，压制住了对岸守敌的火力，掩护突击队员前行。

杀红眼的敌人无计可施，将剩余的桥板泼上煤油，放火烧桥，阻止红军前进之路。

“冲啊！”廖大珠一跃而起，带头冲进火海。一个、两个、三个……突击队员从火海中冲过去，端起冲锋枪扫射敌人。

他们身后，杨成武带领三连一边铺桥板，一边冲锋……

近年来，总有人质疑这场战斗，对红军在烧红的铁索上冲锋表示不信。

当年突击队员刘金山之女刘淑芳向我们讲述了一个细节。“爸爸晚年时，一次我和他开玩笑，捏了他肘下一把，他立即皱眉喊痛。”刘淑芳从没见过父亲这样怕疼，还以为是“老小孩”在和她开玩笑。刘金山脱下常年穿着的军装，半尺长的烫伤痕迹赫然入目。

“这是渡桥时留下的，被铁索烫的。当时毫无感觉，一心想着冲锋，也顾不上疼痛。”老人对女儿说，前有抵抗后有追兵，冲过去消灭敌人才能活命，疼又算得了什么！

红军跨过泸定桥，敌人也在争分夺秒地追赶。

今年已经 54 岁的袁清贵说，父亲袁炳清是当年红军渡桥后卫部队的一员，30 多名红军战士的任务是守住桥头 6 天。

2009 年，袁炳清带着袁清贵重返泸定桥，指着地面告诉儿子，当时情形紧急，红军战士击断一根铁铆，烧红砸扁，每隔一根就敲断一根地索，使 9 根地索变成 5 根，宽阔的间隙让追敌无法快速找到合适的桥板，为红军部队转移赢得了宝贵的时间。

跨过泸定桥，越过二郎山，穿过天全县，红军劈开了通往共和国的胜利之路。1981 年到访的布热津斯基夫妇听完飞夺泸定桥的故事，提笔写下：China has been united by the sacrifice and courage of those who dared to cross the mountains and ford the rivers!（中国是那些敢于翻越千山万水的人们用牺牲精神和勇气统一起来的！）

81 载春秋漫过，战场的硝烟已经散去，而当年红军气吞山河的壮举和撼天动地的精神却历久弥新，在九州大地世代传承。

最早长征记，拨开尘封见真迹

《红军长征记》1937年编辑完成，原始稿隐身数十年后重见天日

路艳霞

长征的故事是怎样流传于世的？过去一直认为始于美国记者埃德加·斯诺1937年写就的《红星照耀中国》。但在上海交通大学历史系教授刘统看来，斯诺依据的资料应该来源于《红军长征记》。

《红军长征记》是最早、最直接、最真实的红军长征回忆录，作者均为参加过长征的红军将士，后来大多是党和国家、军队的重要领导人，其文体朴实无华，语言鲜活异常。从1937年《红军长征记》最初编辑完成后，这部回忆录曾经尘封多年，之后才重见天日。如今，市面上可见的几个版本，幕后也有着许多曲折的故事。

重见天日：出版人苦寻《红军长征记》

长久以来，《红军长征记》并未进入大众视野，直到2006年，它才真正结束了几十年的尘封岁月。那一年，《红军长征记》推出了四种不同出版物。解放军文艺出版社出版了《红军长征记》；广西师范大学出版社根据哈佛燕京图书馆文献丛刊第二种，影印出版《红军长征记》；中央文献出版社推出《亲历长征——来自红军长征者的原始记录》。这三本书内容一致。此外，上海人民出版社还影印出版了《二万五千里》誊清稿本。

《红军长征记》能够公开问世，归功于国内出版人的苦苦追寻。上世纪90年代初，解放军文艺出版社资深编辑侯健飞从几位专家口中听说了这本书，“我最初是从北京社科院文学所张泉老师那儿知道《红军长征记》的”。

侯健飞回忆，大约是1995年左右，他正编辑“外国人笔下的红色中国”系列，他和张泉聊起了关于红色资源的出版话题，张泉建议应该把眼光放到海外，其中就提到《红军长

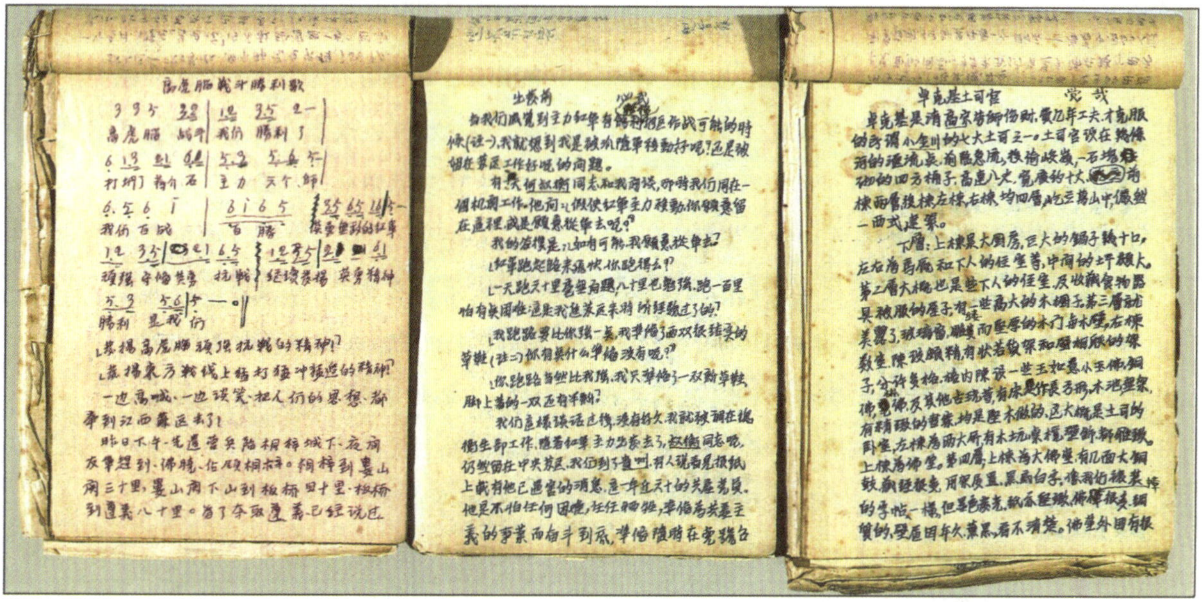

《二万五千里》誊清稿影印件

征记》。再次听说《红军长征记》，侯健飞是从王福时老先生的口中获知的，老先生当年在延安陪同海伦·斯诺访问过毛泽东。王福时确定地说，在哈佛大学燕京图书馆珍藏有《红军长征记》，这是朱德签名送给斯诺的，斯诺后来捐赠了出来，这本书是1942年出版的内部资料，是印刷品。

直到2002年，才有媒体报道哈佛大学图书馆珍藏的《红军长征记》被发现。侯健飞获悉后，遂通过美国一位朋友，将哈佛大学燕京图书馆的珍藏复印过来出版，“好

解放军文艺出版社2006年版《红军长征记》封面。

在这本书不存在版权问题。”

“好多字都是错写字，还有通假字，而且很多字都模糊不清，要拿着放大镜仔细辨别才行。”当侯健飞拿到复印件的时候，他很抓狂，最难办的是，很多作者是用化名写文章，比如张爱萍用的是“艾平”，徐梦秋用的是“莫休”等，作为编者要一一考证作者的真实身份。

即便这样，解放军文艺出版社出版《红军长征记》的时候，还是有三四位作者查不到准确资料，其中就包括《遵义日记》的作者何涤宙。在该书的出版前言上，这样写道：“我们参考了1954年中共中央宣传部《党史资料》刊出稿；在地名、人名和注释上，还慎重参考了1955年人民出版社出版的《中国工农红军第一方面军长征记》一书。”而封面上，也特别标注了作者为董必武、陆定一、舒同等。

影印版《二万五千里》则另有一番来由。其实，早在上世纪80年代，在上海鲁迅纪念馆的文物库里，中国鲁迅研究会副会长、原上海鲁迅纪念馆馆长王锡荣就见过《二万五千里》（《红军长征记》最初就名为《二万五千里》），他见到的正是极珍贵的誊清稿本。但《二万五千里》誊清稿本作为国家一级文物，只在1996年展出过一次。2006年上海人民出版社才与上海鲁迅纪念馆合作影印出版。

1942年印刷的内部资料《红军长征记》。

这部《二万五千里》誊清稿本是迄今为止在国内发现的唯一珍藏。1962年首任上海鲁迅纪念馆副馆长的谢澹如逝世后，家人将誊清稿本捐赠给鲁迅纪念馆。“据说，当年在延安也留了一套誊清稿本，但是迄今为止一直没有发现，而其他留存在个人手里的也都散失掉了。”王锡荣说，至于这部誊清稿本的来历，也有一段故事。1937年初，中共中央特派员冯雪峰从上海重返延安，向中央报告工作，当时丁玲等编辑了《二万五千里》，其中的一部誊清稿本遂被冯雪峰带回上海，此后交由谢澹如，由他收藏。王锡荣说，冯雪峰和谢澹如都是湖畔诗社成员，关系非常铁。

王锡荣说，该誊清稿本一次复写七份，因此第一份颜色最浓，最后一份颜色模糊，但在装订的时候，这些纸张都混在了一起，因此就出现了装订成册后色调不均匀的情况。“装订成三册的誊清稿本，纸是马兰纸，质地很差，很容易破碎。”王锡荣回忆，影印时工作人员十分小心，装订线根本没敢拆开，唯恐扫描后装订不起来，因此有极个别地方，是在装订线里面，没办法影印出来，“我们宁愿字看不全，也不打算拆开，最重要的是文物本身不能破坏。”

最初来源：
毛泽东、杨尚昆发通知征稿

2006 年解放军文艺出版社推出的《红军长征记》，把 1942 年版的封面照片特别收入了书中，这个封面除书名外还印有“党内参考材料”“总政治部宣传部印”和“1942 年 11 月”字样。一群怀着理想和信念的青年才俊，在一场史无前例的征程中，所经历的既有悲伤和痛苦，又有希望和欢乐的战斗生活，从那些生动、质朴的文字中流淌了出来。

哈佛大学燕京图书馆善本部主任沈津曾评价 1942 年版《红军长征记》：“唯其粗糙质朴，才显得可爱，而且非常可贵。”据他考证，该书共 412 页，收有回忆录 100 篇，其中，上册 42 篇，下册 58 篇及歌曲 10 首。另附录《乌江战斗中的英雄》《安顺场战斗的英雄》二篇。书后附有《红军第一军团长征中经过地点及里程一览表》，详细记录了行军月日、出发地点、经过地点、宿营地点、里程等。

该版还有出版者的说明，其中记述了《红军长征记》原名为《二万五千里》，于 1937 年 2 月 2 日编好，但因编辑部同志离开延安，又因抗日战争使大家忙于其他工作，“无暇校正，以致久未付梓”，而且还提到“近来借阅的同志很多，原稿只有一本，深恐损毁或遗失”，最后特别嘱咐“希借到本书的同志妥善保存，不得转让他人，不准再行翻印”。

关于这本书的来历，多位专家考证后都有统一说法。1936 年 8 月 5 日，毛泽东起草并以他与总政治部负责人杨尚昆联名的形式，发出了一封《为出版〈长征

记〉征稿》的电报——文字只求“清通达意，不求钻研深奥”，其目的包括为了扩大红军国际影响等，并“备有薄酬，聊志谢意”。征稿通知发出后，反响热烈，截至当年10月底，就收到稿件200篇以上。

侯健飞提醒说，过去没有特别强调是丁玲主编的《红军长征记》。对此，《丁玲传》作者李向东也说，1937年中共中央进驻延安后，丁玲曾当过一段时间的警卫团政治部副主任，但她实在不适合干这个，后来就回来做文学工作，于是开始和成仿吾等编辑《红军长征记》，当时初选了200多篇来稿。关于丁玲担任主编的可靠证据，李向东认为，当年燕京大学学生赵荣生曾在延安采访过丁玲，并在上海刊物发表过相关的编辑情况。

事实上，丁玲也曾在一篇文章中记述编辑《红军长征记》的过程，“新的奇迹似的事态，跟我又发生了，这便是记长征的《二万五千里》……从东南西北几百里、一千里之外，甚至从远到沙漠的三边，一些用蜡光洋纸写的，红红绿绿的稿子，坐在驴子背上浏览塞北风光、饱尝灰土，翻过无数大沟，皱了的、模糊了字的，都伸开四肢，躺在编辑者的桌上。”最终，经过加工修订，编委会选定110篇，30多万字，装订成上下两册，并誊写了几部。

版本流传：
被删减的文章恰恰很宝贵

“历史仿佛经历了一个轮回。上世纪50年代的版本是一再精简，而现在的工作是尽可能恢复历史原貌。”刘统说。他介绍，解放战争时期，各解放区零星出版了一些选本，但篇幅较少，未能体现《红军长征记》的全貌。1954年，中共中央宣传部内部刊物《党史资料》重新发表了《中国工农红军第一方面军长征记》，内容包括文章95篇、诗歌10首等，最重要的变化是，删除了何涤宙的《遵义日记》《绝食的一天》，以及其他作者的两篇文章。1955年该书选本重新出版，但也没有收入何涤宙等人的文章。而2006年出版的1942年版《红军长征记》，这些被删除的文章都恢复了。

至于何涤宙文章被删除的原因，国防大学战略教研部教授徐焰认为，一是何涤宙的《遵义日记》与人们认知中的长征相去甚远，二是他后来又加入了国民党军队。《遵义日记》中，作者写了进入遵义城后十天里所经历的活动，描写了因为没有打仗，难得享受着城市小资产阶级生活的场景。何涤宙对辣子鸡丁的描写非常生动，第一天吃到辣子鸡丁大家吃得很满意，但后来因为来人太多，辣子鸡丁质量就变了，先是白菜铺底，后来猪肉也上来充当鸡肉了，再后来，盘子上只是薄薄地铺上了一层。文中还写了举办篮球比赛、开舞会的场面，萧队长（萧劲光）身材高，依然将从莫斯科学来的高加索舞跳得轻巧，写得非常传神可爱。

在刘统看来，和1942年的版本相比，上海鲁迅纪念馆所藏的1937年誊清稿更完整、更原始、更真实、价值也更高。“1942年版相对于1937年誊清稿，已经做了许多修改。尤其是莫休的《大雨滂沱中》《松潘的西北》和李一氓的《从金沙江到大渡河》，做了较大幅度的修改。”他说，1942年版删去了许多情绪化的文字，还删去了一些被认为有损红军形象的文字，“但这些被删去的文章和被修改的文字，恰恰是非常宝贵的。”

刘统通过对誊抄稿的考证，发现了几篇1942年版中未收录的文章。有陆定一的《珍重》、谭政的《突围的第一仗》、彭加仑的《出发的前夜》《胜利后的一幕》、张际春的《铁屁股》共5篇文章。比如彭加仑《胜利后的一幕》中，提到因为被封锁太久，大家对外界许多东西都不认识，以致闹了笑话。一个新战士把墨汁错认为牛乳，他不顾老板劝阻一定要喝，意识到喝错后，弄得自己也很难为情。那个战士向老板赔了不是，羞惭地回去了，一幕喜剧也就此闭幕。

而在刘统看来，《红军长征记》的作者中，写得最好的是莫休。“他的文章无论是记事的真实传神，还是视野的宽阔，良好的古文功底，加上知识分子特有的抒情，他写的五篇文章，每篇都是精品。”他介绍，最新整理的《红军长征记》即将由三联书店出版。该版共有6篇综述、109篇文章、12首歌曲，以及英雄名录、大事记和3份统计表，应该是恢复了历史原貌。但刘统也表示，“学无止境，红色文献的整理研究也没有止境。”《红军长征记》未来还有哪些变化，这还是一个谜。

錾石宣政纲

艾方容　石滢琪　李如意

初秋，骄阳似火，烈日炽烤着川北大地。

从广元市向南，直奔剑阁，沿途不时出现的“红色”痕迹路标——“赤化镇”“红军纪念园”……成为窗外匆匆的风景。

1935年3月，红四方面军从川陕根据地挥师西进，强渡嘉陵江后，为策应中央红军北上，在总指挥徐向前、副总指挥王树声的带领下攻克剑门关，进驻剑阁县。

一夫当关，万夫莫开。剑阁县城东北30公里处的剑门关，山岭险峻，关口仅有一条极狭窄的古道，两旁的断崖峭壁直插云霄。“自秦惠王伐蜀以来，这里发生过50余次战斗。在2000多年的征战历史上，仅有一支军队攻克了剑门关，这就是英勇善战的红军。”陪同采访的剑阁县委党史研究室副主任伏洪彪如是介绍。

剑门关如今已成为5A级景区和全国爱国主义教育基地。2009年建成的红星广场上，坐落着红军攻克剑门关纪念碑、纪念馆和徐向前、王树声雕像。纪念碑底座上，铭刻着剑阁参加红军的1306名烈士的名字。

伏洪彪说：“红军在剑阁期间，发动群众建立了3个县级、12个区级、47个乡镇级、235个村级苏维埃政权，所到之处，红军积极宣传党的主张和革命道理。”

“錾刻队”是红军宣传队里专司錾刻标语的小分队，在剑阁县留下了数不清的石刻，宣传红军和苏维埃政权，揭批国民党军阀，鼓励群众参加红军。这些錾刻在山崖、城墙、石碑上的标语，已成为永不消失的红色符号。

从县城经两小时车程后，转入只有3.5米宽的村级山道，辗转找到当年红军政治部驻地——大路河。

大路河是秀钟乡的一个自然村落，坐落在群山环抱的谷底，只有20多户人家。一条不足200米长的街道呈东西向，青石板铺成的道路不甚平整，街道两旁的青瓦木板楼农舍里，现在依然住着人家。

“1935年4月，红四方面军就是在这条街上设立了政治部、医院和红军接待站。”村民李堂斌说，“这条街叫马克思街，还是红军给起的名字，沿用至今。”

“街口原来有座戏楼，当年红军就在这戏楼上唱歌、跳舞、演话剧……”顺着李堂斌手指的方向，戏楼遗址上4根粗大的石柱，静静地躺在废墟中，另外两根石柱却依然耸立。每根石柱上都有红军錾刻的标语，大部分笔划足有六七毫米深，字迹清晰、标语完整，“共产党是穷人的政党”“打倒卖国祸川的邓锡侯”……“这个戏楼一直保存得很好，地震那年被震垮了。也不知道啥时候能重新建起来？”李堂斌满脸期盼。

街口北坡的半山腰，一座石头堆砌的坟冢足有半人高，墓碑上刻着：“红军烈士墓”，田姑娘就安葬在这里。

在大路河，80多年来一直流传着女红军战士田姑娘的故事——

1935年4月，16岁的田姑娘是红军队伍里的宣传员，她和几个战友的主要任务，就是上山錾刻标语。仅20天，他们就錾刻了数十条标语。后来她不幸患上天花，高烧不退。没过多久，红军接到出征命令。在当时环境下，红军只好将她留下，乡亲们毅然担起了照顾田姑娘的任务。

红军走后，还乡团反攻倒算，挨家挨户搜寻田姑娘。乡亲们不肯说，一个个被还乡团折磨得死去活来。“把老乡们放了，我就是你们要找的人。”田姑娘为了保护乡亲，主动从藏身的地方走了出来。

田姑娘被绑到戏楼的石柱上，石柱上的标语就是她和战友们錾刻的。还乡团用尽各种手段折磨她，粪水从头顶浇下来，她都咬紧牙关，坚贞不屈。当晚，田姑娘被还乡团残忍地杀害后剁成肉块，丢进茅坑。深夜，乡亲们含着泪，偷偷把尸块捞出，掩埋在树林里。

大路河的老百姓心里惦念红军，此后每逢清明，乡亲们都要上山给田姑娘扫墓。“如今田姑娘墓已成为附近十里八乡党员入党、学生入队的宣誓场所。”李堂斌说。

“不光村里石柱上有红军刻的标语，对面山崖上还有不少呢。”跟着李堂斌穿过马克思街，往西坡的山上攀。山谷中有一条溪流，由于地势落差较大，深涧之畔，未见流水，只闻哗哗的水声……

67 岁的李堂斌身体硬朗，手持镰刀在前面开路。在一块巨石前停下，用镰刀清理掉青苔，“拥护共产党”几个大字赫然显现。“附近山上一共有 46 幅，到处都是。”老李站在高处指点着。

每年清明，李堂斌都会来清扫红军留下的石刻标语。（李如意 / 摄）

普安镇是剑阁的老县城，当年红军錾刻队在这座古城的城墙上留下了“中国共产党十大政纲”的珍贵石刻，长11.4米，宽1.7米，是全国规模最大的“十大政纲”石刻。

“红军离开剑阁后，当地群众为防止国民党破坏，用石灰和泥填糊字迹，将石刻保存下来。”剑阁县委党史研究室主任张映学介绍。

寒来暑往80余载，“十大政纲”石刻已多处风化斑驳，难辨字迹，仔细端详仅能看到模糊的痕迹。近年来许多有识之士不断提议，要在剑门关建立革命纪念园，将散落在全县的红色遗迹通过复制、拓片等方法集中保护。

青山依旧，忠魂长存。长征时期红军錾刻在川北大地上的，不仅是一幅幅标语，更是一种红色基因，一种不屈的革命精神，它将永远镌刻在百姓的心上。

羌藏山乡红

艾方容　李如意　石滢琪

进入岷江河谷的302省道后，车不停地颠簸。“注意飞石，小心驾驶”，这样的交通提示牌让我们有了几分紧张，心随高低不平的路况七上八下。80多年前，连这样的路都没有，红军就是沿着弯弯曲曲的峡谷山道，向茂县挺进。

我们抵达茂县时，太阳偏西，极目四望，只见山连着山，远处的火烧云将羌藏山乡映照得红彤彤。

与剑阁不同，茂汶地区是少数民族聚集区，羌、藏、回、汉等民族世代居住在这里。解放后，国家设立茂汶羌族自治县，1987年，自治县一分为三——茂县、汶川县和理县。现在茂县羌族人口超过10万，占全县总人口的90%；汶川县也有4万羌族同胞。

1935年3月底，红四方面军开始长征，8万将士从川陕根据地直奔西南方向，剑指岷江地区，5月15日，南路部队占领茂县县城。

“长征是播种机，红军走到哪里，就将革命的火种播撒到哪里。”茂县党史研究室副主任余成良说。“红军虽然在茂汶地区只待了90多天，但他们与羌、藏、回、汉各族同胞结下了深厚的情谊，革命的火种在羌藏山乡燃成燎原之势”。

当时茂县总人口仅 35000 人，就有近 2000 人参加红军，而且大多数是羌族、藏族儿女。

98 岁的苏新老人是茂县目前唯一在世的老红军，1982 年离休后，定居成都。回忆起当年参加红军的情形，老人记忆犹新：“我小时候给地主放羊，红军来了伙伴们相互邀约，动员亲友参加红军，羌寨掀起了参军热潮。”年仅 16 岁的苏新成了红军战士。“我虽只有小学文化，但部队让我搞宣传，写标语”。解放后，苏新回到茂县，担任过军分区领导和县委书记等职。

羌藏地区，食盐稀缺。红军来到后，国民党进行经济封锁，使得食盐更加紧缺。为缓解红军吃盐难，当地有熬制经验的羌民上山挖盐土，为红军熬盐。“石大关和赤不苏大瓜子、小瓜子等地，现在还有熬盐的碉房和盐洞。”余成良说，当时茂县老百姓为红军提供的食盐多达两三千斤。

在茂县羌族博物馆，一件羊皮褂格外醒目，正面平整、光滑，反面覆盖着羊毛，显得质朴而粗犷。羊皮褂是羌民最喜欢的衣物，御寒、防雨、防潮、耐磨，非常实用。当年，许多羌民将自己的心爱之物羊皮褂送给红军，仅二木若乡（今沟口乡内）就组织羌民皮匠缝制了千余件支援红军。

“红军长征能够胜利，一个重要原因就是人民支持。”汶川县文化馆原馆长汪友伦是当地羌族人，一直从事文化工作，78 岁高龄了退而不休，继续活跃在羌族文化传播和地方历史研究领域。

“长征途中，红军走过各种各样的桥——浮桥、木桥、甚至铁索桥……但竹索桥还是很少见到。”汪友伦讲述了 1935 年六七月间，红军与汶川百姓齐心协力两次抢修竹索桥的故事。

威州，今汶川县城，位于岷江与杂谷脑河交汇处东岸，两道竹索桥横跨江面。此处是通往茂县、理番，进入羌藏少数民族山区的咽喉要道。敌人为了阻止红军渡江北上，炸了索桥。羌族木匠李兴发带领当地百姓运竹子，编篾绳，七天昼夜不断修复索桥。当红军主力部队源源不断过桥时，敌人出动飞机狂轰滥炸，索桥再次被毁。李兴发带来更多乡亲抢修索桥，协助红军渡过了岷江。

奔流的岷江涛声依旧，古城威州已焕发新姿。当年摇摇晃晃的竹索桥已历经四次改建，变成了钢筋水泥的“红军桥”，夜幕降临，彩灯装饰的红军桥霓虹闪烁、熠熠生辉；南侧的锅庄广场上，羌笛声声，群众伴歌起舞，悠扬的乐曲划破夜空，

昔日的竹索桥变成了钢筋水泥的“红军桥”。（李如意／摄）

飞向层峦叠嶂的群峰之外。

茂汶地区的山山沟沟，到处留下了红军战斗的足迹，马岭山阻击战遗址是现今保存比较完整的战场。这一遗址的保护，多亏了藏族老人曾明富几十年如一日的精心看护。

今年66岁的曾明富是草坡乡马岭山人，从24岁起，当了36年村长，从小爱听父辈讲红军血战马岭山的故事。1935年8月11日，红军北撤，留下一个连在马岭山狙击敌人，川军3个团仗着飞机大炮的威力向红军猛攻，200多名红军战士整整坚持了三天，歼敌数百人，以牺牲100多人的代价完成了狙击任务。

从山脚向上，顺着蜿蜒的山道，大约三公里处就是当年的战场。曾明富摸出钥匙，打开小院的大门，两层小楼是新盖的，高大的木柱还散发着浓浓的油漆味儿，小院只有一面院墙，其它三面是郁郁葱葱的树木。中午时分，蝉鸣树梢，更添了几分幽静肃穆。

“这里原来是红军连部指挥所，老房子早塌了。”曾明富说，“我每年清明都要给牺牲在这里的红军扫墓，打理遗址。不能把烈士忘了啊！”

曾明富这些天在都江堰治疗腰伤，听说记者来采访，专程赶回了老家。他的腰伤正是今年7月在修建这个连部遗址纪念馆时抬木料砸伤的。“建成现在的样子，政府拨的钱不够”。他还发动儿子、女儿凑了3万多元。

步出小院，院门口的红叶树是三年前曾明富特意从成都花大价钱买来的。每到秋天，这种树的叶子会变成红色。如今，齐腰高的红叶树长势旺盛，像两排哨兵，守护着大山里的红军纪念馆。

彝海兄弟情

赖 薇 孙 杰

彝人把湖泊称“海”，彝海其实是一个海拔 2200 多米的高山湖泊，位于四川省凉山彝族自治州冕宁县以北 35 公里的彝海乡。初夏的这一天，当沈建国带着儿子金铁来到这里时，丽日晴空，碧波粼粼，漫山遍野的索玛花争芳斗艳。

沿着彝海畔的步道往上走，来到三块并不起眼的大石头前，沈建国停下脚步，对儿子说：“今天是你的生日，但这个日子还有一层更特殊的意义。”看着儿子疑惑的眼神，沈建国的神情变得凝重起来：“1935 年的今天，彝海曾迎来一群特殊的客人，我们彝人的命运，就此改变了。”

从西昌北上通往大渡河有两条路——一条是经越西的“官道”，另一条是穿过彝海等地的密林小道，又称“百里彝区”。

81 年前，百里彝区居住着彝族果基家支。其首领果基约达胆识过人，颇有威望。那时彝区流行一句谚语——“石头不能当枕头，汉人不能做朋友。”因为古时历朝历代彝汉之间矛盾重重，汉人把百里彝区视为畏途，以往汉族的军队想通过这里几无可能。1863 年，太平天国“翼王”石达开曾试图穿过彝区北上，结果遭彝人围攻，又被清军堵截，最终在大渡河畔惨败。

1935年5月，红军抵达西昌，准备北上渡大渡河。蒋介石已在“官道”沿线布下重兵，叫嚣“让红军成为第二个石达开”。红军想出奇制胜，必须借道百里彝区，抢先渡过大渡河。

为了让彝人了解民族政策，红军占领冕宁城后，立即发布《中国工农红军布告》，昭告百姓“一切夷汉平民，都是兄弟骨肉”。红军还释放了被国民党扣押在城内的彝族人质，获释的彝人回家后也主动当起了红军民族政策的宣传员。

自从红军到了凉山，果基约达也一直在打听消息。当了解到这支队伍纪律严明，对老百姓秋毫无犯，又听闻红军的民族政策后，他渐渐打消疑虑。5月22日一早，他与红军先遣队司令员刘伯承约到彝海边会面。

坐在彝海畔的大石头上，两位直爽的四川汉子一见如故，相谈甚欢，当即决定结为兄弟。结盟仪式按照彝族风俗进行。毕摩(祭师)将一只大红公鸡的嘴角剖开，将鸡血滴进盛着彝海湖水的碗中。二人一饮而尽，对天盟誓：“上有天，下有地，今天刘伯承与果基约达在彝海结为兄弟，如有反复，天诛地灭！”

彝海碧蓝的湖水，见证了红军长征史上伟大的一幕。

沈建国对儿子娓娓讲述着那段传奇般的历史，思绪不由地飘回8岁那年。当时他的名字还叫果基伍哈。老师带他们去春游，也是坐在海子畔的那三块大石头上，老师动情地讲起了彝海结盟，果基伍哈才知道自己的爷爷还有一个更加广为人知的名字——小叶丹。

后来，果基伍哈给自己起了一个汉族名字——沈建国。

“我没有见过爷爷，但从族人的口耳相传中，知道他把与刘伯承的盟誓视作生命。”沈建国说。

歃血为盟之后，刘伯承将一面写着“中国夷民红军沽鸡支队”的旗帜授予小叶丹，成立了红军的第一支少数民族武装，并任命他为支队长。

在小叶丹和彝族同胞的帮助下，红军部队沿着“彝海结盟”这条友谊之路，仅仅用了5天，就顺利通过百里彝区，为抢渡大渡河赢得了宝贵时间，从而跳出了敌人的包围圈。

红军走后，国民党追究小叶丹与刘伯承结盟的罪责，不仅抄光了他的家产，还挑拨彝族家支间械斗。1942年，小叶丹遭伏击不幸去世。

“临死前，爷爷交代奶奶人在旗在，一定要藏好队旗。爷爷走后，奶奶把旗帜缝在彝族妇女特有的双层裙子的夹层里，寸步不离，终于护住了旗帜，并亲手交给了人民政府。现在，这面队旗被珍藏在中国人民革命军事博物馆。”

共产党也信守了向彝族同胞许下的民族自治的承诺。1955 年，凉山彝族自治州正式建立。

刘伯承一直惦念着与小叶丹的兄弟情义。新中国成立后，他得知小叶丹早已去世，派人四处寻找小叶丹的后人。

小叶丹去世后，果基家支的境况大不如前。沈建国的父亲早逝，全家仅靠母亲一人供养。他还有一个表哥、小叶丹的外孙伍龙是孤儿，靠叔叔接济。兄弟俩当时都差点辍学。

后来，由于国家政策照顾，沈建国和伍龙被保送到北京念大学。那一年，他俩终于见到刘伯承之子刘太行。虽然初次见面，但竟像久别重逢的亲人一般。两家当即相约，一定要延续兄弟情义！

2011 年，伍龙与刘伯承的孙辈共同发起“彝海结盟·善行传承”凉山爱心助学行动，决定以慈善教育的方式传承先辈精神，不辱盟誓。

“我们家并不富裕，爱心行动的筹资其实相当困难，我们能帮一个是一个。”伍龙几乎发动了所有的朋友同事。爱心助学行动至今已帮助了 100 多名站在命运十字路口的贫困大学生。

一个个孩子重拾希望，让伍龙倍感自豪。“我们是英雄的后人，不应独善其身，而要兼善天下。祖辈用行动树立了榜样，我们有责任和义务在新的起点上，延续前辈期望民族共同繁荣的心愿。”

伍龙的堂弟伍晋刚现在是凉山州新华书店总经理，也是研究彝族文化的专家。对于彝海结盟的意义，他有着更深的理解：“正因为有了彝海结盟，才使得封闭的凉山彝区向外界敞开了大门。从此，中国其他民族乃至整个世界的文明，得以进入，并与彝族本土文化形成互补。对于中国革命来说，它是我党民族政策的第一次伟大实践；对于彝族儿女来说，它将古老文明带入了一个崭新的纪元。”

又到开学季。从 2016 年起，凉山开始实施 15 年免费教育，全面免除 3 年幼儿教育保教费和 3 年普通高中学费。扶贫先扶智，教育精准扶贫的发力，给彝乡发展带来新的曙光。

翻越大雪山

祁梦竹　曹　政

举头望，秃鹰盘旋，云雾萦绕。虽是夏季，但四川宝兴县境内海拔 4114 米的夹金山上，依旧罡风凛冽，空气稀薄。

八月的巴蜀之地，阴雨无常。前一天的暴雨过后，夹金山洒下浓浓的雾气，晨曦透过云朵射下来。我们一路沿着盘山路向上进发，每隔几十米就能看到冲垮的路面、塌方的山体，而路的另一侧便是悬崖峭壁。

一路上来，呼吸越发艰难，植被越来越少，山脚下还有层层丛林，到了山顶只剩碎石中间的草甸。

如今，有公路、有汽车，翻越夹金山依旧不是易事，那么 81 年前，红军如何依靠双脚，翻越这片茫茫雪山？

已经退休的刘鲁明每每望着夹金山，也在反复感叹：这么艰难的路，父亲当年是如何走过来的？

81 年前，红军夺取泸定桥后，中央在泸定县城召开了政治局会议，决定避开人口稠密的地区，向北前进。这一线沿途是雪山、草地，没人想到红军会选择这条艰难之路。

红军翻阅夹金山时的上山小路。如今已成了公园，铺设了石子路。

1935 年 10 月，刘鲁明的父亲刘国钦刚刚 22 岁，看见红军队伍到了家乡雅安。平时不可一世的乡绅们闻风而逃，刘国钦的心里像进了蜜一样，想着这红军一定是维护穷人的队伍。

几天下来，刘国钦愈发觉得这支队伍当真不同寻常：队伍里的兵讲纪律，不像以前的兵拿着枪对老百姓随意打骂、抢钱抢粮。一传十，十传百，没过几天，当地的老百姓，就把红军当成了自家人。

而刘国钦，则毅然决然地从了军。

彼时的红军补给不足，甚至连一身军装都没有，只发给了他一顶灰色的红军帽。刘国钦摸着上面的五角星说："那也要当，就这一顶帽子、没衣服我也要当红军。"

戴着红军帽，他随部队出发了。

那时，日行 70 里，天上有飞机轰炸，地上有敌人堵截，几天一大仗，每天小仗不断。一次战斗中，负责掌管机枪的战友中枪倒在了他身边，他接过机枪拼了

站在夹金山顶向下看，当年红军就是顺着山坳处翻越雪山的。

命地朝着敌人打去，而敌人更密集的子弹朝着他射过来，一颗子弹打在了他的腰上，幸好被腰带挡住救了他一命。

没过多久，刘国钦跟着队伍到了夹金山脚下。“夹金山，夹金山，鸟儿飞不过，人畜不敢攀。要想越过夹金山，除非神仙到人间。”在当地，有这样的歌谣。夹金山在藏语中称为“甲几”，意思就是很高、很陡。

命令传下来：翻越夹金山。

翻越？他从没攀过这么高的大雪山，身上也只穿了一身单衣，头上只戴着那顶红军帽。

但他们义无反顾。

风雪交加，刘国钦和战友们一步一步地往山顶进发。扛着机枪，实在走不动了，他一屁股坐在雪地上起不来了，后面的班长立刻一把拉起他：“你不要命啦！快站起来，慢慢地走，不能停！”后来，他看见沿途很多战友就这样坐在雪山上再也没能站起来。

爬到山顶垭口，风更加猛烈，吹着身上的汗，冷！嘴唇冻得干裂，嚼起干辣椒，又痛又烧。“出发前，队伍一人发了一口袋青稞面，说是一口袋，其实就是两把，就是这点干粮支撑着他走完了夹金山。”刘鲁明告诉我们，刘国钦生前曾很多次对子女讲述当年翻越夹金山的情景，家里也留下个传统，绝不浪费一粒粮食，“他总说，当年要是有粮食，很多战友就不会留在雪山上了。”

天空鸟飞绝，群山兽迹灭，红军英雄汉，飞步碎冰雪。81年后，当我们一行人来到夹金山顶时，才感受到了当年红军翻越雪山是多么不易。站在山顶，快步走就会觉得喘不过气来；寒风刺骨，停在那里两三分钟，就会冷得直打寒颤。云朵已在脚下，举手似可擎天。

红军长征翻越夹金山纪念馆馆长舒敏说：“即使是现在，吃饱穿暖翻雪山都不容易，更别提当年缺少足够的冬衣和御寒的烧酒，加上红军战士绝大部分都是湘、闽、赣、粤籍，从未经历过严寒气候，也没有翻越雪山的经验，其困难可想而知。”

10年前，长征胜利70周年，93岁的刘国钦再度来到夹金山下。在山下的红军长征翻越夹金山纪念馆里，展柜里一顶灰色的红军帽让他感慨万千：“当年那么苦、那么难，都没有动摇过，反倒是跟随红军长征的信念更坚定了！”

建党90周年时，刘国钦特意找到当地党组织，希望正式成立家庭党小组，理由很简单：自己年岁已高，党支部组织的活动参加不了，而自己家里两代人都是党员，他希望在自己家中成立党小组，以便随时开展活动，时刻提醒自己和家人履行党员的责任和义务。

特事特批，这个党小组获准成立。成员10人，正是刘国钦一家10口——刘国钦及老伴儿、4位子女、2位儿媳妇、2位女婿。凡是国家出台重要的方针政策，这个家庭党小组都会及时召开会议学习、讨论。

今年4月，刘国钦老人逝世了，享年103岁。在老人的家中，我们遇到了他的外曾孙。“太姥爷是红军，参加过长征，爬雪山、过草地，”孩子用小手指着墙上老人家的照片，童声稚气，却志气满满，“长大以后，我也要当兵，像太姥爷一样的兵。”

马尔康，火苗旺盛的地方

赵 婷 米艾尼

马尔康，阿坝藏族羌族自治州州府所在地。

“马尔康的藏语意思，是火苗旺盛的地方。80 年前，这里曾是红军长征途中的北上驿站。”马尔康市委宣传部副部长、外宣办主任杨素筠是位羌族才女，有着比低海拔地区人更红润的肤色。在这个离太阳更近的地方，人们心中的淳朴和热情，总是扑面而来。

马尔康是以原嘉绒十八土司中卓克基、松岗、党坝、梭磨四个土司属地为雏形建立起来的，亦称“四土地区”。1935 年 6 月底，红军翻越长征途中第二座大雪山——梦笔山，抵达马尔康。面临缺粮困扰和国民党军队围追堵截的红军，在这里得到了最重要的给养。此前，马尔康一直处在土司制度的统治之下，红军长征亦将革命的火种带到了马尔康。从那时起，红色的火焰，在这里迅速蔓延、旺盛燃烧。

今天，在有 700 年历史的卓克基土司官寨中，毛泽东居住过的房间一直保留着当时的原貌，他当年阅读过的土司珍藏版《三国演义》仍安放在书架上。

“中央红军进入阿坝后不久，就在马尔康的卓克基土司官寨召开了重要会议。

其中一个重要的议题就是筹粮，为继续北上做准备。”马尔康市史志办主任李川虎是藏族人，他说，马尔康地区太多家庭都有“红色故事”，都有帮红军“筹粮”和“背粮”的记忆。

当年，红军三进三出马尔康，在阿坝境内一下两上，纵横5000里，辗转驻留16个月。各族人民先后拿出2000多万斤粮食，20多万头牦牛等各类牲畜，为红军翻雪山过草地最终实现北上目标做出巨大贡献。毛泽东曾深情地说，这是中国革命史上特有的“牦牛革命”。

63岁的马宝珍，住在马尔康市里的女儿家。她的衣着在我们看来是典型的藏族服饰，红润的脸膛上总是洋溢着淳朴的笑容。但让我们惊讶的是，马宝珍的父亲原本是生活在阿坝的回族。

“80年前，我的父母都还很年轻，爸爸开着一家牛杂馆，家里很富裕。”老人微笑着，陷入回忆。“一天，我父亲马承义在放牛时发现草丛里有个人影，走近一看，是个红军，他一只眼睛被打瞎，腿上也受了枪伤，长满蛆虫。我父亲连忙伏下身叫他不要出声。晚上，我父母一起摸黑把这名红军背回家，替他用盐水和马茶清洗伤口。后来这个叫向荣的红军，伤好后继续追赶队伍去了；解放后还到处寻找我父母，要报恩。”

就在救向荣的前几天，马承义已经救了一名叫马勋泽的红军，而且是从刑场上直接救下的。“他经过河滩时看见士兵正在处决红军，一个青年红军被刺刀刺了十几个伤口，血不停地冒出来。我父亲连忙下马，大声说：你们把我兄弟绑到这里做啥子？他到底偷了牛还是盗了马？如果偷了，我帮他还钱，你们赶快把他放了！士兵听了，仔细盘问起来，巧的是那青年也姓马，和我父亲真像兄弟……”就这样，这个叫马勋泽的红军也被救了下来。

在那个年代里，一旦被清查到谁家救过红军，都是杀头的大罪，马承义决定放弃所有的房屋、牛羊，带着妻子从阿坝逃向马尔康。

就在逃亡的头天晚上，邻居把一个与部队失散的怀孕女红军茹格叶带到马家，拜托马承义夫妇一起带走。

“我爸爸是一个很勇敢的人，他当时就想，能多救一个就多救一个。”

逃到马尔康后不久，茹格叶就生下一个男婴，但仅仅一年以后，她便因病撒手人寰。

身体略显单薄的大哥马国民，此时就安静地坐在妹妹马宝珍的身边，说话很少，却总是用手擦眼角的泪痕。如今已经73岁的他，就是当年那个女红军生下的男婴。他是红军的后代，但是从一出生开始，就与马家相依为命，马承义夫妇一手抚养他长大。

“我家三个孩子，大哥不是亲生的，但是我妈妈最疼我大哥。”马宝珍说，大哥对他们也很好，马宝珍的二哥在二十几岁时摔伤，马国民前后输了700cc血给他，虽然二哥最后没有救活，但是她心里对大哥十分敬重。

上世纪90年代，几经周折，马宝珍还帮着大哥找到了他的生父——一名老红军，并让他们父子相认。

现在，马国民仍每日用三轮车运菜补贴生活；马宝珍是环卫工人，每天早上7点就起来工作。他们住得依然很近。“上辈做的事，功劳归上辈，我们不能因此向政府提出这样那样的要求。”马宝珍一直记着父母生前常说的“不要给政府添麻烦”。女儿女婿打零工，也会上山挖菌子，日子过得“比上不足比下有余”。

我们采访的另一位红军后代告诉我们，他的父亲李根义当年被俘时只有13岁，因为年龄小才未被杀害，后来由当地人收养。这位坚定的革命者，由于自己未能走完长征，将儿子送入了军营。退休后，还将微薄的退休金全部用于给村里修机耕道，结束了当地人背马驮的运输方式。

80年前，这片土地上发生过许许多多动人的故事，善良的马尔康人用自己的粮食、财物甚至生命来帮助为了革命理想而长征至此的红军，并为此付出了极大的代价，却从来没有怨言。而留下来的红军和他们的后代也将生命融入了这片热土。

今天的马尔康有着满眼葱郁的高山、清凉湍急的河流和全国最好的空气质量，也有每至夜晚就热闹起来的嘉绒美食街。菌子市场里，穿着藏袍的商人把最新鲜的松茸和当天采集的各种菌子铺了一地，他们用简单的英语和来旅游的外国人对话，也喜欢用最流行的“微信支付”。

在这片土地上，有着伟大的人民，也有雪山草地上永不谢幕的英雄史诗。

懋功大会师

赵 婷 米艾尼

“万余里长征，经历八省险阻与山河；铁的意志，血的牺牲，换得伟大的会合。”

这首当年传唱甚广的《会师歌》，曾在长征路上激励过无数人。1935 年 6 月，中国工农红军第一、第四方面军历经了 8 个月的艰苦跋涉后，于四川懋功胜利会师，激动人心的场面催生了这首即兴之作。

在今天的地图上已经找不到“懋功”这个地名了，上世纪五十年代它改名为小金县。出小金县城向东，达维镇的山脚下，奔流的沃日河上，有一座不起眼的小木桥，木桥板，木扶手，两米多宽，长不到 14 米，个子高的人恨不得十几步就跨过去了。但 81 年前，正是这座普通得有些简陋的小桥见证了红军长征中的一个重要时刻——两大主力胜利会师。

小金县地处青藏高原东部边缘，位于四川省西北部，这里曾是乾隆平定大小金川的古战场，也因此被自诩“十全武功”的乾隆改名为“懋功”，取盛大功劳之意。

1935 年初，红四方面军为了策应中央红军，于 4 月底到 5 月初陆续进入阿坝地区。6 月 8 日，在消灭了地方武装近千人后，架设浮桥，占领了懋功县城，一部继续向东推进，前往迎接中央红军。

此时，红一方面军正在冒着生命危险翻越他们长征路上的第一座雪山——夹金山。

1935 年 6 月 12 日下午，红一方面军一军团 2 师 4 团在团长王开湘、政委杨成武的带领下胜利翻越夹金山，与红四方面军 25 师 74 团的一部在雪山下的达维会师了。

"我的妈妈安秀英，就是在那个时候随着红四方面军进入小金的，对会师的情景，她一直都记忆犹新。"杜宇仁是红军的后代，他的母亲"安幺妹"安秀英，17 岁时就从老家阆中县参加了红四方面军，后来成为妇女独立团的一员。

"妈妈说，后来的几天时间里，达维桥畔每天都挤满了红军战士。" 毛主席和红一方面军的主力到达时，欢呼声、口号声响彻云霄。

在山上的达维喇嘛庙里，喇嘛指着主殿一侧的房子告诉我们，那就是毛主席住的地方。当年，毛泽东、周恩来、朱德带领党中央、军委和直属部队为了不惊扰周围的民众，都住在离达维桥不远的喇嘛庙里。"红军还在庙前的这片空地上举行了全军联欢。"达维镇的镇长张君杰对这段历史十分熟悉，如数家珍。

"红军的纪律特别严明"，这是采访中记者反复听到的话。

"当地百姓并不是从一开始就对红军那么信任和热情，他们是被慢慢感动的。"

在小金县采访红军后代杜宇仁老人。

小金县党史办主任王学贵讲了这样一个故事。

红军刚到时，许多当地人逃走了，留下的老百姓也都紧闭门窗，不敢出门。有一家藏族老两口，夜里听见狗叫得厉害，心想不知是谁家进了土匪。第二天早上起来一开门，却发现自家屋檐下、院子里躺满了正在休息的红军战士。他们躲在屋里细细观察，发现战士们早起生火做饭，连他们打好的柴都不用，而是自己拾柴火。

战士离开后，两位老人在窗台上发现了一块银元和一张纸条。他们看不懂，后找私塾先生看了才明白，原来有红军战士不小心折断了他们家纺线用的木杆，这钱是赔给他们的。老人很感动，后来日子再苦也舍不得用这块银元，而是把它打成了五角星形的头饰。正是红军严明的军纪很快扫除了老百姓心里的恐惧。

6 月 16 日，红军总政治部在县城中心的天主教堂举行干部同乐会。教堂里里外外，被千余指战员和当地百姓围得水泄不通。会上，博古和朱德总司令讲了话，干部交流战绩，还进行了难得的会餐，有从江油带来的腊肉和懋功等地筹办的牛羊肉，在长征途中，这样的食物可谓稀世珍品了。同乐会后，举行了盛大的联欢晚会，分别在营盘街校场坝、城内四方台子及城隍庙演出了文艺节目……整个懋功县城，沉浸在狂欢和激情之中。

随后，红军告别懋功城，过猛固桥，抵达两河口，召开了著名的“两河口会议”。会师前，红军的战略方针随着敌我形势变化不断更新，正是在两河口会议上，明确提出：挥师北上，建立川陕甘革命根据地。

今日的小金，红色旅游已经成为了这里的重要产业之一。在这片土地上，到处遍布着红军长征的足迹。不少失散红军的后代依然生活在这里——当年土匪横行，有些战士在与土匪交战时受伤，因此掉队。杜宇仁的母亲安秀英就是这样一个例子。她被土匪袭击，右腿的腿筋被子弹打断；在山上躲了两三个月后，又在寻找部队的途中被土匪掠去，被迫当了五年丫鬟。后来嫁了当地最穷的人。

“1951 年至 1978 年母亲在潘安村当了 20 多年的村官。三年自然灾害时村里没有一个村民被饿死，她还因此受到阿坝州的表彰。”杜宇仁一直觉得，母亲是一个挺了不起的人。

小金因为海拔高，日照充足，盛产苹果。8 月底，高原的金秋到来，安静的山谷间，家家户户院子里的苹果树上，枝头挂着饱满圆润的果实，生机盎然。

草泽寻钓钩

祁梦竹　陈雪柠

川北红原县，草地广袤。站在日干乔大沼泽边缘，壮美风光尽收眼底。

天空一碧如洗，飘散着悠悠白云。远处连绵起伏的群峦下，牦牛三五成群；脚下一望无际的草原，盛开着数不清的野花，白的若雪，黄的像星，紫的似蝶，星星点点地装饰着这满目的苍绿……

81 年前，就在这片寥廓无边的水草地上，许多红军战士一陷入泥潭，就再也没能走出来……

这里，就是红军长征时穿越的大草地。

1935 年 6 月到 1936 年 8 月，中国工农红军红一方面军、红二方面军和红四方面军，从阿坝进入今红原县内，渡过嘎曲河，穿越日干乔大沼泽，辗转北上。

小学课本里有一篇名为《金色的鱼钩》的课文，这个故事的发生地据传就在日干乔大沼泽行往班佑的途中。

文章中，作者陆定一记述了一件事：一位炊事班长带着三个生病的小战士穿越草地，他把缝衣针烧红，弯成鱼钩，在水塘边钓鱼。战士们喝上了新鲜的鱼汤，而老班长为了节省口粮，自己一口也不肯尝，最终倒在草地上，永远地闭上了双眼。

红军过草地的日干乔大沼泽，现在成了旅游胜地，游人不断。

这篇课文，曾让我们深深震撼。但是，近些年网络中也出现了一些言论，说这件事以及一些长征中发生的事是“假的”。

为了追寻这枚“金色的鱼钩”，我们踏上了草地，探求红军的足迹。

这个故事到底发生在哪里？

当年的日干乔，草海泥潭密布，人走在上面脚下软绵绵的，稍有不慎就会被沼泽吞噬。当地人说，这一带气候异常恶劣，仲夏季节会飘下雪花，狂风、冰雹、风绞雪更是家常便饭。加上 3300 至 3500 米的海拔，叫它陆上“死亡之海”绝非危言耸听。

而如今，经过水土改造，昔日的沼泽早已不在。

红原县党史办杜艳告诉我们，上世纪，为了增加放牧面积，当地政府在日干乔挖掘了排水沟渠，地下水位下降，湿地萎缩退化。另外，草原地貌同质化严重，每一处看上去几无差别，因此很难判断到底哪里才是老班长钓鱼的确切所在。

“根据文章里的描述，他们所走的草地随处可见水塘，这跟日干乔大沼泽当年的地貌相一致，应该就在这沼泽的某处。”杜艳说。

63 岁的红军后代田竞，在草原地区偶然发现，这里的旅游点有种特色饮食辣锅鱼，当地的藏族老乡称为“黄河鱼”，“这种鱼可能就是文章中红军当年钓来当饭吃的鱼。”

这一猜想也在杜艳那里得到了回应。“黄河鱼在草地很常见，是一种无鳞的冷水鱼，巴掌大小。这种鱼基本只有脊柱那一条骨头，刺很软，很好咬。”杜艳认为，课文里说老班长常咀嚼吃剩的鱼骨头，的确跟黄河鱼的特征相吻合。草地上，我们在很多处的水坑中，都见到了这种鱼，小小的，银白色，和文中描述的很像。

此地的天气、环境，也同课文中记述的一样，很是恶劣。

当 8 月的北京正被酷暑笼罩时，这里夜间气温最低仅有一两度，中午时最高温度则有 20 多度，温差极大。早上，太阳出得晚，天气阴冷；中午晴空万里；下午有时突然黑云密布，暴雨便铺天盖地而来。

课文中的老班长是一名炊事员，而田竞的父亲田长华在长征时也是一名炊事兵，他的经历也能印证文中的一些内容。

1935 年，田长华离开家乡前往松潘，路遇红军而被征召入伍，随军三过草地。

从父亲当年写下的自述、报告里，田竞读到了红军过草地时的艰辛。“在草地的行军方法是很小心的，因为草地上走的路是一层草根结成的泥潭，每踩一脚都扑哧、扑哧地冒水，走过的人多了，就会破坏草根的拉力，人就会陷进泥沼中。如果陷下去了千万不能用脚向下用力踩，因为那样踩只会越陷越深，应该把上半身向侧方向躺下，用手抓住侧面的草往侧面爬，或者由其他同志伸出木棍拉。”

2008 年，老兵田长华故去。如今田竞也已是花甲老人，他三次重走长征路，留下了 150 万字和近 5000 幅照片的资料。

在红原县，最后一位离世的老红军是 2011 年过世的老兵侯德明。他的大儿媳阿尔基对我们说，1936 年侯德明来到大草原时，双脚得了严重的炎症，走不了路，三个正在放牧的藏族老乡看到，就把他搭在马上带回家养伤。

脚伤恢复后，再追上红军已经不可能。他就在这片草原上扎了根。侯德明生前回忆，当年草原的草很高，甚至高过了年幼的他的头顶，每一步都走得异常艰难，“过草地时，每到天黑部队就要编号清点人数，每天都有好几个人失踪。”

过草地到底牺牲了多少同志，至今也难以统计。据了解，仅二方面军过草地就减员约 3000 人，以致后边的人无须向导，顺着遗体就可以找到行军路线。

而如今，在日干乔大沼泽上，藏族牧民早已搬进了牧民新居，一改逐水草而居的游牧传统，草地也成了红色旅游区。

一路追寻，最后我们得知，这枚鱼钩真实地存放于中国人民革命军事博物馆中。站在茫茫草地，远望陕北的方向，蓝色的天空美得像是图画一般，心中不禁想起伟人的诗句，“红军不怕远征难，万水千山只等闲”。长征的壮举，不容置疑，长征的精神，将永远传颂。

借粮毛儿盖

祁梦竹　陈雪柠

金秋，正是青稞收获时。

从松潘县城往南，到镇江关再往西，沿着热务曲蜿蜒向前，一路颠簸进入毛儿盖。

沿途，茂密松林覆盖山坡，山脚下牛羊成群，青稞田片片相连，毛儿盖河清澈见底、淙淙而过，一串串五彩经幡在蓝天下迎风飘扬。

在一栋古旧的小楼旁，藏族老人东巴正为牲畜准备过冬的草料。

这座藏式民居，便是当年沙窝会议的会址。1935 年 8 月 4 日至 6 日，中央在毛儿盖附近的沙窝召开政治局会议。正是这次会议，决定将红军两大主力混编成左右路军过草地北上。

从外面看，房子下层是土墙，上层搭出一个木制的阁楼；内里则分了三层，楼梯仅容一人通过，既窄且陡。手脚并用向上爬，每踏一步，木板都嘎吱作响。五六人同行，地面竟微微颤动。

东巴老人说，这个房子已经建了 100 多年了，“不过在当时算是比较新的，外墙上还有壁画。”

这座小楼是红军长征时沙窝会议的旧址，当年这家主人将新建的小楼借给红军居住、召开会议。

当年的房主是东巴的爷爷，一家三口人，家境比较殷实。红军的领导在此开会，吃住也都在他的家中。

“其实，对于沙窝会议的地点曾经存疑，如果不是因为杨继宗老师，这个地方可能就像其他危房一样，被拆掉了。”从松潘县史志办王勇的口中，我们听到了当地红军史专家杨继宗的故事。

沙窝会议究竟在什么地方开的？档案里没有记载。1985 年，杨继宗在松潘县党史办工作。他带着疑问，和翻译进入毛儿盖地区，一待就是半个月，挨家挨户地询问。

“当时许多老人还在，能够问出线索。如果放在现在去找，就更加困难了。”

通过对上千人进行寻访，将他们一鳞半爪的记忆综合分析，杨继宗终于确认会议是在俄灯寨子召开的，连哪一间房子都调查得清清楚楚。如今，东巴家的老房子得到了应有的保护，越来越多的游客跋山涉水前来参观这处红色遗迹。

1935 年 7 月 9 日，中央红军进入毛儿盖，直到 8 月 21 日才离开，停留了一个月之久。这在长征途中实在罕见。

根据杨继宗的研究，红军滞留是为筹粮，没粮不可能过草地。如果以每人每天 1 斤粮食计算，10 万红军要带足 15 天食粮，就需要 150 万斤。

毛儿盖是个农牧区，青稞比较多，蚕豆长得很高。红军进入毛儿盖时，青稞即将成熟，可当地的藏族同胞却因国民党的反动宣传而恐惧，很多人躲的躲，逃的逃，把粮食也藏了起来。

饿着肚子怎么过草地？这关乎红军的生死存亡。

没法跟群众沟通，实在不得已，红军总政治部便下令收割藏民田里的青稞，并规定，必须将所收数量、收割的原因等用墨笔写在木牌上，插在田中，当作“借条”。藏民回来可拿这木牌向后面的红军部队领回钱。

下地收青稞，没有镰刀就用手拔。小心翼翼地把青稞粒揉搓下来，再用火烧石板烤熟青稞粒，装进布袋。

红军战士带着这些万分宝贵的粮食离开毛儿盖，踏上了荒无人烟的茫茫草地。

藏民大多不识汉字，回家后见到地里的木牌，不明就里，扔的扔，砸的砸。

1993年夏天，毛儿盖一户藏民在家里地窖发现了一块长辈收起来的木牌。当时，杨继宗已调至县委宣传部，得知了这个消息，带着刚工作不久的吉庆霞一早就坐上吉普车，在山路里跑了一白天，下午五六点钟才到达毛儿盖。

“路况不好，灰土又大，满嘴沙子。”吉庆霞回忆说，到了毛儿盖，他们花了两三天时间才调查清楚。晚上不忍打扰藏民，就挤在朋友家里凑合。

前后跑了三趟毛儿盖，杨继宗才终于把木板带到了县里的文化展览馆，如今存放在川主寺附近的红军长征纪念馆中。

由于纪念馆正在修葺，我们此行遗憾地没能见到木板“借条”实物，从县委宣传部提供的资料中可以依稀辨认出木板上的字迹：“这块田里割了青稞 200 斤，我们自己吃了，这块木板可作为我们购买你们青（稞）……归来后拿住这块木板向任何红军部队或苏维埃政府都可兑取……在你们未兑得这些东西前，请保留这块牌子”，落款是“前敌总政治部”。

这件珍贵的文物，已成为当年红军纪律严明的见证。

今年满60岁的杨继宗，因为近40年的松潘红军史研究，成了当地的“长征专家”。吉庆霞告诉我们，“杨老师胃不好，人很瘦，平时又总是熬夜抄资料、写文章，前几年便因病提前退休了。”

车子一路驶出毛儿盖，吉庆霞指着路边的一所学校说，杨继宗常常在小学给孩子们讲红军，“他说，我们这地方虽然偏远落后，虽然贫穷，但你们不能自卑。因为就是这样一片贫瘠的土地，当年挽救了无数红军战士的生命，你们应该骄傲！”

往车外看，不远处的藏民们正在路旁的晾架上晒粮食，一束束青稞在阳光下闪着金黄的色彩。

迭部指征途

巩 峥 李 祥

初秋，甘南藏区一年中最好的时光。迭部县宁静的山谷里，连片的青稞成熟了，织锦般闪着青黄色的柔光，沿奔腾的达拉河蜿蜒伸向远方的高吉村。

44岁的年秀站在高吉村的山丘之上。81年前，在他脚下的这方土地上，红军在内忧外困的严峻形势下召开紧急会议，为长征指明正确的方向，奠定了抗战乃至现代中国历史的大格局。年秀，这位寡言的藏民，正是这次重要会议见证者的后人。

1935年秋，长征的艰难岁月。9月初，党中央率红一、三军团和中央军委纵队8000余人，历尽千辛万苦离开缺衣少食的川北大草原，沿达拉河向东北方向的迭山中麓挺进。

也是青稞成熟时节，林彪、聂荣臻率领红军部队先期到达迭部高吉地区。因为没有该地区的地图，也找不到向导，电台又出了故障，他们与红军总部失去了联络，处境极为困难。疲惫饥饿的战士们吃马鞍、皮带、草根，却对当地秋毫无犯。藏族百姓看在眼里，此前国民党的反动宣传不攻自破，一颗亲近的种子从此埋在心间。

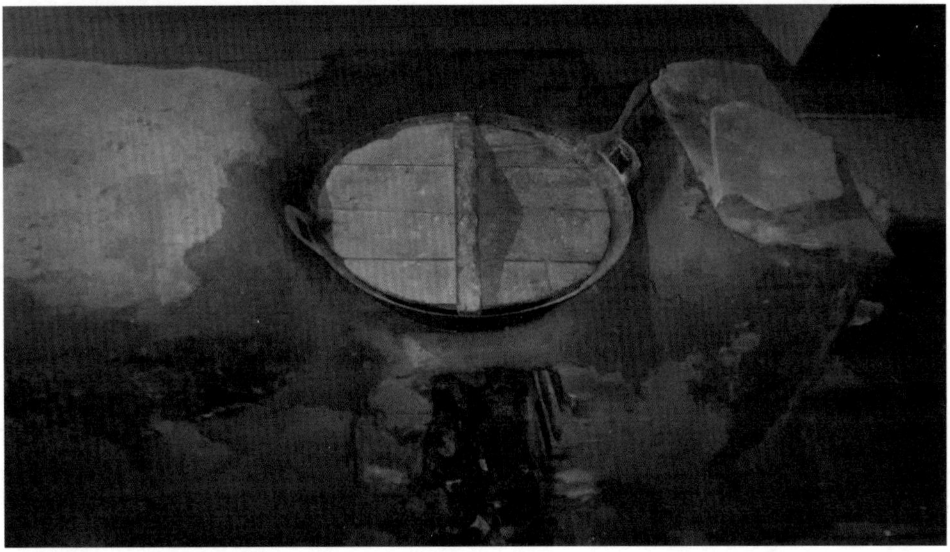

俄界会议旧址内，当年红军的遗迹保存完好。这是当年为红军首长们做饭的炉灶。

随后，彭德怀派武亭等人携带电台、密码，一路急行军找到了林彪、聂荣臻部，这才恢复了联络，解了燃眉之急。后续部队到达时，由于连日大雨，达拉河栈道、桥梁已被洪水严重破坏，行军非常困难，队伍拉了几十里长，红军战士都是五个一群、十个一队地陆续向高吉集中。9 月 11 日傍晚，毛泽东等中央领导终于安全到达了高吉。

高吉，在藏语里是八个山头之意，因村西南处有八座山峰凸起而得名。小村寨坐北朝南，依山傍水，典型的藏族搭板房依山势不规则地分布着。年秀遥指山腰间的一处房屋，那是他家祖居，至今已历百年。当年，他的太爷爷是高吉村德高望重的本教师，正是他代表乡亲们将毛泽东等中央领导请进了那间老屋。

中央决定在高吉休整，并于当晚发电报给张国焘，令其即行北上。而此时，拥兵自重的张国焘却谋划了一条与中央相反的“南下”路线。困厄中的红军走到了分裂的边缘，雪上加霜。

如今，再次走进这间老屋，昏暗而寂静，一如当年那令人窒息的氛围。屋正中横一土灶，直对着灶火的屋顶上，有方窄窄的天窗。一束光穿过它斜着投射下来，照在灶前几把破木凳和一个残损的担架上。

在俄界会议旧址的毛主席居室，位于木楼的二层。

年秀的太奶奶听不懂坐在木凳上的几个人和躺在担架上的人在激烈讨论着什么，但她清楚，他们太累了，太不容易了，于是赶紧燃起灶火。

一锅掺了野菜的杂面疙瘩汤，已是穷苦藏地最好的吃食。它让紧张的会议气氛暂时松弛下来，也让担架上重病中的周恩来恢复了些许体力。

年秀的太爷爷曾回忆说，毛主席在会议的间隙还向他询问起当地风土人情。老人家毫无保留，就连自己管理教众的困惑也和盘托出。毛主席听完，提出了自己的建议供他参考。究竟是怎样一条锦囊妙计，外人已不得而知。年秀只知道，多年之后提起这件事，太爷爷仍会一边不停念叨着“红军”，一边竖起大拇指。

第二天，为了战胜张国焘错误路线，救红军于危亡，中共中央召开了政治局紧急扩大会议，史称“俄界会议”，地点仍在年秀家的这间土屋。张闻天、博古、毛泽东、王稼祥、凯丰、刘少奇、邓发、蔡树藩、叶剑英、林伯渠……几十位红军首脑把原本宽大的房间挤得满满当当。

当年红军的通司（翻译）误将“高吉”读为“俄界”，历史文献中因此记载为“俄界会议”。这次会议之所以著名，是因为它产生了长征史上三个重要文件：《关于与四方面军领导者的争论及今后战略方针》《关于张国焘同志的错误的决定》

和《为执行北上抗日告同志书》。

这三份文件，揭露和批判了张国焘的退却主义、军阀主义、反党和分裂红军的错误，明确了红军北上的路线和目标，为长征最后阶段顺利北上起到了至关重要的作用。高吉村所在的迭部县，藏语里意为“大拇指”。红军正是在这里“指”明了未来的漫漫征途。

“俄界会议”还确定成立以毛泽东、周恩来、王稼祥、彭德怀、林彪组成的“五人团”为全军最高军事领导核心。如今，“五人团”成员的雕像就静静矗立在老屋的一旁。那里已经修成了一处纪念“俄界会议”的广场。

站在广场之上，眺望达拉河对岸，两棵挺拔参天的白杨树格外醒目。年秀和乡亲们都说，老人们口口相传，那里就是红军召开营以上干部会议的地方。大树之下，红军首脑向广大指战员传达了“俄界会议”精神，宣读了《为执行北上抗日告同志书》。如今，两棵白杨周围，成千上万的油松、云杉笔直而立，正像81年前在此整装待发的红军战士。

松杉之间，一排排崭新的二层藏楼鳞次栉比，那里有年秀的新家。老旧的祖居作为“俄界会议”旧址，在2006年成为全国重点文物保护单位，当地政府帮他在不远处建起宽敞明亮的新家。他和爱人冷草也被聘为“俄界会议”旧址的管理员，每月拿一千元工资。

太爷爷、太奶奶与红军的故事还在流传。现在，年秀自己也当了爷爷，平时小孙儿跟他一起看守旧址，听他给来自四面八方的参观者讲述往事。年秀的想法很简单，“要把这段历史传下去。”

夜抢腊子口

王国强　李学梅　王佳佳

山路漫漫，一层层，一环环，岭接岭，山连山。车子转过一个很急的山弯，腊子口就在眼前了。

两侧的万丈山崖如刀劈斧斫，谷底窄窄的腊子河奔流而下。抬眼望，一线天截断了悠悠白云。

腊子，藏语意为“山脊”。腊子口所在的迭部县，藏语是“大拇指”的意思。传说，古代有位叫涅甘达娃的神仙路过此地，被密密匝匝的山石挡住了去路，他便伸出大拇指轻轻一摁，顿时，山石开裂，惊天动地，显露出一条长长的通道来。

81年前，也是这个季节，在这里曾发生过一场“响了一透夜枪声”的激烈战斗，为碧水青山增添了一抹血色印记。

“我的父亲就是那时随军打到了腊子口，然后就留了下来。”站在腊子口隘口，迭部县妇幼保健站站长唐玉玲娓娓道来。

“当时，父亲唐明军是红一方面军一军团二师四团的一名‘红小鬼’。他的团长叫王开湘，政委叫杨成武，红四团还有一个更广为人知的称号——‘红军长征的开路先锋’。”

迭部腊子口，在毛主席曾经住过的藏寨前留影。

1935 年 9 月 16 日午后，红军先头部队沿着河边的栈道抵达腊子口。当时盘踞在甘肃南部的军阀、国民党新编 14 师师长鲁大昌为阻断红军北上之途，在腊子口修筑了层层工事，光碉堡就垒了不下 20 个，方圆不足百米的险要地带，集中了两个营的兵力。他知道红军缺衣少粮，想凭借峡谷易守难攻，在这里把红军堵死、困死。

这是一场十足的险仗。腊子口如果打不开，红军就得重回草地去，唯有拿下这一“川甘锁钥”，才能继续向北朝着甘肃腹地进发。

如今，隘口处那座碉堡是后人仿制的。4 米多高的圆筒形建筑藏在峭壁下方，上下两排共 6 个 20 厘米见方的射击孔黑黢黢地嵌在碉堡墙上。墙体很厚，从射击孔伸胳膊进去，手指勉强能探到里墙。

如此坚固的堡垒，难怪当年红四团的数百名战士从下午 4 点开始发起了五轮冲锋，都屡攻不下，截获的情报又显示，敌人的后续部队正在向腊子口增援。“必须赶在天亮之前拿下腊子口！”黑多寺红军驻地，指挥战斗的毛泽东下了死命令。

由于过草地时脚部受伤感染，唐明军并未冲在最前面，但亲眼目睹了那场战斗的惨烈。“父亲有时会念叨，‘战士一个一个倒栽葱地从桥上掉到河里了’，然后就别过头去，半晌无语。”唐玉玲黯然道。

攻打腊子口红军究竟伤亡几何，即便在腊子口战役纪念馆中，也没有确切的答案。

经过侦察，红军发现了守敌两大弱点，一是碉堡没有盖，二是山顶没设防。红军决定正面佯攻、侧面迂回，两个连组成的敢死队攀崖上山，准备自上而下给守敌致命一击！

腊子口峡谷谷底海拔2200米，山顶海拔2900米。在一线天主峰靠北的峡谷中，有一面从河床边几乎近90度垂直、高约百米的石壁，往高处看去，除了峭壁边缘和山顶斜斜伸出的一些树干外，整个石壁光秃秃的几乎没有下脚的地方——但，这就是当年红军从侧翼攀爬上去的那道悬崖。

关于这场战斗，附近的几个村寨里，多年来流传着一个介乎传说与纪实之间的故事。危急时刻，一名瘦瘦小小的苗族战士自告奋勇，将带铁钩的长竿投向悬崖，然后顺着竹竿，像猴子一样爬上山去。

唐玉玲也听父亲讲过这名小战士的故事，只知道他随军走过了贵州、云南和四川，被战友们亲切地唤作“云贵川”，真名则至今无从知晓。杨成武将军在回忆录里留下过这样一段描述：“他只有十六七岁，中等身材，眉棱、颧骨很高，脸带褐黑色，眼大而有神……”杨成武还说，在飞夺泸定桥的战斗中，也是这位“云贵川”攀援铁索，和班长廖大珠一起冲进了火海。

天色已然黑透，在崖下焦急等候的战友们终于接到了“云贵川”扔下来的、由红军战士绑腿连缀而成的“长绳”。十来名敢死队勇士拽着“长绳”，将刺刀扎进岩缝，攀上了峭壁。

次日凌晨时分，佯攻部队趁着守敌困乏，艰难靠近碉堡，一枚手榴弹扔进碉堡，火光冲天。几名突击战士冲了进去，和敌人厮杀。此时，山顶三枚信号弹划破夜空，冲锋号响彻山涧，敢死队的勇士们神兵天降……

当9月17日的阳光照进峡谷时，红军已将敌军撵出了90里外。

腊子口打开了，满盘棋都走活了。

由于脚伤不能行军，唐明军被留在距离腊子口 20 多公里外的洛大乡翠古村养伤。一个月后，伤愈的他重回腊子口寻找战友，但队伍已经走远，只留下木桥弹痕斑斑，去往岷县的土路上还覆着厚厚一层弹壳。

后来唐明军就在翠古村安了家，直至终老。每年清明时节，他都要走山路去腊子口看一看。“父亲就站在谷口默默地望着，好像他的战友还在不远处一样。”唐玉玲说。

唐明军追忆战友的地方，如今矗立着 9.16 米高的腊子口战役纪念碑，以缅怀 1935 年 9 月 16 日深夜的那场激战。

纪念碑旁，山峰依然峻峭，山路仍旧蜿蜒，只是栈道不再，柏油铺路，车水马龙，昔日天险已变通途。

金汤酹英魂

郭　涛

狮子岩山乱石穿空，云雾缭绕；金汤河水淙淙流淌，清澈冰冷。

没有飞夺泸定桥的英勇壮烈，没有巧渡金沙江的波澜壮阔，红军却在海拔2000多米的藏区山沟里，留下了一段可歌可泣的英雄往事。

当中央红军开始战略转移之时，千里之外的另一支红军——红四方面军，在川陕苏区刚刚夺取了粉碎川军六路围攻的胜利。

1935年10月，红四方面军攻占丹巴，沿门子沟进入康定，一路挺进金汤设治局驻地汤坝村。

康定，这个以《康定情歌》闻名于世，拥有汉、藏、回、羌等17个民族的茶马古道重镇，是由川入藏的必经之地。这里的人们勤劳朴实、性格开朗。不过，由于长期受军阀的压迫和掠夺，他们对外人的戒备心很重。

"听说红军翻过木挖梁子，正朝金汤过来时，村里人赶紧躲到山上去了。"年近九旬的郑循宽老人回忆起81年前的情景，依旧情绪激动。

没过几天，随身带的粮食吃完了，村民壮着胆子摸黑回家取粮食，却发现房子并没有被烧毁，家里的东西也丝毫没有被翻动的迹象。口口相传，躲藏在山里的村民们这才知道红军不是“青面獠牙的魔头”，而是穷人的队伍。

据史料记载，当年 11 月上旬，红四方面军在金汤成立了中共金汤县委，下设宣传部、组织部、少共部、妇女工作部。

彼时，由于经年累月的战役，红四方面军减员严重，亟待休整。徐向前溯河北上，在距离汤坝 4 里外的新联下村赵磨子（赵家磨房）附近，设立了一所红军临时医院，将伤病员安置在此地养伤。

站在山脚下的石头地上，新联下村如今的村主任赵忠兴指着草木掩映的几间残破石屋说，这就是当年的红军临时医院。因为岁月的侵蚀和近几年的两次洪水，医院遗址几乎被摧毁殆尽，围墙也完全倒塌了。

“我爷爷赵万荣当年在这个院子里，给徐向前理过发呢！”赵忠兴说。不过，当时赵万荣并不知道眼前这个与战士穿着别无二致、跟他笑呵呵拉家常的汉族男子竟是红四方面军的总指挥。

金汤镇新联下村村委会主任赵忠兴的爷爷曾经给暂住在赵磨子的一位红军将领理发，这位将领留下一副火镰作为理发钱，赵忠兴猜测这位将领是时任红四方面军总指挥徐向前。（邓伟 / 摄）

1935 年 11 月，红军在康定金汤河畔金汤镇汤坝村成立中共金汤县委会，之后先后建立县、乡级苏维埃政府 4 个，下设 16 个村苏维埃政权。2014 年 6 月 25 日，在金汤镇新联下村赵磨子发现了一些人的骨骸，经过核查，此处正是红军长征时设立的临时医院所在地，而尸骨则是红军撤离后牺牲的战士遗骸。（邓伟 / 摄）

作为理发的回报，徐向前赠送给赵万荣一套缴获来的火镰。老赵把它当作珍贵的礼物藏在神龛下的暗格里。直到暮年时，才舍得将它掏出来，把这段尘封的往事告诉了孙辈。

长征路上未有闲时。驻扎金汤前后不到一个月，红四方面军主力部队再次拔寨启程。此后的半年时间里，红军又先后到达康定境内的鱼通、孔玉、塔公、营官 4 个地区大小 39 个村寨，在藏族聚居区建立了 4 个县级苏维埃政权，一边发动

群众打土豪、分田地，一边宣传中国共产党的政策，唤醒群众，传播革命思想。

不久，红军大部队走了，部分伤员和医护人员继续留在金汤红军医院。当年腊月，天寒地冻，康定民团营长甲安仁纠集近 300 人突袭红军医院。当时，敌众我寡，加之缺乏弹药，虽然身陷绝境的红军战士浴血奋战，但最终除了一名战士逃出虎口外，其余 61 人全部牺牲。

鲜血染红了河畔的水塘。村民们虽与红军战士相处不久，但念及红军的恩情，

2016 年 8 月 19 日，在金汤镇新联下村赵磨子红军遗骸发现地，多年为红军扫墓的老党员周文生（中）和被红军抱过的村里老人郑循宽（右）在向记者讲述红军在金汤的故事。（邓伟 / 摄）

纷纷自发地将牺牲战士的遗骸安葬入土。

白色恐怖再次笼罩金汤，淳朴的村民们不敢公开悼念牺牲战士，只有在清明祭奠先祖的时候，偷偷地给他们单独烧点儿纸钱。“也不知道他们能不能收到，这样做就是为了尽些心意。”村民周文生说，几十年来，他和父辈一直坚持祭奠红军战士，从未中断。

81 年转瞬即逝，金汤河水湍流不息。

随着时间推移，埋葬红军的老人们先后过世，没有墓碑的红军墓到底在哪儿，渐渐无人能详。直到 2014 年 6 月，金汤镇暴发了一场山洪，赵忠兴家南墙外几十米的耕地，被大水冲出了不少人体骨骸。村民们这才重新定位了当年红军墓所在。

“自从找到了红军遗骸，我们就把村委会的会址搬到了这块地头儿。”新联下村党支部书记王强说，每逢新党员入党，宣誓仪式也被安排在这个神圣庄严的地方举行。

“从小，红军不怕牺牲、甘愿奉献的精神就深深地影响着我。”王强说，2010年，新联下村新一任村“两委”干部上任后，便立志继承红军精神，带领全村群众脱贫致富。

过去的新联下村，“出门一身土，下雨两脚泥；猪牛满街跑，厨房烟熏眼。”如今的新联下村早已实现了户户通水泥路、通自来水。漫步在村子里，公路两旁的风能发电路灯缓缓转动扇叶，一栋栋新房矗立在蓝天白云下。房前花开正艳，屋后绿树成荫，正应了陶渊明的那句诗：暧暧远人村，依依墟里烟。

近几年，新联下村“两委”还带头将村民组织起来，组建了一个由23辆卡车组成的运输队，以本地小水电开发为契机，将全村剩余劳动力输送到各工矿水电企业务工，不仅解决了劳动力闲置的问题，还拓宽了村民的增收渠道。2015年，新联下村人均纯收入达到了一万多元。

不只新联下村，金汤先锋片区建成1000亩核桃林地，青杠二村成立羊肚菌农户种植合作社，陇须村村民注册成立养牛合作社……81年后的金汤，这个红军曾经浴血奋战的地方，一个个美丽新村正拔地而起。

金汤镇党委书记李恒香说，作为红色藏乡，红军精神是金汤最宝贵的财富。为弘扬红色文化，康定市正筹备在金汤红军医院遗址附近建造红军医院历史纪念馆，并为牺牲烈士修建一座红军墓。“以此铭记历史，缅怀先烈，打造爱国主义教育基地。”

夕阳西垂，金汤河水被镀上一层淡淡的赤黄，从狮子岩上呼啸而下，朵朵浪花滚滚前行，仿佛踏着一首荡气回肠的红军之歌。

阳光哈达铺

王国强　李学梅　王佳佳

农历八月十一，哈达铺恰好“逢集”，镇子的新街被货摊和行人挤了个水泄不通。清真摊摆出的牛羊肉透着新鲜，三轮车上堆放的化心梨、花牛果个个水灵，遮阳伞下玻璃罩子里的锅盔、酿皮子、牛筋面香气诱人……街边，一家手机店震天响地放着时下的流行歌曲。

随着人流缓缓往前挪，一抬头，远处平缓的黄土山丘上，退耕还林种下的松树已郁郁葱葱，人民公社时期兴修的梯田里，矮矮的当归绿绿一片。

仲秋的哈达铺小镇，沐浴在陇原没遮没挡的阳光里，欣喜，惬意。

81年前，也是这样的季节，走过了大半个中国的红一方面军告别凄风苦雨，到达这个商贾云集的古镇时，也一定感受到了这种欣喜和惬意吧。在这里，疲惫不堪的战士们吃上了肉和白面，理了头发，刮了胡子，换上了布鞋和新衣。毛泽东在这里看到了报纸上关于陕甘根据地的报道，在街尽头的关帝庙里，向团以上干部宣布“我们要到陕北去”。

“哈达铺是红军进入甘肃后最繁华的一个小镇。”哈达铺红军长征纪念馆资料征集研究科科长赵王林带我们拐进了红军街，指着两旁修旧如旧的明清风格木屋，边走边介绍："1935 年 9 月红军来的时候，这条街 90 多间商铺汇集了 27 家药材老字号。天下当归看岷归，最好的岷归出自哈达铺。当年，哈达铺的当归、黄芪、大黄和党参引来川商、徽商、晋商纷纷在此开铺经商。"

1200 多米长的红军街和人流熙攘的新街基本平行，如今，由于商铺大多转移到了新街，老街显得很安静。阳光将砖红色的墙面映衬得格外热烈，脚下的青石板路上，仿佛还回响着当年红军经过时整齐的步伐声。

红军街中街附近，住着 93 岁的周尚仁老人，他是目前哈达铺见过红军的唯一健在者，4 名女红军曾住在周家小院，天天逗他这个 12 岁的娃娃玩，教他唱歌。

"之前国民党一直宣传说红军是一团乱匪，共产共妻，所以听说红军要来，大家都怕得不得了。"时光荏苒，但记忆犹新。年幼的周尚仁参着胆子，随着大人们一起跑到路边张望。

红军身上的军装很旧，膝盖和胳膊肘处打着大大小小的补丁，有的脚上连草鞋都没有。他们走得很慢，但一行一行挺整齐，不像乱匪的样子。

"红军见了老乡就像见了亲人一样，从队伍中走出来，拉着乡亲的手说，我们就是红军，你们不要怕，我们是打日本、反压迫的，和你们是一家人。"周尚仁很快发现，这支队伍和国民党兵不一样，他们不拉夫不抓丁，买东西照价付钱。镇上唯一的秀才张炯奎为此还赋诗一首："只道伤惨同列寇，哪知仁义胜王师！"

老百姓觉得红军亲，商户纷纷打出"红军买货不要钱"的招牌，周尚仁的爷爷也在店前竖起块木头牌子："红军吃凉粉不要钱。"不成想，招牌打出来之后反倒没了生意。爷爷拉住一个红军问究竟，对方说，我们想吃你的凉粉，你不收钱，我们只好不吃了。

但这也挡不住热情的陇南百姓。周尚仁记得，当时镇上有个开鞋厂的马师傅，看到红军还穿着草鞋麻鞋，就送来整箱的新布鞋。还有一位平时好抱打不平的"码头大哥"景二爷，把家里的 5 斗小麦都磨成面粉并炒成了熟面，送到红军手里。"那炒熟面的香味儿，一条街都闻得到。"

红军街上，一处小小的邮政代办所门前围拢了一群人，正轮番进入这个也就 10 平方米的国家级文物保护单位，和邮政伙计的雕塑合影留念。他们是济南军区老红军后人组成的"齐鲁红星长征队"。"毛主席就是在这里为红军找到了落脚点。"红星长征队的方晓江和队友交流着，显然，沿着父辈足迹重走长征路之前，他们已经重温过这段历史。

1935 年 9 月 18 日，乔装成国民党军的红军侦察连由连长梁兴初率领，大摇大摆来到哈达铺。国民党驻军和反动民团已仓皇退守岷县，此地空余几个“长官”把持局面。没费一枪一弹，侦察连就拿下了哈达铺。

来之前，梁兴初接受了一个毛泽东指派的特别任务——“寻找一些精神食粮”。说来也巧，侦察连在小镇上发现了邮政代办所，在最新一期《大公报》上，看到了“陕北军事形势转变，刘子丹徐海东有合股势”的消息。很快，这份报纸就被飞马送到了 20 公里外大草滩红军驻地的毛泽东手里。

“毛主席到了哈达铺，第一站来的就是邮政代办所，干的第一件事情就是翻报纸。”在赵王林看来，有药才有商，有商才有报，有报才有路。“红军能够在哈达铺找到长征的落脚点，既是偶然，也是必然。”

邮政代办所的斜对面，有个挂着“义和昌”牌匾的静谧小院，院子里，三棵沙果树根连着根长到了一起，当地人叫它们 “同心树”。当年，毛泽东在这个院子里住过 3 个晚上，如今，在那间略显逼仄的小屋的土炕上，还摆着他翻阅报纸用的炕儿和放大镜的复制品。

“毛主席就是在这间屋里写下了著名的七律《长征》。在哈达铺，部队得到了休整，最关键的是有了刘志丹和陕甘根据地的消息，怎么能不‘三军过后尽开颜’？”赵王林说。

1935 年 9 月 23 日拂晓，经过整编的红军陕甘支队带着抗日的热望离开哈达铺。红军前后在这里停留了 5 天。这 5 天种下的一份情结，时隔 81 年，仍在小镇中代代相传着，无论是在新街还是老街上，随处可见“红军鞋”“红军凉粉”的招牌。

早已搬到新街上的百年周家凉粉店里，不时会有游客慕名前来品尝红军吃过的凉粉。“最多时一天能卖 600 碗。”店里，周尚仁的孙女周慧娟一边看着儿子写作业，一边忙着招呼客人。店外，集市还没有散去，街市依旧熙攘，小镇洒满阳光。

抒怀六盘山

杨丽娟　范俊生　赵中鹏

初到六盘山，山路曲折险狭，周围群山逶迤。行至半山腰，乌云压顶，随即，秋雨倾洒而下。视野内开始腾起雾气，上山的路愈发湿滑，自驾车的我们惊出了一身冷汗。

横亘在陇东高原上，六盘山古称“陇山”。与红军翻越的众多大山相比，六盘山并不算高，海拔只有近 3000 米。不过，这座山是陇中和陕北的界山，也是红军长征翻越的最后一座山。山那边不远，便是红军在哈达铺确定的落脚点陕北根据地。

追随着红军当年的脚步，上山前，我们先在六盘山西麓的西吉县兴隆镇单家集村清真寺拜访了回族老人拜富贵。1935 年 10 月 5 日，毛泽东率领改建为红军陕甘支队的红一方面军进入单家集，当晚就住在拜富贵的父亲拜文海家中。

在此之前的 8 月，红二十五军已路过单家集，一进村就干农活、喂牲口、给老百姓送药，悄然播下了红色的种子。“两个月后毛主席经过时，家家户户都把房子打扫干净迎接红军，还用回族最高礼仪‘九碗席’招待主席。”胡子花白的拜富贵讲起这段历史，精神矍铄，中气十足，“我父亲听说主席睡不惯北方土炕，

合影

特意去隔壁的小店拆下两块门板给主席垫在炕上。”

第二天清晨，红军提前行军，转至六盘山。刚刚离开半个小时，单家集上空就飞来了国民党的飞机。“飞机扔下了 7 颗炸弹，主席夜宿的厢房门上当时就被炸出了 20 多个洞。”手指土坯房上斑驳沧桑的木门，拜富贵轻轻道出了 81 年前的惊险。

当时，国民党为了阻截中央红军与陕北红军会合，在六盘山一带设置重兵。前有东北军骑兵第七师门炳岳部据守堵截，后有三十七师毛炳文部尾随追击，附近还驻有东北军何柱国的骑兵部队和西北马鸿宾的部队……而红军队伍已不足出发时的十分之一，但大家的情绪却异常高涨。

毛泽东的警卫员陈昌奉曾回忆，过六盘山时战士们一边听主席谈古论今，一边观看附近的山色风光，心情格外振奋。经过青石嘴附近时，主席还指挥战士们“顺手”歼灭了敌军两个骑兵连，并用缴获的 100 多匹战马装备了工农红军的第一支骑兵侦察部队。

固原市地方志办公室研究员佘贵孝告诉我们，那首充满革命乐观主义精神的《清平乐·六盘山》，其雏形就是过六盘山途中的即兴抒怀。当时，毛泽东想到红军一路艰难跋涉，终于即将到达陕北，不禁心旷神怡，诗兴勃发：

天高云淡，望断南归雁，不到长城非好汉！同志们，屈指行程已二万！同志们，屈指行程已二万！六盘山呀山高峰，赤旗漫卷西风。今日得着长缨，同志们，何时缚住苍龙？同志们，何时缚住苍龙？

81 年后的今天，我们冒雨登上了这座作为红军长征胜利重要标志之一的“转折之山”。站立在山巅之上，仰望天空，阴云弥漫，仿佛红军走过的两万多里漫漫长征路；远眺天际，晴空亮眼，恰如翻过六盘山后的光明前路。

而镌刻着《清平乐・六盘山》诗篇的六盘山红军长征纪念碑，在天空的映射下呈现出半边灰暗半边蓝的奇景，像在诉说历史的转折，也在见证曾经“苦瘠甲天下”的六盘山新变化。

在毛主席曾经留宿的单家集村，拜富贵告诉我们，过去村民们因为贫困，纷纷外出逃荒。现在，单家集成了西北最大的村级活畜交易市场。

每天天还没亮，周边各地的上千头牛羊就被运到了村里，热热闹闹地等待交易。勤劳的村民们自发形成了一条完整的牛羊产业链，有育肥的，有剥皮的，有屠宰的，有运输的，还有充当交易中介的“牙子”……单家集单南村党支部书记单云说：“现在日子好过了，村民也勤快、肯吃苦，做啥都觉得有奔头。”

随意敲开一家农户的门，只见院子里花木成荫，树枝上缀满红彤彤的小苹果，一派生机勃勃。男主人单志林乐呵呵地向我们介绍，家里五口人，养了 21 头牛，种了七八亩玉米地。最近，玉米刚刚收割完，铡碎的玉米秸秆放进家家户户都有的青储池，便是 21 头牛来年的饲料。“再养个把月，这茬牛就能卖了。一年养两茬，40 多头牛算下来差不多能落下 6 万多块呢。”看着牛棚里埋头啃食的牛，单志林脸上洋溢着西北人淳朴的微笑。

同样的变化也发生在六盘山的东北部山区。

山大沟深、干旱少雨的彭阳县乔家渠，流传着这样一个小故事：1935 年 10 月 8 日，长途行军的红军进驻村里时，老百姓纷纷从自家拿出土豆送到部队的伙房。看到当地百姓连吃水都困难，炊事班的战士不忍多用水清洗，只把土豆简单擦一下便放进锅里煮。当冒着热气的土豆被端出锅时，大家才发现煮开裂的土豆上糊满了泥，不禁犯愁，“怎么让主席吃呢？”就在这时，毛主席已经拿起一个带泥的土豆，简单剥皮就放进了嘴里，边吃边说：“香，真好吃！同志们啊，我们今天在这里吃带泥的土豆，就是为了明天老百姓吃不带泥的土豆。”

言犹在耳，曾经带泥的土豆，如今已然长成了六盘山麓的“金蛋蛋”。

在固原市原州区中河乡，我们正好赶上土豆丰收的季节。几千亩的耕地里，收割机驶过，土豆便从泥土里“钻”了出来，紧跟着，人们一字排开，捡拾土豆，装进袋子，整个画面蔚为壮观。

“除了捡拾土豆，从犁地、播种，到浇水、施肥，再到除草、收割，我们几乎实现了全程机械化。”马永军是宁夏固原六盘山薯业有限公司种薯基地负责人，他满脸喜悦地告诉我们，田里正在收割的可不是一般土豆，而是单价要高1倍多的“原原薯”，也就是种薯的种子。

原来，早年间农民种植的土豆大多是用自留种，长此以往，土豆易退化，产量低，且病虫害严重。2007年，原州区中河乡农民马生科创办了六盘山薯业有限公司，采用土地流转的方式，引进新品种，培育“原原薯”。而今，经过9年的积淀，带着“六盘山”这个红色品牌的“原原薯”，不仅被宁夏人交口称赞，而且远销到了广东、广西等沿海省份甚至中东国家。

马永军说，今年是个丰收年，基地估计能有1000多万元产值。

而我们此行，也是一次收获之行。满载故事抵达山脚时，已是雨过初晴。车行前方，大片的火烧云把天空染成了灿烂夺目的金色，那耀眼的光芒，恰好给路边的红色标语镀上了一层金边，“不到长城非好汉，走好新的长征路！”

永坪小会师

潘福达　朱松梅　闫雪静

延川县永坪镇，是距延安不足百公里的一个小镇。1935 年 9 月 15 日，徐海东、程子华率领的红二十五军在这里与陕北红二十六军、二十七军胜利会师，成为红军长征第一支到达陕北的队伍。毛泽东后来曾经评价说：“徐海东之由陕南经陇东入陕北，乃偶然做成中央红军之向导。”

跟陕北多数村镇一样，永坪是个山坳间不大的镇子，延河穿流其间。镇中心的“会师广场”上，矗立的雕像定格了这一幕：工农红军旗帜下，徐海东和刘志丹紧紧握住了双手，身后的战士们喜笑颜开，热情相拥。

1934 年末，徐海东率领的红二十五军从河南罗山县何家冲村启程长征，历时 10 个月到达永坪。他们在这西北黄土高原上，受到了热烈欢迎。

“一杆杆红旗空中飘，红二十五军上来了”“大人娃娃一条心，革命早成功”……当时，高高的山崖上，弯弯的延河边，总能传来永坪老乡阵阵悠扬的信天游。群众送来米面、柴禾和鞋袜，永坪镇道路旁的窑洞上、石头上、树干上贴满“欢迎红二十五军老大哥！”“配合老大哥扩大苏区！”等各色标语。

红二十五军的每个连队，打着鲜艳的红旗，人人昂首挺胸，接受陕北革命军民的检阅。9 月 17 日，永坪镇召开庆祝大会，三军会师尽开颜。

听说会师遗址就在镇小学，我们前去探访。“你们看，纪念碑在那儿呢！”在这工作 30 多年的门卫老沙知道了我们的来意，热心地当起了导游。校园一角，立着黑底金字的会师纪念碑。

“在当年，这是一所关帝庙。会师那天，山坡上站满了红军战士。”老沙说，这些年来寻访会师遗址的多了，学校专门辟出一间办公室做纪念馆，搜集历史资料记录当时盛况。一位当年迎接红二十五军的战士留下的记录写道：“庄头上出现了一杆迎风招展的红旗，后边是黑压压看不到头的队伍。立刻，河道里也响起了锣鼓声、歌声和口号声。正在田里干活儿的老乡们，听到锣鼓响，也扛着锄头跑来了。”“大家目不转睛地看着、称赞着。特别是对他们的武器装备，更感兴趣。凑巧这时二二三团刚走完，后边部队还没有来到，一个带红臂章的通信员走了过来。我们一下把他包围起来。有人问‘你们那一色的马枪步枪，都是咱红军工厂自己造的吧？’通信员指着我们一些赤卫军背的红缨枪回答说‘不是的，我们原来扛的也和你们一样。现在的枪都是从敌人手里夺来的。’”

永坪虽小，却地处陕北腹地，位置相对安全，交通也便利，当年红军西北军委就驻扎在这里。

76 岁的闫桂林去年搬出了他的老宅。80 多年前，他家那个依山而建的窑洞就曾是西北军委办公的地方。闫桂林告诉我们：“父亲当年也就是十几岁的娃娃，他说，刘志丹、习仲勋都住过我家，小小的窑洞里常常坐满了人开会。”现在，老宅重新修整，挂上了“西北革命军事委员会旧址”的牌子。

西北军委在永坪办公三个月，会师后搬到了子长县瓦窑堡。驻扎永坪期间，成立了陕北工农民主政府，设置了银行、兵工厂、纺织厂……

离开永坪镇中心，驱车十余公里来到石油沟村。典型的陕北农村风貌呈现在眼前，窑洞散落在山坡上，牛羊在乡间小路漫步。村口偶遇农民刘福才，他带我们来到一处山坡，坡下立着“陕北工农民主政府旧址”的牌子，坡上是一排废弃的窑洞。“就是那几孔窑洞，”刘福才说，“我以前还在那儿圈过羊呢。”几辆挖掘车正在窑洞前平整土地，随我们一同来的镇政府工作人员刘辉介绍，这处旧址正打算修缮开放。银行、兵工厂旧址也都在这附近，但年代太久，踪迹难觅了。

会师后，三军合编为红十五军团。拧成一股绳的红军力量壮大，先后在劳山、榆林桥取得“切尾巴”战役的胜仗，巩固和扩大了陕甘革命根据地，提前在陕北“安家”，迎接了党中央和中央红军主力北上，更为之后的红一、二、四方面军在甘肃会宁会师奠定了基础。

永坪镇上，占地33亩的红色主题文化广场正在建设中，永坪烈士陵园也即将向公众开放。刘辉说，永坪是传统的石油重镇，中国陆上第一口油井100多年前在这里打下，不过经济发展不能只靠“吃油”。这两年，永坪开始重拾红色记忆、发展旅游产业，生态休闲、农事体验等特色产业也随之发展起来。

落脚吴起镇

朱松梅　潘福达　闫雪静

八百里秦川黄土飞扬。80多年前，这里的重重山塬拱卫着全国仅存的陕北革命根据地。吴起镇，正是当年扼守根据地北大门的重镇。跋涉一年多，转战两万里，1935年10月，中央红军终于抵达吴起，得以在“家”中落脚安歇，洗去一路风尘。

驱车西行，两侧山峦起伏，穿越了数不清的隧道。出高速第一个路口，展现在眼前的是吴起将军巨型雕塑，衣袖飘飞、仗剑而立。战国将军吴起曾在此屯兵驻守、以御强秦，似乎也把与生俱来的骁勇刻在了小镇的血脉里。

“毛主席在我们吴起住了12天！”在吴起县委工作的樊燚成熟知小镇的红色历史，历历数来，清晰如昨。吴起多山，八川两涧横卧城中，自砚洼山南麓拾级而上，我们找到了半山腰的几孔窑洞：1935年中央红军抵达吴起之后，毛泽东、张闻天就在此居住。如今，这里仍旧保持着当年的旧貌，石砌过洞连接着毛、张居住的两个院落，洞中还残存着流弹划痕。

当时，红军自瑞金出发已近一年光景，奔袭至甘肃哈达铺，按计划将继续向西北边境地区行进。但此时的红军早已是疲惫之师，缺粮少衣、追兵紧随，能否经受住深秋长途行军的考验还是个未知数。正在踌躇之际，偶然从报纸上看到的

吴起革命旧址的游客络绎不绝。窑洞内基本保持了原貌，锅碗瓢盆也是当年的形制。

一则消息无意间为红军指明了路。那张报纸上写道：“陕北刘志丹赤匪部已占领六座县城，拥有正规红军五万多人。”中央红军当即决定北上，与刘志丹部队会合。

经过一个月的跋涉，1935 年 10 月 19 日，中央红军进入了苏区门户吴起镇。在赤安县六区一乡苏维埃政府门前，战士们看到“苏维埃”的字样，激动得欢呼跳跃。对于这些没有牺牲在征途中一步又一步走完漫漫两万五千里的战士来说，这一刻意味着——“到家了”！

进入根据地，并不意味着高枕无忧。早在 10 月初，蒋介石向宁夏马鸿逵部发出了电令：“兹令你部骑兵前往堵截，相机包围，予以歼灭。”敌人在西兰公路和六盘山地区布下两道封锁线，企图阻止红军进入陕北根据地。19 日，中央红军刚刚抵达吴起镇，敌军骑兵就已经追到了陕甘边苏区的门户地带。

刚刚结束长征的红军人困马乏，伤病极多。究竟要不要打这一仗呢？如果打，又有多少胜算？毛泽东立即电令彭德怀速来一纵队，并找来周恩来、叶剑英、聂

吴起县的毛主席旧居，墙上挂着主席和夫人的照片。经过一年的长征，他们黑了瘦了，但精神奕奕。

荣臻等商量作战方案。为他们提供住处的吴起老乡并不清楚，这些操着南方口音的军人在讨论些什么。他们只知道，油灯的光亮透过窗纸，亮了整整一宿。天色欲曙，一度激烈似争吵的讨论终于达成一致：“我们疲劳，敌人也疲劳。吴起多山，不利于骑兵作战。我们要打它个胜仗，作为‘礼物’送给陕北人民！”

10 月 21 日凌晨 4 时，毛泽东登上胜利山，指挥红军在吴起镇头道川两边的山岭上和沟道里布下伏兵，专候敌人骑兵的到来。

上午 7 时，先是马鸿宾的第 35 师骑兵团耀武扬威地走过来。敌人气焰嚣张，根本没料到红军设伏。刚一进入红军的埋伏圈，彭德怀立即下达了攻击命令。顷刻间，枪声、手榴弹爆炸声响成一片，火光闪闪，打得敌人晕头转向，纷纷落马溃逃。随后东北军白凤翔的骑兵先遣团赶来，又迅即被打乱，掉头逃命。红军乘胜追击，利用土岗深沟，将敌人分割包围。

持续两个多小时的战斗，敌兵被包围在二道川、胜利山，头道川的杨城子、圪坻梁、柳树梁、燕山梁一带。这一仗干净利索地灭敌一个团，击垮三个多团，俘敌 700 多人，缴获一批轻重武器和战马。自此，红军在长征中始终甩不掉的“尾巴”，被利落斩断。

镇里来了当兵的，还在山坳里打了一仗！消息迅速传遍全镇。由于听不懂红军战士的南方口音，老百姓以为又是“白军”来了，扶老携幼急忙躲进山里。偷偷观察了几天，才发现这些当兵的和和气气，不但没吃老百姓一碗饭，还帮着担水、洒扫。“难道他们就是老刘（刘志丹）常说的毛泽东领导的红军？”老乡们奔走相告，这才走出山坳迎接中央红军。

村民张廷杰拿出中秋节后珍藏的羊肉臊子和鸡蛋，让妻子专门给首长们做了几大碗羊肉臊子剁荞面。捞起面条，泼上红油，拌入臊子，浇上热汤，一碗下肚之后，毛主席抽着烟擦着汗感叹道：“一年喽！长征路上还没吃过这么香的饭。吴起真是个好地方哟！”

鏖战直罗镇

潘福达　朱松梅　闫雪静

夏末，骄阳似火。陕西富县直罗镇的一条小路拐角，古塔巍然高耸，松柏葱郁，偶尔传来几声鸟鸣，直罗烈士陵园显得宁静祥和。

想俯瞰直罗镇，得先踏上陵园的百层台阶。镇上人把这儿当作健身步道，远来的人则专程到这里，回味中央红军到达陕北后第一次大捷。

81 年前这里枪声急促，长征的最后一战打响。毛泽东亲自前线指挥，红军埋下“口袋阵”，“收”了国民党东北军 1 个师又 1 个团。毛泽东曾说，这次战役不仅粉碎了蒋介石对陕甘苏区的第三次“围剿”，也给党中央把全国革命大本营放在西北，举行了一个奠基礼。

“我们小时候啊，常在这山里的战壕捡子弹壳玩儿呢。”当地老乡李相林为我们带路，他今年 69 岁了，头戴一顶草帽，言语不多，说起直罗镇战役就打开了话匣子。

半山腰处，小镇全貌尽收眼底。这直罗镇，颈枕葫芦河，三面环山，谷川狭长，还真像个“大口袋”。

时间仿佛拨回到了战火纷飞的当年。红军在直罗镇察看地形时，彭德怀还细心地观察到，东头古寨子可能会成为敌人负隅抵抗的工事，下令拆除。“当时，年轻人都出来了，拆墙、挖战壕、修工事、引路带路，都帮着红军干。”李相林说。

东北军57军的前锋109师从黑水寺出发，闯入直罗镇。红军故意示弱边打边退，引诱敌人钻进“口袋”。第二天拂晓，进攻开始。埋伏在南北山梁的红军，从四面八方同时发起攻击，山川里全是敌人，像跑散的羊群一样拼命往北山上爬，国民党109师大部被歼。师长牛元峰率残部500余人冒险突围，最终走投无路，全部被歼，至此，直罗镇战役胜利结束。《长征组歌》第八章有句歌词写得好——“直罗满山炮声急，万余敌兵一网尽。活捉了敌酋牛师长，军民凯歌高入云。胜利完成奠基礼，军民凯歌高入云。”

再向山上的路愈发陡峭。草木又密又高，每爬一步都很艰难。上到高处，我们终于看见了战壕沟：年代久远了，深度只有半米多，上面掩着掉落的树杈树叶，侧壁坑坑洼洼。李相林说，当年这儿都是弹孔，现在已模糊得很难分辨。“听说战斗结束后，孩子们在战场上捡了好几天的弹壳换钱，一天下来，就可以捡上七八斤的弹壳。”足见当年战役之激烈。

烈士陵园里，松柏随风摇曳，如泣如诉。这场激烈的战斗中，黄甦、李英华、孙启峰等648位烈士永远安眠于直罗镇。一座特别的纪念碑引起我们的注意，它是“直罗镇战役十二小烈士纪念碑”，纪念的是中国工农红军二十五军一个少年营的12名未成年红军小战士。直罗镇战役前夕，为防止敌人在战斗打响后往附近黑水寺逃窜，12名小战士被派遣侦察地形。

当时黑水寺有敌军重兵把守，小红军们化装成讨吃和放羊的小娃娃，分道摸进了黑水寺进行侦察。然而，他们侦察到情报并送出后，返回途中与敌军遭遇，终因寡不敌众被俘，敌军在败退前，残忍地将12名小红军战士杀害。“这些小红军大多是十三四岁的孩子，他们甚至未能留下名字。”讲解员介绍。

直罗烈士陵园始建于1954年春，最近一次修缮是2012年，当地把散布于山上的烈士陵墓迁移到半山腰集中安葬。以前，来直罗镇寻迹的人们总是找守陵人、李相林的堂兄李相元听故事，当时还年幼的他曾经历过这场战争。李相元老人三年前离世，50来岁的儿媳妇张改风继续守陵。她对我们说：“当年红军守护了我们，现在我们也要守护革命先烈的安息处。”

炮火声已经远去，在直罗镇，守护这段峥嵘岁月的，不只有守陵的李家人。

富县民政局局长缑西平6年前开始搜集资料，汇编直罗镇战役史料。“战争的亲历者多数都不在镇上。只能通过红军后代找到他们，我们去了北京、河北、甘肃等很多地方寻访，了解有关直罗镇战役的故事。”缑西平说。他的团队前后采访了5000多人次，很多战争的细节被首次还原。寻找直罗镇战役烈士如大海捞针，以前留下姓名的烈士只有102人，这几年通过不间断的寻找，又找回了400多名英烈，陆续安葬在烈士陵园。“还原历史的点滴，也是对烈士们的告慰。”他轻抚着书皮说。

定策瓦窑堡

朱松梅　潘福达　闫雪静

大红背心蓝布褂，帽檐上镶一颗红五星。井长生 84 岁，清瘦硬朗，长髯雪白。“你们是北京来的记者？辛苦了！”他走出半山腰的砖窑，操着浓重的陕北口音。

这里是子长县凉水湾村，距延安城区 70 公里。子长县名气不大，但若是提起它的一个镇，却几乎无人不知，那就是瓦窑堡镇。

两河交汇、三川相接，瓦窑堡自古便是兵家必争之地，在民国陕北 23 县中号称“旱码头”，粮米油盐炭无不丰足。井长生至今仍记得，那是 1935 年的 11 月，全城敲锣打鼓、列队欢迎中央红军，“像迎亲一般”。

子长烈士纪念馆馆长王志厚介绍说，为了迎接红军进驻瓦窑堡，陕北省苏维埃政府专门成立了并窑、筹粮、缝衣、接待几个工作组。几个大户人家二话不说腾出窑洞让给红军，妇女昼夜抢工，一人要做几十双草鞋。

短短几十天，400 孔窑洞、300 石粮食和 8 万斤副食都备齐了。洋芋、白菜、豆芽、猪羊肉连同上万件锅碗瓢盆，一车车、一担担送到营房食堂。“只要是红军同志需要，百姓啥都给，千方百计让他们住得暖吃得饱，身体恢复得快。”王志厚说。

井长生所在的村里也住上了红军，毛泽东也曾在这里短暂居住过。3 岁多的娃娃不认生不怕人，掀开帘子就往毛主席的院里钻。“他也不怪我，到了饭点儿还留我吃饭。”坐在小木凳上聊天，井长生一笑，脸上皱纹更深了：“油饼馒头花馍馍，可吃了个够！”

住上砖窑、睡上热炕，穿上百姓缝制的粗布衣衫，红军正式安了家，并着手考虑规划下一步的斗争战略。12 月 17 日到 25 日，中共中央召开了一次政治局扩大会议，史称“瓦窑堡会议”。

跟随王志厚，我们在瓦窑堡城内七拐八拐，绕过一盘石磨，终于找到了下河滩二道街田家院——瓦窑堡会议旧址。院中 5 孔窑洞都是拱门花窗，青砖铺地，其中左侧张闻天旧居正是会议室。

阳光透过花窗，把窑洞照得一片明亮。窑里陈设极简单，仅一张炕、两方桌、六条长凳。墙壁上挂着与会者的照片：鼻梁上驾着眼镜的是文质彬彬的张闻天，毛泽东显得清瘦精神，周恩来还留着长胡子。

13 名参会者自带搪瓷茶缸，挤在这间 20 多平方米的窑洞里，长凳坐不开只能坐炕上。在民族危亡之际，整整 9 天的政治局扩大会议决定了中国的命运走向：批判了党内“左”倾关门主义观点，决定了建立抗日民族统一战线的策略。

当时，晋系军阀阎锡山割据山西，与陕北革命根据地仅相隔一道黄河。日军侵略已经一日紧似一日，鼓动“华北五省自治”，阎不但不抵抗，反而与虎谋皮，自得地宣扬：“在中国会走日本路线的，只有我阎锡山一个人。”

1936 年 1 月 15 日，毛泽东、周恩来、彭德怀签发了《关于红军东进抗日及讨伐卖国贼阎锡山的命令》，命令“主力红军即刻出发，打到山西去”。2 月 20 日，由红一方面军改编的中国人民红军抗日先锋军已在西岸隐蔽多日。晚 8 时，战士们乘坐木船、羊皮筏子，在湍急的黄河中激起高高的水花和冰碴，趁着夜色冲破敌人封锁线，长驱直进。

东征时寒冬未尽，回师时夏日已深。至 5 月，东征红军方才带着赫赫战功回到瓦窑堡。在黄河东岸，红军战士击溃了晋军 30 多个团的围追堵截，转战山西 50 余县，歼敌 13000 余人。所经之处，县乡村建立起了苏维埃政权，抗日的革命火种在山西落地生根。

东北军三路来攻，毛泽东、周恩来估计到瓦窑堡迟早有失，决定撤空该地，准备作战。6 月，中共中央紧急转移到了保安（今志丹县）。12 月 12 日，西安事

瓦窑堡会议就是在这间 20 平方米的窑洞里召开。窑里陈设极简单，仅一张炕、两方桌、六条长凳。

变爆发，抗日民族统一战线正式形成，时隔半年，瓦窑堡再次回到红军手里。

党中央在此落脚 8 个月，瓦窑堡百姓拥党拥军的热情高涨。总共只有 4 万人的子长县，参军人数达到了 4000 人，其中就包括井长生家的三个兄弟。一队队陕北子弟从这里走向了抗日的前线。

走出井家的院子，驱车准备回城，偶然回头，才发现耄耋之年的井长生仍在半山腰的窑洞口，拄着拐杖注视我们，挥手告别。猎猎干风吹动蓝布褂子，金色的余晖勾勒出他的轮廓。

长河落日，大漠孤烟，陕北的苍劲暮色千百年来从不曾改变。

炉霍寻“阿达”

巩峥　李祥

长征期间发生在甘孜藏区的大事，首推红二、四方面军会师。两大红军主力由此北上，与党中央和红一方面军会师陕甘，夺取了万里长征的伟大胜利。

我们为追寻甘孜会师这段历史而来，手头的线索，是一封当地群众来信。

这封信题为“我的红军阿达”，不久前寄到了甘孜州史志办。无奈联系不上作者，我们只得以信为向导，一路追寻。

“在我的老家炉霍，凡是藏汉结合的婚姻，对父亲的称谓既不是爸爸，也不是阿爸，而是阿达。我的父亲是地地道道的汉族，自然我们也不例外地叫他阿达。”

信的开头，显示作者来自炉霍。赶往炉霍的路上，我们一直在脑海里“合成”这位阿达的形象。信里说，他叫闻启家，是著名的将军县安徽金寨人，17 岁参加革命，后随红四方面军爬雪山、过草地来到甘孜。1936 年初，部队率先进驻炉霍，在一次激战中，他腹部、腿部各中一枪，留下养伤掉了队。

甘孜州史志办学者杨剑锋告诉记者，最先进入甘孜县城的，是李先念率领的红四方面军三十军八十八师。1936 年 3 月 28 日，这支部队在炉霍苦阿共村与地方反动武装展开激战。信中说的这位阿达很可能就是在这场战斗中负伤的。

这次受伤，让他错过了会师。战斗胜利后，战友们于3月底4月初翻越海拔4000多米的山梁进驻甘孜县城。这便是甘孜会师的序曲。

如今的康定城是甘孜州府所在地，以旅游为新产业，安宁祥和。

现今甘孜县城西30公里的来马镇镇政府，即当年会师前红四方面军的驻地；而会师的地点就是镇政府门外的那片坝子，叫作绒坝岔。登坝远望，当地人为我们指点白玉赠科山，1936年6月30日，红二军团就是从那儿翻越而来。

当时，红三十军八十八师政委郑维山也是这样站在坝上极目远眺，“远远望见红二军团的队伍，像条巨龙朝着绒坝岔飞腾而来时，便飞也似地奔向前去，抢过战友们的行装背在自己的身上，再紧紧地握着手，打量着，问候着，叙长道短，格外亲切。许多藏族同胞也簇拥路旁，捧着酥油糌粑夹道欢迎，口里不住赞叹：‘耶莫！耶莫！’（顶呱呱之意）。”

两支兄弟部队，在艰苦的长征中相逢，激动之情难抑。炊事班同志立即打来热气腾腾的开水，让红二军团战友洗脚解乏，看到他们衣服破烂不堪，又赶忙拿出亲手织好的毛衣、毛袜。会师前，红四方面军指战员专门请藏族妇女教女红，不分昼夜捻毛线、织毛衣……

紧跟着，红六军团也到了甘孜。7月2日，甘孜县城城郊，红二、六军团组成的红二方面军与红四方面军举行会师大会。红六军团十七师的谭常维曾这样回忆当时的场景：

很远就看到在喇嘛寺红色的墙上高悬着“向英勇善战的二、六军团致敬”的大标语。广场上集合着许多队伍，歌声阵阵，记得有这么两句：“来，会合二、六军团，高举红旗向前进！”部队进入会场时，千万只手臂在挥舞，人群在欢呼：“红军万岁！”口号此起彼伏。

这边欢声笑语响遏行云，而几十公里外的炉霍县斯木乡俄米村，闻启家正在一位杨姓木匠家养伤。他急切地盼着痊愈，早日追上队伍。

斯木乡年逾古稀的扎西桑顿老人还记得上一辈人提过：当年俄米村住着不少掉队红军，后来敌人来“清剿”，战士们都转移了。

红军大部队刚离开炉霍，农奴主、反动头人便对留下的红军伤员开始了疯狂报复。敌人在村里大肆搜索，威胁村民说窝藏红军即灭门。不忍连累百姓的闻启家选择逃离。他昼伏夜出，甩开敌人奔北去追大部队，一直追至道孚县。

我们跟访至道孚。当地县志研究者朗日升告诉记者，红军甘孜会师北上后，国民党为了扩大在康区的势力，大肆抓捕壮丁扩充兵力，既懂汉语又有战斗经验的掉队红军是他们的首选。

闻启家来到道孚县，发现敌人搜捕得紧，经老乡指引藏身于一名受过红军恩惠的严姓锅庄主家中。不料锅庄主遭人出卖，身陷囹圄。敌人宣称，只要藏在他家的红军投降，就放锅庄主一条生路。

为救恩人，闻启家别无选择，可他不愿敌人知道他的真名姓，左思右想，在手臂上烙下“文浩然”三个字作化名，凛然走进敌营。

国民党军将他编入部队，他利用出勤的机会逃脱。在随后的亡命生涯中，他结识了一位藏族姑娘，收获了自己的爱情。两人千难万险回到炉霍，后来就有了写信者和她的兄弟姐妹。

“‘文化大革命’前有份统计称，留在甘孜的红军战士多达3000人。”杨剑锋说，很多人有着和闻启家相似的艰辛又传奇的经历。可惜，像闻启家这样能印证、坐实的是凤毛麟角。

此后，闻启家在炉霍过着普通人的生活。上世纪80年代初，炉霍县准备给他的孩子两个转居民指标。他拒绝了，理由很简单：我是红军，不能占便宜，指标让给更需要的人。

10多年前，闻启家老人在他挚爱的第二故乡溘然长逝。给孩子们留下的，是这段甘孜会师后鲜为人知的曲折故事。

返回康定途中，有血有肉、有情有义的红军阿达的面容仍不时浮现在记者脑海。远方，一弯淡淡的月挂上天际，一朵溜溜的云依偎山岭。“照人胆似秦时月，送我情如岭上云”，这不正是红军阿达的写照吗？

石窑中的“红大”

朱松梅　潘福达　闫雪静

志丹少雨。夏末秋初，空气闪耀着金子一样的颜色，从太阳地儿走进树荫里，像在凉水中浸了一下。

“现在是志丹一年中最好的季节。80 年前，党中央机关和苏维埃中央政府也是在这时候来到咱这儿的。”延安市志丹县党史办韩东说。爬雪山、过草地、飞夺泸定、强渡金沙，穿越无数次死亡关口抵达陕北之后，红军仅剩数万，折损颇大。

驱车来到志丹县城南端的前桥，车停公路边，抬头仰望，红褐色的山石陡峭粗粝，山上稀稀拉拉生长着耐旱的酸枣树。距公路垂直 50 米的半山腰处，石崖底下镶嵌着五孔石窑、六间瓦房，黑黢黢的，远看状似蜂窝。

1936 年 7 月，就在这红石崖下的石窑里，抗日红军大学一科安营扎寨，志丹（原名保安县）城里随即贴上了招生启事。

第一批学员全部来自中央红军和十五军团，共分三个科。一科主要学习领导和指挥作战，二、三科主要学习文化知识，各科分地教学。最引人瞩目的第一科，科长陈光、政委罗荣桓，38 位学员全部是师团以上干部，有 8 年以上的作战经验，平均每人身上有三处伤疤。

位于志丹县的红军大学旧址，镶嵌在半山腰垂直50米处。

“这些石洞可有年头了！就连志丹县里最长寿的老人都说不清，石窑到底是啥时候开凿的。”韩东带我们顺山势而上，他说，石窑在古代用于供奉元始天尊，后来经专家考证为明代开凿。由于长期无人居住，洞口外头杂草丛生、乱石纵横，还有的已经成了牛羊圈。

除了一片狼藉的石窑，初来乍到的“红大”一无所有。一科党支部立即召开紧急会议，号召学员不等不靠，不论职位高低，自己动手建设校舍。

最大的一间石窑被用作教室。学员们一点点铲除地面上的牛羊粪，而后在石壁上凿出了一块“大黑板”，再用石头砌成一个讲台。较小的石洞则作为宿舍，有的两三人一间，有的四五人住一间，铺点茅草当做床铺。

开课当天，毛泽东、张闻天、博古、徐特立前往一科视察。毛泽东风趣地说：“你们过着石器时代的生活，却学着当代最先进的科学——马克思列宁主义。”

拉开吱吱作响的木门，我们走进教室。由于是依山而建，天花板保留了山石的原貌。石壁上至今仍悬挂着当年的课程表：毛泽东讲授中国革命战争的战略问题，张闻天讲授中国革命基本问题和辩证唯物主义，凯丰和吴亮平讲授政治经济学，秦邦宪讲授哲学……讲台下，三十几个矮小狭窄的石凳排列齐整。

“中央图书室”是一间不足10平方米的瓦房，书籍满打满算也就百余本，多是列宁、马克思的文选和大兵团作战战役书，每人每次只能借一本。图书室里还陈列着花花绿绿的讲义，红白绿黄大小不一。“物资奇缺的年代哪有白纸？讲义都是用敌机撒下的传单背面刻印的。”讲解员说道。

在当年，教室和宿舍连木门也没有，只有草织门帘挡风御寒。山上的野狼几次误闯窑洞，学员们睡觉前就把脸盆、桌子堵在洞口。每个周日，他们还会带上绳子、斧头，去附近的山沟里打柴，背回来用于烧火做饭、盘炕取暖。

志丹地瘠民贫，顿顿吃的都是小米饭、土豆和白菜，但对红大学员来说，“能吃饱肚子、还能听课学习”，已经非常满足。

晴天，师生们在红石崖下的小院里读书学习、讨论战事。如今，院中仍保留着当年的大槐树，正是深夏，树冠投下巨大的影子，风一吹来，如痴如醉地摇摆。

有一次，罗瑞卿拿了一叠传单，大家一看，是国民党的悬赏：仅“红大”一科学员的“脑壳”加起来，就值好几百万。有人打趣：“老罗，你去给老蒋打个电话，能不能把我那份儿先支取出来，我们买点纸笔也好哇！”

1937年1月，红军大学随同中央进驻延安。斯诺在《西行漫记》中描述说：“以石洞为教室，以石头砖块为桌椅板凳，以石壁为黑板，不怕飞机轰炸的高等学府世界上恐怕只有这么一家。”

毛泽东曾对“红大”学员说：“你们好像是元始天尊的弟子，在洞中修炼，什么时候下山呢？天下大乱你们就下山。现在，下山拯救民族危亡的时刻到来了！”

这句话很快应验。“修炼”半年后，西安事变和平解决，形成抗日民族统一战线，学员们走出红石崖下的校部，奔赴抗日前线。十几年后，他们又站在了天安门城楼上，开启一个新的时代。

1955年，解放军初次授衔时，仍健在的“红大”一科学员中比较有名的有罗荣桓、罗瑞卿、谭政、彭雪枫、杨成武、刘亚楼、张爱萍、苏振华等，最低军衔是中将。红军大学“团结、紧张、严肃、活泼”的八字校训，也被中国人民解放军国防大学沿用至今。

回汉结同心

范俊生　杨丽娟　赵中鹏

甫入同心城，远远就看见一座灰砖灰瓦的清真寺坐落在县城西部高地，挑梁飞檐、歇山起脊，完美融合了中国传统宫殿风格与伊斯兰装饰艺术。时值傍晚，虔诚悠扬的祷告声从大寺缓缓传来。

建于明代的同心清真大寺，是我国现存历史最久、规模最大的清真寺之一。而 80 年前发生于此的一件大事，为这座古老的清真寺增添了新的历史光彩。

走进寺内，大殿门前廊檐下，“陕甘宁省豫海县回民自治政府成立大会会址”的绿底黄字牌匾分外醒目。

“同志们快点来，大会马上就要召开了！”同心县党史专家杨文元将手中的纸张卷成喇叭筒状，一声呼喊，将我们带回了当年回民自治政权成立时的场景：

1936 年 5 月，为贯彻中共中央“以发展求巩固”的战略方针，红一方面军第一、第十五军团和第 81 师组成西方野战军挥戈西征，挺进豫旺县（即今之同心县）。

西征开始第 8 天，毛泽东署名发表了《中华苏维埃中央政府对回族人民的宣言》，宣言提出：“回民自己的事情，完全由回民自己解决，凡属回族的区域，由回民建立独立自主的政权。”

“禁止驻扎清真寺，禁止吃大荤，禁止毁坏回文经典……”伴随红军队伍出征的，还有这份特殊的“三大禁条”“四大注意”。红军入城后秋毫无犯，待人和善，专门派人保护清真寺，小心翼翼地尊重着伊斯兰教的风俗习惯。

同心城干旱，滴水贵如油，当地群众主要靠雨雪天储窖水吃，城里仅有的一口水井由于年久失修，已经干涸多年。红军到达后，为了不跟群众争水，征得群众同意后，反复淘挖枯井，三天后，老井竟然涌出了甘泉。自此，“红军井”在当地传为佳话，而红军的声誉也像那又甜又旺的井水一样，淌进了回族群众的心田。

豫旺堡的马和福是同心县最早加入红军的回民之一。他亲眼目睹这支“穷人的队伍”照顾孤寡老人、接济穷人，决定帮红军做事。“我爷爷把躲进山里的乡亲们叫了回来，又动员村民成立了一支 13 人的游击队，帮红军筹粮筹款，团结有威望的阿訇……”住在马高庄乡邱家渠村的马永红，这些年一直在整理记录爷爷马和福的经历。

1936 年 10 月 20 日，来自豫旺、海原两县的 300 多名代表齐聚同心清真大寺，参加陕甘宁省豫海县回民自治政府成立大会。热烈的讨论和掌声中，新《婚姻法》《土地法》《减租减息条例》以及《豫海县回民自治政府条例》一一通过。两天后，海碗投豆子的原始投票，选举出了自治政府的第一任主席马和福；刻有锤子、镰刀、五星的政府印章上，汉文、阿拉伯文首次并书，宣告着陕甘宁豫海县回民自治政府的正式成立。

研究长征历史多年的杨文元告诉我们，这是我国历史上第一个县级回民自治政权，也是第一次在少数民族地区红色政权的名称中使用“自治”二字。自治政权成立后，“回民解放委员会”“同心抗日后援委员会”等群众组织如雨后春笋般纷纷涌现，马和福带领的游击队也很快发展壮大为 39 人的游击大队。

这一切，让在宁夏采访的美国记者埃德加·斯诺也觉得不可思议，他在《西行漫记》中写道：“军阀多年压迫和汉回之间的仇恨，使回民对一切汉人的动机理所当然地深为怀疑，共产党能在这么短时间里消除回民的这种怀疑，令人难以置信。”

而在杨文元看来，共产党一直以来都高度重视民族问题，长征一路经过回族、藏族、彝族、蒙古族等少数民族地区时，每一次都充分尊重少数民族的风俗习惯和宗教信仰，使长期受到民族压迫和阶级压迫的少数民族群众感受到民族平等的

同心清真大寺。1936 年 10 月，中国历史上第一个民族区域自治政权——“陕甘宁省豫海县回民自治政府”在此成立，开创了民族自治的先河。（杨丽娟 / 摄）

温暖。同样，少数民族人民也用宽广的胸怀接纳了红军。

同心县城往东，翻过绵延起伏的窑山山脉，就到了一片宽广平缓的高地，这是黄土高原的典型地貌——塬。马永红所在的邱家渠村就在这片黄土塬上，在他的讲述中，我们听到了一个“回汉拜干亲”的故事。

1936 年 11 月中旬，国民党胡宗南部队压境，朱德手书“拂晓前撤退”晓谕各部队，同时通知自治政府机关随军撤退。当时马和福正在乡下组织担架队支援前线，军队开拔后的第二天，13 岁的小红军李成才带着朱德的命令找到他。

但是，马和福没有撤退，他坚信红军还会回来，决定转入地下继续斗争，年幼的李成也跟着马和福留了下来。国民党军重新占领豫旺县后，马和福毫不意外地被列为头号抓捕对象。

1937年2月13日，马和福带着李成隐居在姐夫锁成玉家时，被反动民团发现。自知无法逃脱的马和福把自治政府大印和全县基层政权领导人名单等重要文件藏好，又拉过李成向姐夫交代：“这是给我送信的小红军，我走后你就当干儿子收养，孩子这么小，咱们又有回汉拜干亲的风俗，不会引起敌人怀疑。”

马和福牺牲后，锁成玉把李成更名为锁少贤，收为干儿子。李成信奉了伊斯兰教，入籍回族。从此，锁成玉像照顾自己的亲生子女一样，含辛茹苦地将李成以及马和福的遗孤抚养成人。为躲避国民党的抓捕，锁成玉还将李成藏在土豆窖里躲了许久，后来不得已，一家人卖掉了家中仅有的一头牛，逃到外地艰难度日。

直到1945年，锁家才回到原籍。如今，李成的儿子锁福云、马和福的孙子马永红，还有锁成玉的孙子都已结婚生子，儿孙满堂。三个异姓兄弟至今同住一村，亲如一家。几家的房子相隔不过百米，有活一起干，节日一起过，几十年来从未红过脸。

“爷爷常嘱咐我们的父辈，‘你们一定要团结，不要分彼此，尤其是对李成，要像亲兄弟一样对待。’”锁福云这位小红军的后代，早已习惯叫锁成玉为“爷爷”——这是一个浓于血脉亲情的称呼。

在同心，86%的人口是回族，回汉一家亲的红色基因至今仍在传承。

70多岁的回族老人苏锦山自办敬老院，为30多位回汉孤残老人“养老送终”。汉族孤残老人去世，他请人按照汉族风俗看坟地，直到其入土为安；回族孤残老人无常，他请来阿訇送埋体。

每年9月，是宁夏回族自治区的“民族团结月”，同心县都要开展文艺汇演、古尔邦节座谈会等活动，积极营造各族群众交往交流交融的良好氛围。

而有着600余年历史的同心清真大寺，除了作为当地回民的礼拜场所，还作为红色经典景区接待来自全国各地的瞻仰者。杨文元和他的两个“徒弟”则当义务导游，把80年前“回汉结同心”的历史讲给更多的来访者：清真大寺东南方向是红军西征纪念馆、《西行漫记》及红军小号手雕塑，西南方向是红军井、马和福英勇就义遗址和三军会师联欢大会遗址……

洪流聚会宁

杨丽娟　范俊生　赵中鹏

清晨6点的会宁，晨曦微露，凉意侵肤。激昂的《长征组歌·大会师》奏乐，由大喇叭喷薄而出，唤醒了这座黄土地上的西北小城。这是会宁二中学生们上操的号角。

二中校园往北几百米，包括会师纪念塔、文庙大成殿在内的红军会师旧址静静矗立。再过两个半小时，这里便会迎来一拨又一拨寻访红色历史的客流。

在会师旧址旁，我们见到了会宁会师纪念馆前馆长马进林。65岁的他早已退休，但每每遇到寻访者，还是会用满腔热情讲述80年前的大会师。

1936年9月，冲破国民党重围的红二、红四方面军，相继进入甘肃，与已经在陕北扎根一年的红一方面军遥遥相望。

胜利的会师近在咫尺，北依黄河、东南紧靠西兰公路的会宁，成了历史的选择。

会宁，古称“会州”，是古丝绸之路上的重镇。明代改称“会宁”，取消除灾害、永保安宁之意。1936年，红二、红四方面军北上的路线图中，会宁是必经之地。“会宁”的含义由此被重新诠释——决定会宁为红军会合地时，毛泽东说：“会宁，好地名，好地名啊！红军会师，中国安宁。”

甘肃会宁县的红军会师塔。（杨丽娟／摄）

10 月 2 日，红一方面军十五军团直属骑兵团在团长韦杰、政委夏云飞率领下，连夜奔袭，一举攻克会宁城。

“攻城前红军装扮成货郎，走家串户提前摸清了情况，攻城当天清晨 5 点多，部队悄悄靠近当时名为西津门的会师门时，城门已经打开，敌人根本没料到红军如此神速！”马进林对这段历史早已熟稔于心。

10 月 7 日到 9 日，红四方面军陆续抵达会宁县城。小小的偏僻山城沸腾了，南门被红一方面军早早装饰成了彩门，城内到处是五颜六色的标语和欢声笑语的人群。

10月10日，庆祝红军会师联欢大会在县城文庙大成殿前举行，喜庆的氛围一直持续至深夜。

然而，气氛如此热烈的会师，却几乎是在国民党军的炮声中举行的。原来，红军攻克会宁城后，敌人不甘心失败，迅速从周边地区调集兵力反扑，甚至还从兰州调来飞机轰炸。为避开敌机轰炸，红军会师联欢大会特意选在晚上举行。

原定也来会宁会师的红二方面军，因为敌军的围追堵截没能在联欢会当晚及时赶到。直到10月22日，红二方面军才到达甘肃隆德县西北的将台堡（今属宁夏西吉县）地区，与红一方面军胜利会师。

魏煜一家就是在这时跟远来的红军结下了不解之缘。

那一年，魏煜刚刚3岁，正在街上玩耍，头顶忽然传来敌机的轰隆声。年幼的他吓傻了，就在这时，一位小红军飞身而出，将他扑倒在地护在身下。硝烟过后，魏煜只有右手被炸掉了两根手指，而小红军却在血泊中永远闭上了双眼。

闻讯赶来的魏煜父亲魏鸿儒，抱着小红军泣不成声。为报答小红军的救命之恩，魏鸿儒把他埋葬在了自家祖坟旁，每年祭奠祖先时，也要给小红军的坟上添抔土、点炷香、焚些纸钱。后来，魏煜长大有了三个孩子，魏鸿儒分别给孙子们起名继征、续征、长征，合起来就是“继续长征”。

80年后的今天，魏煜的大儿子魏继征已是58岁的中年人。秋日的阳光下，他缓缓讲述那位连名字都未曾留下的小红军的故事，仿佛在谈论自己的亲人。

给小红军上坟的任务，现在接力到了魏继征的大儿子手里。小儿子则按照太爷爷魏鸿儒的遗愿，在新疆当了一名光荣的子弟兵。魏继征3岁的小孙子今年刚上幼儿园，已经可以咿咿呀呀地背诵“红军不怕远征难，万水千山只等闲……”

魏继征说：“诗是我们教的，爷爷经常说，永远不能忘记红军。”

发掘魏家和小红军故事的人，是马进林。上世纪80年代，还是会宁县电影院放映员的马进林无意中从落户会宁的老红军口中得知此事，他马上在县城到处打听，最后找到了当时还健在的魏煜——他的右手缺了两根手指，曾听父亲讲过小红军的故事。

马进林执着于从史料和实物中挖掘红军长征的印记。文庙大成殿内，一张古旧的大供桌是国家一级革命文物，这也是马进林的发现之一。

30多年前，学美术出身的他初见这张外观破旧的大桌子，一下子就被桌腿上的雕龙和云头装饰所吸引。为了解桌子来历，他到处走访县里的老人。

16 年前，国家文物局专家组经过鉴定，确认文庙大成殿的大供桌为明代珍品，也是 1936 年红军会师联欢大会上当作讲台的桌子。

80 年前，就在这张供桌前，徐向前、陈昌浩、陈赓作了热情洋溢的讲话，朱德总司令宣读了《中央为庆祝一、二、四方面军大会合通电》。

如今，文庙大成殿内的大供桌几步之外，张贴着会宁县的“状元榜”。榜上书写的，是恢复高考以来所有会宁籍状元的名字。“1978 年至今，会宁县向全国输送大学生 10 万余人，其中获得博士学位的 1100 多人，硕士学位的 5500 多人。”毕业于会宁二中的大学生讲解员席瑞雪口气颇为自豪。

西北人都知道，会宁是个“状元县”。当地人却说，会宁学子是踩着红军的足迹，靠着领导苦抓、家长苦供、社会苦帮、教师乐教、学生乐学的“三苦两乐”精神，“吃着小杂粮，敬奉孔夫子，唱着会师歌，走进大学门”。

会宁一中高三（2）班的蒋京育从小住在红军会师旧址附近，红军的故事伴着他长大。正值高三的他和所有的会宁学子一样，自觉地每天 5 点半起床，晚上 12 点休息。他不觉得苦，只是笑着说：“精神不是挂在嘴边，而是心中有坚定不移的目标，默默努力。”

王耀荣在会宁一中教了 28 年历史课，讲到最熟悉的长征史，他常对学生说：“长征是拼出来的，是打出来的，是苦出来的——再过 100 年，这也是有价值的。”

他告诉我们，在这个曾历经战火洗礼、长征精神浸润的小县城，每年高一新生入校，参观红军会师旧址都是必不可少的一课。而马进林执着挖掘的红色故事，也随之在年轻学子中一年又一年地传递着。

谈起自己多年坚持探寻长征印记的“初心”，马进林坐在红军会师旧址“共和国从这里走来”的红色大字旁，声音不大，却坚定而有力：“你想做个啥？人总得有个理想、有个信念！”

晚上 7 点多，夜色降临，温暖的黄色灯光下，散步的人们三五成群，他们安详的脸上似乎看不出太多的历史沧桑。但长征的红色印记，就像随处可见的“长征北路”“红军南路”“会师北路”“延安街”一样，已深深植入这片黄土地。

后记

纪念红军长征胜利八十周年
大型采访

信仰的力量

刘　昊 / 文

采访组 刘昊　刘冕　金可　刘可
长征路 瑞金　兴国　于都　铁山垅　信丰

小时，喜欢看战争片，尤其喜欢冲锋的场面，英雄、胜利，热血沸腾。

现在，不愿看战争片，尤其不喜欢听到冲锋号，因为不忍看到生命倒下。

烈士之所以令人敬仰，就是因为他们无惧生死，勇往直前。

勇气何来？因为信仰！

参加“星火征程”报道，让我第一次踏上苏区的土地，真切感受到信仰的力量。

其实，这信仰并不飘渺，就源自生活，许是翻身做主，许是保卫自己的土地，许是为了自由，许是为了丰衣足食……这最朴素的愿望，最终汇聚成河，铸就伟大。

在于都、在瑞金、在兴国、在信丰……那一座座烈士的坟冢，铭记着信仰。

墓碑上的名字，有些几乎相同，比如“观音子”“观音生”“观音保”“观音女”；比如“长生子”“长发生”“来发生”……这名字源自“希望观音保佑孩子平安活下去”的美好心愿；还有些名字有些奇怪，比如“吴大眼鱼子”……这或许是小名、土名、外号。

为了心中的信仰——“让更多人更好地活”，“观音子”“长生子”们没有苟生，更没有寄托神明，而是参加红军，英勇战斗，甚至没能留下大名，就已牺牲……

这一个个烈士的名字，组成了最震撼的诗篇。

中央红军长征出发纪念馆，有一幅用草鞋组成的中国地图。

在中央红军长征出发纪念馆，有一幅用草鞋组成的中国地图。站在地图前，脑海中浮现着崇山峻岭、大河雪山、草地泥潭……这一双双脚板，是如何走过来的？

我想，是信仰给予他们力量；是身边拥有相同信仰的同伴，给予了彼此勇气，给予了彼此坚持下去的信心。

最终，星星之火，得以燎原。

如今，传统媒体面临转型。我们为转型所做的所有尝试，其实也是一场“长征”。

只要我们朝着正确的方向，关于新闻的信仰不灭，坚守住专业精神，尊重才智，稳定队伍，激发战斗力和创新力，汲取新技术、新方式，为我所用……

我坚信，我们也一定要取得这场“长征”的胜利。

惟有亲历方知味

祁梦竹 / 文

采访组 祁梦竹　陈雪柠　曹政　饶强
长征路 长汀　赤水　宝兴　红原　松潘

长征，似乎是自幼年时就已深知的一个词。随着年龄增长，知道的也似乎更多了些：知道长征两万五，知道长征红军苦，知道那是一次壮举，知道那其中有艰苦的战役、有悲壮的牺牲、有无数的英雄……甚至觉得，于长征已知道了足够多。

但，当我们真的走上了长征路、来到了赤水畔、爬到了雪山顶、置身于草地中……此时才突然醒悟，知道的还太少、太少；而渴望知道的，还有很多、很多。

行一路，我们看着、听着、记着、寻找着……体会其中的滋味。

酸。在福建中复村，一位老人告诉我们，他的父亲是红军，他母亲自红军出发后，每天就坐在自家门槛上等。一等30年，门槛坐出了凹槽，才等来丈夫早已牺牲的消息。于是，她把这30年间为丈夫做的30套新衣新鞋葬在了一座衣冠冢中。心酸的故事，闻者落泪，老人却说，“没有国，哪有家？没有牺牲，哪有胜利？”

甜。雅安，我们在一位已过世的老红军家中，见到了他的外曾孙，孩子刚上小学。

借着一盏马灯的昏暗光线，记者听藏族老人东巴讲起红军长征的故事。

“知道长征吗？”我问。他点头，“太姥爷参加过。”“知道红军吗？”我又问。“太姥爷就是红军，我长大了，也要当红军。”他笑着，胖嘟嘟的小脸儿笑得很甜。今日的幸福，让我们对先烈的舍生忘死，似有了更多理解。

苦。雪山顶，我们呼吸着稀薄的空气，脚步缓慢地攀爬，站在山顶采访了一个小时，已经冷得浑身打颤。在登顶时的兴奋过后，我们几个大小伙子竟感到汗颜：一路坐车上山，尚感觉若此，当年红军背负辎重、枪支，食不果腹徒步攀登，那番艰苦，如今的我们又能承受几分？

辣。毛儿盖一小村，在藏民家中吃饭，主人上了一盘炒姜丝。我们看着新鲜，夹起便吃。辣！自口辣到心，但胃中甚暖！正啧啧称奇，主人道：“高寒地区，吃姜暖身。当年红军要有这样的姜丝，过雪山也能少牺牲些吧。”刹那，众人停箸，觉得这辣也有了不同的滋味。

咸。川主寺元宝山顶，耸立着长征纪念碑，我们一路拾阶而上。在高原地区攀登，着实有些吃不消，刚爬到一半儿，已是满头大汗，浑身湿透。手脚并用地往上爬，汗竟流进嘴角，咸！汗水的咸味，似很久未尝了。抬头看，纪念碑金光灿灿，心中突然鼓起劲儿来：再累也要爬上去，瞻仰金碑！

我们所听、所看、所感，还有很多。而我们不知道的，更多。长征，长征精神，需要我们静下心来，细细品味，慢慢体会，从中，我们也会汲取到更多的力量吧。

惊叹　敬仰　爱

聂忠华　刘桥斌／文

采访组 聂忠华　刘桥斌
长征路 老山界

盛夏七月，我们赴广西桂林市兴安县采访当年红军翻越老山界的传奇故事，距今过去三个半月了，但感慨依然萦绕在心。

提起老山界，绕不开陆定一，是他的笔墨还原了红军翻越老山界的艰险经历，并让老山界闻名于世。

出发前，我们重读了陆定一的《老山界》及其他关于长征的书籍。

记者采访红军长征途中湘江战役见证者——91 岁的马有益老人。

陆定一，1906 年出生在江苏一个大地主家庭，1926 年毕业于交通大学。1927 年任共青团中央宣传部长。长征途中，任“红章”纵队政治宣传部部长，后任红军总政治部宣传部长。新中国成立后，任中宣部部长、国务院副总理。新闻学教科书中新闻的定义“新闻是新近发生的事实的报道”就是陆定一的观点。

长征改变了陆定一的命运，也改变了他的家庭。

早在江西苏区期间，陆定一和妻子唐义贞生过一个女儿，送给了当地老乡抚养。1934 年 10 月，中央红军被迫转移，唐义贞还有一个月临产，不得已被留了下来。夫妻分别后，唐义贞在转移途中生下了一个男孩，取名小定，刚生下来也送给了老乡。之后两个月左右，在一场战斗中，唐义贞被俘，不久遇害，当时她还不满 26 岁。直到 9 年后的 1943 年 11 月，在延安的陆定一才得知唐义贞牺牲的消息。妻子牺牲，儿女下落不明，陆定一伤心致失眠半个多月。

这就是红军，这就是宣传干部。翻越老山界时，陆定一才 28 岁。红军将士的大义大爱大勇大悟，是长征留给我们新闻工作者的宝贵财富。

苦不苦，想想长征二万五。踏上长征轨迹，带着故事寻找故事，感动中思考、思考中感动，对革命先烈的敬仰之情不禁油然而生。

7月14日，在老山界脚下的华江乡，长征的见证者——102岁老人支义青给我们讲述当年他帮红军撑船架桥的经历，情动之处，还拿手里的拐杖比划。老人一辈子勤俭节约，吃苦耐劳，严格教育子女，总说什么苦也苦不过长征。尽管102岁高龄了，老人仍然自己做饭洗衣，收拾家务，家里摆设井井有条，屋里屋外干干净净。

采访结束时，老人坚持要站起来送我们出门，我们伸手去搀扶，老人把我们的手推开，要自己走。走出家门，向我们挥手说："北京的记者，祝你们顺利啊！"

惊叹红军经历的艰险，敬仰革命先烈的崇高精神，热爱我们脚下的土地和这片土地上善良的人民。回望短短5天的采访，我们的心更加充实。

惊叹、敬仰、爱，是我们重走长征路、采访老山界最深的感悟。

走40里山路，始知长征有多长

孙　杰 / 文

采访组 赖薇　孙杰
长征路 会理　凉山

2016年8月初，我们到四川凉山彝族自治州重走长征路进行采访。粗略算了一下，期间来来回回驱车跑了约800公里。印象最深的，是8月8日从会理县通安镇到金沙江畔皎平渡这一段，真有点险象环生的感觉。毛主席《七律·长征》中"金沙水拍云崖暖"一句，说的就是此地。

8日一早，我们从西昌出发，中午至会理县城，下午一点才到通安镇。临出发前，当地同志就给我们打了"预防针"，从通安镇到皎平渡这段路很难走。

这是一条省道，但因夏季雨水大，道路多处滑坡塌方，当时已经禁行。从通安镇到皎平渡，还有一条老路，是当年红军长征走过的路，不过路况更差，当地人都不敢走。权衡再三，我们决定走省道。

采访帮助红军巧渡金沙江的船工之子。

40 多里的山路蜿蜒曲折，一边是万仞绝壁，另一边是万丈悬崖。金沙江就在悬崖下奔腾，正值雨季，江水猛涨，浊浪滚滚。据当地同志说，江水深的地方根本看不见浪，水面上只有一片片的漩涡，看似表面平静，实则暗流涌动，水势险恶。由于路面被塌方破坏得比较严重，一路颠簸，坐都坐不稳。随处可见滚落到路上的大石头，让我们心里也仿佛悬着石头一般。

突然，我们发现前方几百米外出现大片山体滑坡，裸露的山体异常醒目，就像一条巨大的伤疤。从车里望去，似乎整条路都被埋了。慢慢开近才看到，这处滑坡确实挺严重的，足有百米长，路中间横躺着几块巨石，还好村民已经把旁边的碎石块搬走了，才勉强清出一条窄道——这也是他们的必经之路。汽车小心地左转右转，好不容易才通过这个危险路段。

从地图上看，这段路不过 20 公里，开车却用了一个多小时，已经让人有“行路难”之感。再想想 80 多年前，红军翻山越岭，徒步走过路况更险恶的老路，他们所面临的艰难，我们根本无法想象。

山区的天说变就变，我们刚抵达皎平渡，天气突然由晴转阴，紧跟着下起瓢泼大雨。受访的村民指着我们的来路，说那边来泥石流啦。顺着村民指的方向，只见远处山间一条浊龙正滚入金沙江。

我们心里隐隐有些后怕，万幸这场雨来得晚了一些。更不禁感慨，二万五千里长征，红军一路上就算不打仗，也经历了无数生死考验。是什么支撑他们无畏向前？一定是伟大的革命信仰！

人常说，“苦不苦，想想红军两万五。”走完这40里山路，我们算是略有体会了。

细节中感受到伟大

王东亮 / 文

采访组 曹斌　王东亮　郭涛　邓伟
长征路 石棉　泸定　康定

2016年8月16日到22日，我作为北京日报采访团队的一员，与部门副主任曹斌及同事郭涛、邓伟赴四川省雅安市、甘孜藏族自治州采访红军长征路上两个经典战役——强渡大渡河、飞夺泸定桥。

红军摆脱前堵后追的敌兵，完成跨越万里的战略转移，最终在中国共产党的带领下走向人民共和国。一场场浴血奋战，英勇的红军战士谱写了一曲曲悲壮之歌。但80多年过去了，随着时光流逝和当事人的不断逝去，一些故事逐渐模糊。社会上，特别是在年轻人中，否定英雄、否定英勇行为的流言传播甚广。找到证据、找到细节，重新还原历史真相，成为了我们采访的重点。

在滔滔大渡河畔，我们找到了这个“痛点”。

飞夺泸定桥，是我小学时就学过的经典课文。文中记述了红四团战士在1935年5月28日晚上，冒雨攀爬被撤掉桥板的铁索渡河夺桥的故事。特别

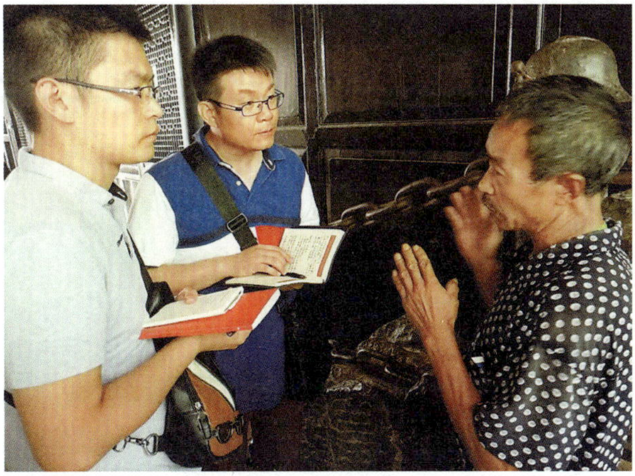
在泸定桥采访红军后人袁清贵。

是文中提及守桥之敌放火烧掉仅剩的桥板，红军战士穿过熊熊大火冲过桥去的史实。

可就是这样可歌可泣的感人故事，被一些人蔑称“谎言”。雨大、浪急，如何一边打枪一边攀爬铁索？放火烧桥铁索导热，红军怎能攀爬？……对这段历史的质疑，经常会出现在各种媒体上。

在甘孜州泸定县红军飞夺泸定桥纪念馆，夏芸副馆长的一段题外话引起了我们的注意。她曾接待过参加飞夺泸定桥战役的红四团老战士刘金山之女刘淑芳。刘淑芳在父亲晚年照护得无微不至，经常开玩笑逗父亲开心。一次，她捏了父亲的肘部一下，想胳肢父亲逗笑，不料老人大声喊疼。

这位经历枪林弹雨的老红军，还禁不起女儿的玩笑式的揉捏？刘淑芳“怪”父亲“太娇气”。而已患上“老小孩”脾气的刘金山当即脱下常年不离身的老旧军装，抬起胳膊让女儿看肘下的巨大烫伤疤痕。刘淑芳说，父亲亲口说，夺下泸定桥庆祝胜利时才感觉到疼。而他就是攀着光溜溜的铁链到达东桥头。

这个细节被我写进《泸定决分晓》后，很多朋友和读者来电，有赞誉、有嘲讽。不过，当年夺桥部队红四团政委、后曾任解放军代总参谋长的杨成武上将的孙女打来鼓励的电话，让我感动不已。杨女士不仅提供了爷爷口述的夺桥历史，帮助有关部门更正口口相传的讹误，还充分肯定了北京日报找到当年老战士的口述和身体特征细节的做法，称这一细节有力回击了抹黑红军事迹的不实之词。

细节，再次让我感受到了新闻的力量；捕捉细节，再次让我感受到了刹那间流逝的伟大。

勿忘来时路，勿忘远去人

孙宏阳 / 文

采访组 童曙泉　孙宏阳　胡宇齐
长征路 仁怀　张家界

“不忘初心，继续前进。”86 岁老兵杨泽飞站在烈士墓旁，对眼前的年轻人说这句话时坚定的神情，让我们采访小组一行三人至今难以忘怀、备受鼓舞。在

在贵州仁怀采访 86 岁的杨泽飞老人。

过去的 60 多年间，他在井坝这个贵州省仁怀市长岗镇的小村子里，一直默默地自费修缮、守护着一座红军烈士陵园。

老人为什么对红军饱含如此深情？在几乎没有地下党员活动的仁怀，红军如何赢得了本地群众的好感？我们带着这样的疑问，开始了寻找答案的采访。

从长岗镇前往井坝村的路上，我们真切体会到什么叫翻山越岭，盘了二三十个弯道才下到山底。而在还没有平整公路的年代，红军途经这里休整，要克服多少困难可想而知。

见到杨泽飞老人时，他正坐在客厅中，身材消瘦却很有精神，他的家中挂满了毛主席的照片和老人手写的《七律·长征》等毛主席诗词。老人很激动，没想到从首都来的采访小组会走进这么偏僻的村子，听他讲自己和红军的故事。村民们从四处躲红军，到提供酒给伤员疗伤，还有红军童叟无欺，往杨泽飞口袋里塞铜板、抱他哄他的细节，给当时还是小孩子的杨泽飞留下了深刻印象。这也是他日后参军走上抗美援朝战场，复员后回乡教书育人、修守烈士墓的精神动力。

寻访过程中，还有一些见过红军的老人已经去世，但他们的故事被后人记录在一本已经泛黄的小册子中，由长岗镇文化站原站长邱胜国悉心保管着。邱胜国小心翼翼地把书借给我们翻阅，反复嘱咐不要弄丢。他采访过不少接触过红军的老人，他们一辈子就见过一次红军，但是到老都念念不忘。这些故事不仅讲述着军民鱼水情，更是解答了为什么红军所到之地能迅速赢得群众拥护。

过去，“群众路线”四个字对我们年轻人来说，更多地是存在于书本里。重访红军走过的城镇后，才更深切地体会到，那么多流血牺牲的先辈们在这片土地上究竟做了什么。在这些红军走过的地方，人们的生活至今算不上富裕，但聊天时他们会满足地告诉我们“现在生活好了”。和杨泽飞一样的老人们会教育年轻人，“不要忘了来时的路，不能忘了远去的人”。

长征路上最朴实的情感

和冠欣 / 文

采访组 李继辉　和冠欣
长征路 禄劝　香格里拉

回首重走长征路的日日夜夜，总是浮上脑海的并不是那些纪念碑、纪念馆，而是一些当时感到的不可思议的细节。让我念念不忘的，是长征路上那些最朴实的情感表达方式。

2016 年 8 月初我跟同事李继辉辗转来到云南禄劝县，这里是当年红一方面军和中央干部团渡过金沙江的地方。越野车从县城出发翻山越岭，在蜿蜒崎岖的狭窄山道上，行驶了将近三个小时，我们终于可以从半山腰看到了山脚下奔腾而行的江水。

皎平渡口，81 年前红军乘船离岸渡江的原址早就消失不见，岸边的砂石场侵蚀了原本的江岸，渡口已经面目全非，让人未免遗憾。然而从皎平渡大桥过江，对岸的悬崖山脚下面，当年红军成功登岸的地方，仍然保留了原貌。那里有一排隐蔽的天然岩洞，是当年中央干部团渡江后休整和办公的场所。

沿着后人修好的小路下山到达江边，步入岩洞瞬间感受到一股凉意。岩洞位置隐秘，山岩构成了天然的屏障，中间甚至还有一段几十米长的天然隧道走廊，连通两侧几个岩洞。每个岩洞的外面都有立碑标示哪位领袖曾在此暂住办公，毛泽东主席所住的岩洞在最里侧。从外面看与其他的完全一样，但一进洞，我们就被眼前的事物惊呆了：岩洞内壁的上上下下，只要有石缝的地方，都插满了香烟。从内到外，密密麻麻，数以千计。

摄影记者重走长征路不但带着相机，还有纸和笔。

以烟酒敬先人，这是中国民间的一个传统，临时敬拜古人墓葬或遗迹时，手边没有香火，于是随手点一根烟，上前敬献，以示怀念与尊敬。然而这座岩洞里的香烟，除了代替香火，却更多了一种意义，因为毛泽东主席生前酷爱抽烟，这些敬拜者以烟献之，也是一种礼物。

几十年来，全国各地的人们或特意或偶然，来到这座岩洞拜谒，都会将随身携带的香烟敬上一根，这竟然成了一种约定俗成。这岩洞之中，密密麻麻的香烟，大都是没有点燃的，来自全国各地的牌子，不下百种。

这种朴实却又真实反映百姓心态的民间做法，让我们的心灵为之一震。几十年来，人们丝毫没有忘记毛泽东主席的丰功伟绩，甚至记得他小小的生活习惯，这位共和国的缔造者，他在人民心目中的可敬形象，通过这一根根小小的香烟，就能让人深切感受到。

践行长征精神永远在路上

李如意 / 文

采访组 艾方容　石滢琪　李如意
长征路 剑阁　阿坝　汶川　茂县

2016 年 8 月 8 日至 14 日，我们小组前往四川，先后到访广元市剑阁县、阿坝藏族羌族自治州茂县和汶川县，完成了采访活动。

曾明富老人是马岭山战场遗址的义务保护员。

我们从剑阁经北川县进入茂县的那段路，虽然叫国道，但是受地质条件的影响，路面受损严重。司机师傅每每听到石头剐到汽车底盘的声音，都会发出无奈的叹息。更危险的是，公路的一侧是湍急的岷江，另一侧的高山上，时不时有大大小小的石头落下来，行车非常危险。

这段路就是当年红四方面军从剑阁进入茂县的路，当年没有公路，红军就是从岷江河谷一步步踏进了茂县，既要注意湍急水流，又要留心山上飞石，更要防范国民党军队的阻截。“红军不怕远征难”，走这一路我们体会到了红军行军的艰难以及战士们当年的坚韧。

长征胜利已经80年了。我们欣慰地看到，长征、红军仍然是当地百姓聊不完的话题。得知我们是北京记者来了解长征故事时，当地百姓都会热情地与我们交流。

采访倒数第二天，当我们几经辗转来到草坡乡马岭山战场遗址时，义务文物保护员曾明富的言行让我很受感动。对他而言，自掏腰包修缮文物是常有的事儿。光是修村子到红四方面军连部遗址那条盘山路，他就自己掏了3万块钱。今年他在维修遗址时，不慎被木头砸伤了腰。得知我们要来马岭山采访，老人不顾腰伤，当天早上特意从都江堰回到几百公里之外的老家。

采访过程中，老大爷给我们哼唱了当地藏民歌颂共产党和毛主席的歌谣，“毛主席恩情大，五四年汽车进阿坝”，抑扬顿挫，余音绕梁。这令人动容的歌声使我陷入沉思：历史不能忘记，共产党打天下离不开人民的拥护。我们这代人更应该珍惜幸福生活来之不易！

重走这段长征路，使我对长征历史、红军精神以及老区人民都有了直观认识，也真正理解了为什么说“长征是宣言书，长征是宣传队，长征是播种机”。之前停留在课本上的内容如今变得活灵活现。长征精神的发扬光大更离不开我们媒体人。我们要做长征精神的宣传队，做红军精神的播种机。对我们来说，践行长征精神永远在路上！

光辉过往永不蒙尘

巩　峥　　李　祥 / 文

采访组 巩峥　李祥
长征路 甘孜　迭部

行入甘南藏地六个多小时，才到达迭部县达拉乡俄界会议旧址。其间由黄河流域转入长江流域，我们也转入提心吊胆的状态——迭部县多山路，不久前刚刚

记者与俄界会议旧址主人年秀合影。

经历暴雨冲刷，沿途随时可见在清理滚石的藏民。行车山间，要注意前方路况，要注意上方落石，会车时还要注意土路是否会塌陷……

进入达拉乡道后，当地向导指着远处的群山告诉我们。红军就是从这里走过。在向导的指引下，我们惊奇地发现，远看几乎垂直于地面的白色小道，就是所谓的“长征路”——当年没有行车的公路，红军翻山越岭走过的就是这种险途。站在群山之间，我们想象着疲惫的红军战士相互搀扶，一步一探地进入达拉乡的情景。那时节与如今相似，夏雨刚过，山下的达拉河裹挟着泥土和碎石，对山路上的人们虎视眈眈。

这段在红军长征中非常微小的路，也是整个长征路的缩影。疲惫、饥饿、堵截、路险……所有的困难都在路上“夹道相迎”，无缝衔接地考验着这支红色的队伍，只留下那么一条小路，仿佛是从群山之中硬生生挤出来一样。

可红军走出来了。

能够打败现实困难的队伍，一定有着崇高的信仰。如果这信仰不够坚定，或者中途逃跑，或者溃不成军，或者……红军用炽热的信仰否定了这无数个“或者”，坚定了北上陕甘宁的决心：为了建立一个新中国，为了给人民谋幸福，一定要坚持奋斗到底！

回到北京，再次翻开中国版图，仿佛看到一股信仰的暖流自江西瑞金出发，一点点流向西部，并最终覆盖了整个中国。于百年的近现代史而言，长征看似只占了很小的比例。但正是这百分之几的逐层累计，才成就了如今的红色国土。光辉的过往虽早已成为历史，却注定永不蒙尘。

那些无名战士让我们热泪盈眶

周南焱　陈　涛 / 文

采访组 周南焱　陈涛
长征路 全州　通道　黎平　遵义

我们这一组从广西全州、兴安、灌阳，再到湖南通道，之后到贵州黎平、遵义，重访当年红军从血战湘江到遵义会议的历程。从兵败湘江到遵义会议召开，也是

周南焱在广西全州实地走访红军过湘江旧址。

红军从失败走向胜利的关键转折期。

我们的首站是全州，也是一个国家级贫困县。被后人形容为“地球的红飘带”的长征，在湘江打下过一个沉重的结，牺牲和失散的红军将士达数万人，战事异常惨烈。在当地文史办的带领下，我们乘车走访了湘江战役主要战斗、渡江旧址，走过了一座座村镇，试图还原当年的战役全貌。在当地查阅史料时，看到一段段回忆录，令人震撼，甚至热泪盈眶。其中，一位负责炸掉浮桥的战士回忆，当年红军主力渡江后，不少红军将士仍未过江，陷入敌军包围圈，他们一排排手挽手走进江心，齐声高呼：“谁也不要松手，要死就死在一起！”这段回忆录，让我们久久难以释怀。

在广西走访完后，我们随后赶赴湖南通道县。顾不上歇息，草草扒了几口饭就又前往距离县城 60 多公里的杉木桥乡小水村，那里曾经牺牲了一群红军战士。盛夏的山路尤为闷热，既要提防脚下随时会塌陷的狭长土路，又得躲避倒悬在半空中的长条荆棘。为了尽可能还原八位红军烈士跳崖牺牲前后经历的场景，我们在村长的带领下，绕着高数百米的山峰，爬上爬下大半天。功夫不负有心人，我们收获了感动，也找到了历史书上看不到的新史料。

历史犹可追忆，当下也依然动人。82 年前，16 岁的红军战士邓家骑伤重滞留广西黎平，如今他的遗孀许阿婆已九十高龄，老人一个劲儿感念自己这个当年的“土匪婆”赶上了好时代。祖籍江西赣州的钟贵权是红 34 师的战士，该师全军覆没，他突围后受了伤，未能追上大部队，只得落脚在全州一个偏远山村。他的女儿唐光玉是农民，如今也已步入古稀之年，在为父亲当年没能过上好日子唏嘘的同时，她从未想过再为父亲争取些什么，她很知足。

长征不仅仅是教科书上的历史，它一直像一位时间老人，驻足在那些山川田野，那些村庄边城，还有流淌不息的大河两岸。当你走近它们，你也就踏上了你的长征——除了感佩先烈，也感念那里依然质朴的老乡们。

雄关漫道真如铁

徐颢哲 / 文

采访组 李洋　徐颢哲
长征路 瓮安　桐梓

被称为“红军水马”的竹筏。

刚接到重走长征路的采访任务，对于我这样一个年轻记者来说，有些无所适从：此前对于长征所有的认知，仅仅来自于中学课本，而对于贵州乌江和娄山关这两个地方，也尽是陌生。出发前往贵州前，资深记者李洋老师带着我翻阅了有关当年红军强渡乌江和两克娄山关的文献。实话说，除了大致了解战斗经过，并没有令我们有特别的感受，但随着亲临贵州采访的深入，我们的心情逐渐变得沉重。

在乌江所在的瓮安县，我们非常幸运地遇到了通晓当地历史的退休语文老师田景翔，从小就在乌江边长大的他，驾船带我们重温当年红军的过江之路。今日的乌江水位，因为上游修水电站，水位上升了150多米，但在田老师的指点下，我们依然看到了当年激烈战斗时在江畔石壁上留下的弹孔等遗迹。在当地宣传部门工作人员的带领下，我们见到了原比例复制的渡江竹筏，当年的战士们，就是凭借这样简易的工具，渡过了冰冷湍急的乌江！

在娄山关的采访，同样使我们感到震撼。长征途中，红军两次夺取娄山关，第一次靠智取；第二次则靠强攻。我们在娄山关战斗遗址，真正感受到了什么叫“一夫当关，万夫莫开”。娄山关其实是大娄山主脉上两座高峰——大尖山和小尖山相对锁峙形成的自然隘口。红军战士当年在小尖山上留下的战壕，两米见方，深不足一米，今天仍然能够看到。红军的第二次强攻，就是在这方寸之地，顶住了国民党黔军的猛烈炮火。亲临娄山关，了解那段历史，才能深刻理解毛主席《忆秦娥·娄山关》里的名句：雄关漫道真如铁，而今迈步从头越。从头越，苍山如海，残阳如血。

我们所走过的乌江和娄山关，仅仅是两万五千里长征的一小部分。我们所看到的，令我们越发坚信，长征之路是用生命换来的，而那么年轻的队伍，那么多年轻的战士，心中如果没有坚定的信仰，是绝不可能走下去的。而长征的意义，绝不应该仅限于人类军事史上的一次奇迹，而应该作为我们民族宝贵的精神遗产，永远传承下去。

历史背后的真情

米艾尼 / 文

采访组 赵婷　米艾尼
长征路 马尔康　小金

80多年前，中国工农红军的长征之路，走了两年。

80多年后，我的“重走长征路”，却只有短短6天。

四川阿坝州的马尔康和小金，是我们组此行的目的地。而在出发之前，我对阿坝州的了解仅限于旅游胜地——四姑娘山，以及那些小时候看过的描写红军长

采访后与马家人的合影。

征的电影片段，我还不知道此行将带给我什么样的体悟和震撼。

6 天的时间，不够看阿坝的山水，也不够了解所有的长征史实，但是足够让我慢慢体会两种真情。

在马尔康市区一个偏僻的小街的藏式房屋内，我第一次见到了 80 多年前被当地人救起并养大的红军后代马国民，以及与他没有血缘却胜似亲生的妹妹马宝珍。80 多年前的一个下午，马宝珍的父亲马承义在放牛时救起了一个在长征激战中受伤的红军。在那个年代里，一旦被清查到谁家救过红军，都是杀头的罪名，马承义被迫放弃了所有的财产，带着妻子从阿坝逃向马尔康。就在逃跑的前一天晚上，邻居把一个与部队失散的怀孕女红军带到马家，逃到马尔康后不久，女红军就生下一个男婴，仅仅一年以后，她便因疾病撒手人寰。

那个男孩，就是坐在我面前的马国民。马家为了养育这个红军的后代，经历了许多苦难，但是当谈起这段历史时，马宝珍始终带着灿烂的微笑，没有一个字的埋怨，她始终都把马国民看作是最亲最爱的人。

在这个空气无比纯净的川西高原上，跨越血缘的亲情和人性中的善良美好，就和这里的天空一样高远，蔚蓝，这是第一种真情——人与人之间的真情。

在红军长征中，失散红军的后代，大部分都被当地人抚养长大，很多家庭因此受到国民党和当地政权的迫害，但是时至今日，他们谈起红军，谈起长征，眼中流露的，只有对红军的崇敬和对当年那段历史的自豪，这是第二种真情——一个普通人对党的真情。

对长征这段历史最好的解读，只能在发生地完成。在马尔康和小金的六天时间里，我时常被这两种真情所震撼。历史有时是带着某种体温的，你只有近距离的接近它，碰触到那里的土地，呼吸到那里的空气，走访一个又一个真实的亲历者，历史才能从书卷中复活，告诉我们那些艰苦岁月背后流淌的真情。

走下去，才能感知历史的温度

杨丽娟 / 文

采访组 赵中鹏　杨丽娟　范俊生
长征路 固原　同心　会宁

出发前，有朋友听说我要“重走长征路”，开玩笑问：“是去观光旅行还是例行公事？”轻描淡写一句话，隐隐流露着一些年轻人对长征的不以为然。

我没有附和朋友的话。不过说实话，尽管早早就开始恶补长征史料，但我对这段历史最清晰的认知，却依然限于“飞夺泸定桥”“巧渡金沙江”“爬雪山过草地”等大事件。80 年后重走长征路能收获什么，直至踏上采访的行程，多少还有点儿心虚。

按计划，我们七天的行程包括宁夏的固原六盘山、同心县以及甘肃的会宁县。到达会宁时是一个傍晚，街边以“会师”为招牌的饭馆里飘出菜香，“长征北路”“红军南路”的路牌在黄色灯光下隐约可见，散步的人们三五成群，神色安详。我们边走边讨论采访计划：会宁是三军大会师所在地，这里的历史应该跟今天的街景一样，充满了喜庆和希望吧。

会宁会师纪念馆前馆长马进林告诉我们，大会师几乎是在国民党的炮声中完成的，不论是红军，还是会宁城里的老百姓，性命常受到威胁。

老红军何德林的儿子何芳军说，父亲身上有四处负伤，腊子口打完仗，一个

在宁夏固原，采访回族老人拜富贵。

班就剩俩人，后来父亲伤口发炎，当时都觉得不可能活下去了，根本没想到最终还能捡回一条命。

县城的老住户魏继征说，如果不是一名四川小红军的奋不顾身，他的父亲魏煜 1936 年就死在国民党的轰炸机下了。

住在会宁县二十里铺的王治礼老人，亲眼见过浑身是伤的小红军。1936 年 10 月的一天夜里，险些丧命在国民党炮火中的小红军吴娃敲开了王家大门，王治礼的父亲在“谁家藏红军全家抄斩”的威胁下，毅然用生铁烫伤口的土办法救了吴娃一命……

何德林、四川小红军、王治礼的父亲、吴娃，这些人的名字大概从未出现在历史书本中。如果没有这次行程，我大概永远也不会如此真切地感知，“长征”二字背后，不仅有惊心动魄的历史大事件，更有这些或居乡间默默生活、或早早牺牲连名字都不曾留下的无名英雄。

走近他们，历史才变得有温度有细节。而我也开始感念这趟行程——这是探寻历史的长征路，也将是我人生的一次独特长征路。

和阳光赛跑

王佳佳 / 文

采访组 李学梅　王国强　王佳佳　孙戉
长征路 腊子口　哈达铺

金秋时节，陇南小镇哈达铺沐浴在晨光中，热闹的市集，古朴的红军街，无不令人流连。我们却只能按捺下好奇心，向镇北的山坡上飞奔。为了在最佳的光影条件下拍出一张哈达铺的全景照，我们需要和阳光赛跑。

81 年前，黄镇将军画下了中央红军进驻哈达铺的情景——连绵的群山，低矮的房屋，斗志昂扬的红军战士，热情好客的回汉群众……这位“红军漫画家”只用寥寥几笔便画得活灵活现。81 年后，这座“红军长征途中的加油站”繁华依然，但小镇也在追赶时代脚步中渐渐改变了模样——宽敞的街道，林立的房屋，焕然一新的长征纪念馆，蔚为壮观的高铁站……

哈达铺纪念馆北侧的小山，在山脚下看着不陡，爬起来却并不容易。无人指引，只能凭着感觉寻找捷径。窄窄的土路仅容一人通过，黄土与碎石常让脚底下打滑。

在哈达铺采访当年曾亲眼见过红军的 93 岁老人周尚仁。

背负着沉重的器材设备登高，为稳住重心，不得不手脚并用。

穿行于树丛间，需要格外当心，横生的枝杈不时会划过身侧。杂草下，常常“潜伏”着未被填好的树坑，一不留神，就会踩空。我们争分夺秒，不到半小时，就登上半山腰，找到了最佳拍摄角度。此时太阳还未升高，周边的山麓尚未投影在小镇，镜头中的哈达铺笼罩在轻柔的晨光中，一派祥和。

眺望不远处的青山，比脚下的小山丘高得多，也陡得多。当年，红军正是翻过它来到的哈达铺。而这已经是有关长征的史料记载中非常好走的一段路了。仅仅半个小时“低配置”的长征路，已经让我们汗湿重衣，也让我们对斯诺忍不住惊呼红军长征是一个“奇迹”有了更深的理解。

我们与阳光赛跑拍下的这张哈达铺全景，不仅已经在《北京日报》上刊登，而且被放大制成长卷，挂在了哈达铺红军长征纪念馆展览的结束语处——那是首都党报人对这个陇南小镇长征记忆的致敬。

照片中可以清晰地看到一抹红色，那是纪念馆门前的三面红旗雕塑。远远望去，像一簇小小的“火苗”，让人心中一暖。

行走延安：收集历史碎片

朱松梅 / 文

采访组 闫雪静　潘福达　朱松梅
长征路 延川　吴起　直罗镇　瓦窑堡　志丹

抵达延安那天，正是一年之中最热的八月。头顶太阳耀眼，脚底停机坪滚烫。

第一次踏足陕北这片土地，我们发现，“红色”痕迹随处可见：“圣地小吃”“红都盖饭”的招牌鳞次栉比，随便一个地摊儿上都卖红军帽和宣传画，几乎每个宣传干部就能讲上一段故事。但即使是在这样一个地方，最生动的故事和细节也正在无可避免地随时间流逝而湮灭。

在吴起，我们看到分别出版于 2005 年和 2015 年的长征纪念县刊。在 2005 年那本里，二十几位老红军一一述说当年事，到 2015 年，就只剩党史研究者的著述；在直罗镇，亲历 25 军会师、为烈士守陵 50 年的人刚刚去世，带着一肚子没讲完

在延安凉水湾村井长生家的小院里，听他讲红军到陕北的故事。

的故事；在延川，当年25军会师的地方如今是所小学，半人高的荒草已经埋没了纪念石碑，没有一座像样的纪念馆。县政府的干部也着急：“我们这儿资料少，再不抓紧整理，以后可就越来越难了！”

这些，正是我们千里而来的意义。

书里说，直罗镇最高峰是当年激战最酣之地。但究竟有多激烈呢？除去寥寥几个伤亡数字，全要靠自己去问去找。日头火热，荆棘封山，老乡说，这山好几年没人上过了，“要上就得硬蹚”。我们好说歹说请求人家，手脚并用爬上山顶，才终于看到已被黄土埋了一半的战壕和密密麻麻的弹洞，也终于知道那次战役是何等惊心动魄。随着风沙侵蚀，再过几年，可能就看不到了。

采访中总能碰到生动有趣的细节。比如，我们去了会址才知道，历史书上浓墨重彩的瓦窑堡会议，其实是在一间20平方米的普通窑洞里开的，13个人在里头挤了9天，要喝水还得自带搪瓷茶缸。在延安凉水湾村，村民井长生给我们讲，毛主席住在陕北时他还是个三四岁的娃娃，掀开帘子就往主席屋里蹿，主席也不生气，还让警卫员拿花卷馍馍给他。

这些事儿有多重要？似乎也并没有，但总觉得不记下来简直可惜。

就这样，我们一路走，一路找，以延安为中心总共去了五县两市。陕北十天，一些从未被人翻检的史实被我们收集下来，定格成铅字。这让我们觉得骄傲。

图书在版编目（CIP）数据

星火征程 / 北京日报著. -- 北京 ：
北京日报出版社，2016.12
ISBN 978-7-5477-2382-1

Ⅰ. ①星… Ⅱ. ①北… Ⅲ. ①中国工农红军长征－
文集 Ⅳ. ①K264.407-53

中国版本图书馆CIP数据核字(2016)第294346号

星火征程

出版发行：北京日报出版社
地　　址：北京市东城区东单三条8-16号 东方广场东配楼四层
邮　　编：100005
电　　话：发行部：（010）65255876
总编室：（010）65252135
印　　刷：北京宝昌彩色印刷有限公司
经　　销：各地新华书店
版　　次：2016 年 12 月第 1 版
2016 年 12 月第 1 次印刷
开　　本：880 毫米×1230 毫米　1/16
印　　张：21
字　　数：341 千字
图　　片：91幅
定　　价：68.00元